本书系北京师范大学中国基础教育质量监测协同创新中心重大成果培育性项目"高中监测制度建设及监测方式研究"（2020-06-001-BZPK01）的成果

基础教育质量监测与提升　总主编｜靳玉乐

高中监测制度建设及监测方式研究

靳玉乐　张铭凯　等著

GAOZHONG JIANCE ZHIDU JIANSHE
JI JIANCE FANGSHI YANJIU

西南大学出版社
国家一级出版社　全国百佳图书出版单位

图书在版编目(CIP)数据

高中监测制度建设及监测方式研究 / 靳玉乐等著. -- 重庆：西南大学出版社，2023.10
（基础教育质量监测与提升）
ISBN 978-7-5697-1768-6

Ⅰ.①高… Ⅱ.①靳… Ⅲ.①高中 - 教学质量 - 监测 - 研究 Ⅳ.①G632.0

中国国家版本馆CIP数据核字(2023)第024946号

高中监测制度建设及监测方式研究
靳玉乐　张铭凯　等著

责任编辑：郑先俐	
责任校对：雷　兮	
装帧设计：闰江文化	
排　　版：张　祥	
出　　版：西南大学出版社（原西南师范大学出版社）	
地址：重庆市北碚区天生路2号　邮编：400715	
市场营销部电话：023-68868624	
网址：http://www.xdcbs.com	
发　　行：新华书店	
印　　刷：重庆市国丰印务有限责任公司	
幅面尺寸：170mm×240mm	
印　　张：19.75	
字　　数：332千字	
版　　次：2023年10月　第1版	
印　　次：2023年10月　第1次印刷	
书　　号：ISBN 978-7-5697-1768-6	
定　　价：89.00元	

前言
PREFACE

教育监测是诊断教育发展现状、提升教育决策科学化水平,最终促进教育高质量发展的重要方式。《国务院办公厅关于新时代推进普通高中育人方式改革的指导意见》开宗明义指出:"普通高中教育是国民教育体系的重要组成部分,在人才培养中起着承上启下的关键作用。办好普通高中教育,对于巩固义务教育普及成果、增强高等教育发展后劲、进一步提高国民整体素质具有重要意义。"这是对普通高中教育价值定位的明确阐释。在其中,也明确提出了"完善质量监测办法",这种完善至少包括制度的建构和方式的创新两层意思。然而,我们究竟应该如何从理论上认识监测制度与监测方式?如何在实践中检视监测制度与监测方式?如何基于理论认识与实践观照,特别是着眼新时代教育改革发展的新理念、新要求、新方向重新建构监测制度与监测方式的新体系?这些问题都还有待于持续探索。

长期以来,普通高中教育发展深受高考指挥棒的牵引,内涵式发展的动力不足、高质量发展的价值矮化,这直接影响了普通高中教育为党育人、为国育才的使命践履和价值实现。那么,如何通过高中监测这一手段,准确把脉高中教育发展的问题,从而助推高中教育高质量发展?这是一个亟待回应的时代问题。为此,我们基于理论与实践相结合、历史与现实相结合、域外与本土相结合的整体思路,聚焦监测制度与监测方式,对普通高中监测制度的建设和方式的建构进行了探究,试图回答新时代普通高中监测的相关理论与实践问题。

在研究的过程中,既立足我国高中教育发展的实际,又关注外国高中教育发展的趋势,紧紧围绕监测制度与方式这个核心议题,在积极吸收已有研究成果的基础上，完成了这本著作。本书共有六章内容：第一章整体概述了高中监测制度及方式，第二章系统梳理了我国高中监测制度及方式的变革，第三章对外国高中教育质量监测制度与方式进行了透视，第四章建构了高中监测指标体系，第五章建构了高中监测制度，第六章探讨了高中监测的层次与方式。这六章内容从理论上回答了高中监测制度与方式是什么的基本问题，从历史上回溯了我国高中监测制度与方式怎么发展的变革问题，从域外视角透视了高中质量监测制度与方式的样态问题，进而构建了我国高中监测指标体系、监测制度，明晰了高中监测的层次与方式，在整体上体现了理论与实践的对话、历史与现实的对话、本土与域外的对话，是对如何完善高中教育质量监测的一种探索和思考。尽管如此，因为研究者水平有限，加之这一研究本身的难度，所构建的监测制度与方式，难免有谬误之处，希望读者批评指正。

　　本书是集体研究的成果，由靳玉乐教授拟订撰写大纲并统稿，其他作者分别完成不同章节的内容。具体分工如下：第一章（靳玉乐、张铭凯、杨征铭）；第二章、第五章（李宝庆、胡月）；第三章、第六章（艾兴、赵瑞雪）；第四章（靳玉乐、杨艺伟、张铭凯）。张铭凯副教授协助靳玉乐教授完成了定稿工作。

　　在本书即将付梓之际，特别感谢北京师范大学中国基础教育质量监测协同创新中心对本项目的资助，也特别感谢为本项研究工作直接或间接贡献了智慧的学界同仁，感谢所有参与本项研究工作的团队成员。最后，要特别感谢为本书顺利出版付出辛劳与智慧的责任编辑。

靳玉乐

2022 年 12 月

目录
CONTENTS

001	**第一章**	高中监测制度及方式概述
002	第一节	高中监测的内涵与特点
009	第二节	高中监测制度的内涵与特点
028	第三节	高中监测方式的内涵与特点
035	**第二章**	我国高中监测制度及方式的变革
036	第一节	改革开放初期高中监测制度及方式变革的背景与特点
040	第二节	改革开放高速发展时期高中监测制度及方式变革的背景与特点
045	第三节	新世纪初期高中监测制度及方式变革的背景与特点
051	第四节	全面深化改革新时期高中监测制度及方式变革的背景与特点
060	第五节	我国高中监测制度及方式变革的经验、问题与趋势
077	**第三章**	外国高中教育质量监测制度及方式
077	第一节	美国高中教育质量监测制度与方式
088	第二节	英国高中教育质量监测制度与方式
099	第三节	法国高中教育质量监测制度与方式
107	第四节	德国高中教育质量监测制度与方式

116	第五节　俄罗斯高中教育质量监测制度与方式
123	第六节　日本高中教育质量监测制度与方式
130	第七节　审思与启示

149	**第四章**
	高中监测指标体系的建构
150	第一节　高中监测指标体系建构的依据
154	第二节　高中监测指标体系建构的原则
158	第三节　高中监测指标体系的基本框架
164	第四节　高中监测指标体系的内容

205	**第五章**
	高中监测制度的建构
205	第一节　高中监测制度建构的理论基础
219	第二节　高中监测制度建构的基本设想
233	第三节　高中监测制度的基本类型

245	**第六章**
	高中监测的层次与方式
245	第一节　高中监测的政策依据
253	第二节　国家层级的任务和方式
263	第三节　高中监测的省级层次与任务
273	第四节　高中监测的县级层次与任务
282	第五节　高中监测的学校层次与任务

| 293 | **参考文献** |

第一章 高中监测制度及方式概述

迈入新时代,科学技术的快速升级换代影响着人类社会前进的步伐,人才已经成为经济社会发展以及国际竞争中至关重要的因素。而高中阶段作为学生进入大学或社会前的过渡阶段,在学生个人成长的过程中具有承上启下的作用。高中教育的质量在一定程度上决定着学生个人未来的品格、行为高度以及国家未来各项事业的人才队伍水平。高中监测制度的建设是办好高中教育事业的保障。我国政府高度重视教育监测制度的建设与完善,已于2015年出台《国家义务教育质量监测方案》,建立起我国自己的义务教育质量监测制度体系,并在理论框架研究和组织运行方面取得了可喜的成就,但目前尚未建立专门针对高中教育的监测制度体系。我国关注义务教育监测及基础教育监测的研究较多,涉及高中监测的研究却较为匮乏。

由于我国的高中教育在基础教育的范畴之内、义务教育的范畴之外,高中监测主要是在基础教育质量监测的有关研究中一概而论,专门针对高中监测的研究寥寥无几。因此,加强高中监测制度和监测方式的研究,是为建立健全高中教育质量监测制度体系提供理论基础的必要举措,有助于国家从宏观层面把握高中教育质量的整体状况,促使社会全面关注影响高中教育质量的相关因素,从而获得调整高中教育的有关政策与决策,落实教育问责的科学依据,形成检验高中教育培养质量的客观标准。而要进行高中监测制度和监测方式的研究,首先必须解决最基本的理论问题:高中监测、高中监测制度、高中监测方式分别是什么?它们各自有哪些特点?只有清晰界定"高中监测""高中监测制度""高中监测方式"

这三个概念的内涵,并明确其特点,才能解决高中监测制度和监测方式研究中最基本的理论问题,为建构和完善高中监测制度与监测方式及推进相关研究铺平道路。

第一节 高中监测的内涵与特点

由于有关高中监测的实践活动本身处于不断的发展和更新之中,关于高中监测的理论研究较少,可供参考的资料缺乏,对高中监测进行准确定义与特点识别较为困难。但随着国家相关指导文件的发布以及相关理论研究与实践探索的持续深入与推进,人们对高中监测的内涵与特点的认识逐渐走向成熟。

一、高中监测的内涵

2010年,党中央、国务院颁布的《国家中长期教育改革和发展规划纲要(2010—2020年)》指出:"建立科学的教育质量评价体系,全面实施高中学业水平考试和综合素质评价。建立学生发展指导制度,加强对学生的理想、心理、学业等多方面指导。"[1]2019年,国务院办公厅发布的《国务院办公厅关于新时代推进普通高中育人方式改革的指导意见》指出:"国家制定普通高中办学质量评价标准,完善质量监测办法。"[2]在这两份国家发布的文件中,均出现了"质量"这一关键词,充分表明质量指向是高中监测的核心内容。明晰高中教育质量及其相关概念的内涵,是准确把握高中监测内涵的重要前提。

(一)高中教育质量及其相关概念

从不同的文化背景、价值取向、社会制度和学科领域出发,"质量"这一概念

---
[1] 国家中长期教育改革和发展规划纲要(2010—2020年)[N].人民日报,2010-07-30(013).
[2] 国务院办公厅关于新时代推进普通高中育人方式改革的指导意见[J].人民教育,2019(Z2):10-13.

有不同的定义。对于"质量"概念的系统研究最早始于工商管理领域,如国际标准化组织(ISO)在其颁布的《质量管理体系基础和术语》中认为,质量(quality)是一组固有特性满足要求的程度,并把它定义为"实体满足明确或隐含需要能力的总和"。它包括四层意义:第一,质量可以存在于不同领域或任何事物中;第二,其固有特性是指事物本来就有且通过产品、过程或体系设计、开发与实现而形成的属性;第三,满足要求是指满足明示(如明确规定的)、隐含(如组织惯例、一般习惯)、必须履行(如法律法规、行业规则)的需要和期望;第四,人们对于质量的要求具有动态性、发展性和相对性,它随着时间、地点、环境的变化而变化。[1]

教育界对于"质量"这一概念的理解非常丰富,如《教育大辞典(增订合编本)》中将"教育质量"界定为:"教育水平高低和效果优劣的程度。"[2]学者安心将学者对"质量"的定义归纳为八大类:"不可知论观""产品质量观""替代观""达成度观""内适性质量观""外适性质量观""绩效观""准备观"。[3]有的学者非常关注"社会质量观",认为学校满足了校内外学习者的需求,毕业生满足了社会某一方面的需求就是教育质量。就教育领域里的质量而言,它在一定程度上是作为某种"卓越"的同义词。[4]从多个角度来看,教育质量具有多层次的内涵。从教育客体服务社会的角度来看,教育质量体现为教育产品的市场检验合格率和教育产品进入社会后的持续竞争力,即满足社会需求的情况;从教育的具体载体是知识与技能的角度来看,教育质量则体现为教育活动所包含的知识深度和强度必须达到国家规定的层次、类型和规格;从教育主题是育人的角度来看,教育质量体现为学生个体的综合素养。概括而言,教育质量主要是指学校等教育组织在既定的社会条件下,培养出的学生素质、提供的相关服务满足社会现实和长远需要的充分程度。

普通高中教育承担了为国家培养合格公民和社会建设者的责任,既需要传

---

[1] 许世红,黄小平,王家美.基础教育质量监测研究[M].广州:广东高等教育出版社,2016:11.
[2] 顾明远.教育大辞典(增订合编本)[M].上海:上海教育出版社,1998:798.
[3] 安心.高等教育质量保证体系研究[M].兰州:甘肃教育出版社,1999:62-66.
[4] 杨德广.高校必须树立正确的定位观与质量观[J].高等教育研究,2005(2):6-9.

承本民族的优秀传统文化,体现新时代和社会发展的需求,吸收国际先进理念,为学生核心素养的培育和未来发展奠定扎实的基础;也需要关注每一位学生的个性发展,为学生的自主成才创造条件。高中教育质量历来是国家、社会、家庭和学生共同关注的焦点,也是世界各国教育改革的主要目标之一。当下人们已渐渐将注意力从"教育应该是什么,能提供什么"转移到"学校教育到底取得了什么,我们的学生到底学到了什么"上来。[①]因此,我们有必要对高中教育质量作出新的阐释。

质量是一种能满足或超过期望的产品、服务、人员、过程和环境等互相联系的动态的状态。质量一方面取决于影响质量的静态要素,如人、财、物等,另一方面也与动态的过程有关,它不是一成不变的,而是随着时间和环境的变化而变化的,是一个动态的状态。[②]在教育活动中,质量是教育的利益相关人对学校人才培养活动过程及其结果的期望,它不是一种客观存在的实体,而是一个与主体需要密切相关的动态概念。[③]从高中教育活动开展的逻辑顺序来看,我们更倾向于采用"起点—过程—结果"相整合的视角,即高中教育质量既与其起点的初始状态有关,也与活动的过程密切相关,而结果仅仅是高中教育质量活动效果表现的最终状态。因而,高中教育质量从本质上来看是静态(高中教育活动的初始状态、高中教育活动的结果)与动态(高中教育活动过程)相结合的状态。

(二)高中监测及其相关概念

"监测"一词,顾名思义包含了"监"与"测"两种活动。按照字面意思,"监"即监察、监督,"测"即检测、测试。监测就是通过监督检测,使某一事物的发展不超出人为限定的范围。现代管理体系中的监测,是指参与监测的双方或多方互相作用,使被监测对象保持某种相对稳定的活动状态,以达到最终监测目标的一

[①] 辛涛,赵茜.基础教育质量监测评价体系的取向、结构与保障[J].国家教育行政学院学报,2020(9):16-23,43.
[②] 刘广第.质量管理学(第三版)[M].北京:清华大学出版社,2018:33-34.
[③] 戚业国,陈玉琨.论教育质量观与素质教育[J].中国教育学刊,1997(3):26-29.

个过程。监测过程首先从制定目标和确定业绩考核标准开始,再对被监测对象的行为过程进行监督与测试,获取被监测对象的行为过程信息,随后将被监测对象的行为过程信息与预期目标以及事先制定好的标准进行比较,发现其中的差异之处,并以此为依据有针对性地对被监测对象的行为进行调整。由此可见,监测一般包括三个要素:制定标准、检测信息、对被监测对象的行为进行调控。其中,制定标准和检测信息是监测的基础。

质量监测(quality monitoring)是质量管理工作的重要部分,是致力于监督与检测产品质量是否满足相关质量要求、规定或标准所采取的操作与活动。在当下的管理活动中,通过收集、整理产品的相关数据,找出数据波动的规律,把数据的正常波动控制在最低限度,消除系统性因素造成的异常波动,并将实际测得的质量特性与相关标准进行对比,针对出现的差异或异常现象采取相应的措施予以纠正,通过监督与检测使工作处于预期的状态,这一过程就是质量监测。

有了产品与服务,就需要对产品质量或服务质量进行检查与验证。[1]我们生活中的质量监测活动,如空气质量监测、工程质量监测、环境质量监测等,都是监测和验证产品质量或服务质量是否符合相关规定的活动。为了确保监测结果在一定程度内有效,监测活动必须在特定的范围内,按照规定程序实施。监测结果通常是采用监测报告或证书等方式记录在案。教育质量监测是在教育领域发生的,与工程、机械、服务等其他领域的质量监测活动所对应的活动。高中教育质量监测通常是指对高中学校采取大规模或较大规模抽样的方式,围绕高中教育质量以及影响高中教育质量的相关因素采集数据,根据数据反馈的信息检查被监测对象的质量是否符合高中教育质量标准或相关规定的活动。

综上所述,高中监测是对普通高中学校及与普通高中有关的群体(校领导和其他学校管理人员、教师及学生等)采取大规模抽样的方式,围绕普通高中教育质量以及影响普通高中教育质量的有关因素采集数据,根据数据反馈的信息检

---

[1] Edward Sallis. 全面质量教育[M]. 何瑞薇,译. 上海:华东师范大学出版社,2005:19.

查高中教育的培养结果是否符合国家颁布的高中教育质量标准及相关规定的活动。高中监测可以对高中教育体系的运行和变革起到有效的监督、调控、指导、评价及问责作用,减小高中教育体系实际运行情况与规划期望情况之间的偏差程度,以持续提升高中教育质量,使高中教育体系能够朝着预定方向运行,并进一步规范化。

(三)高中监测与一般性大规模考试的差异

高中监测在监测目的、方法、内容、工具、结果反馈这五个方面,与一般大规模考试(如高中联考、全省或全市的适应性考试、摸底考试以及高考)有着本质区别。

在监测目的方面,一些高中联考、适应性考试和摸底考试的主要目的是检查一段时期内的教学质量,并为高考做准备;高考则主要是发挥人才分流与选拔的作用,为高一级的学校招生服务。高中监测则主要是对全国或某一区域高中教育质量整体发展状况进行诊断,并为改进高中教育决策、形成高中教育政策提供科学依据。

在监测方法方面,高中联考、适应性考试、摸底考试和高考均为全体学生参与的封闭的学科测试;高中监测则是采用抽样方法进行整体监测,不对学校或学生进行个体评价,不进行评优评级。

在监测内容方面,针对高中生的一般性大规模考试均依据考纲确定命题范围,命题往往需要重点关注区分度;高中监测则依据国家关于高中教育质量的相关标准以及教育监测理论确定监测内容,更多地关注监测结果达标分布状况。

在监测工具方面,针对高中生的一般性大规模考试往往采用各学科的认知测试卷;高中监测不仅含有认知测试卷,还需要配套的学生问卷、教师问卷与学校问卷。近年来,调查问卷在高中监测中所发挥的重要作用得到了广泛认可,调查问卷的内容也越来越丰富,调查问卷已成为实施高中监测的重要工具。

在监测结果反馈方面,一般性大规模考试往往给每位考生反馈学科的具体分数与对应的排名、总分与相应的排名,以便于考生了解自己在考生群体中的位置并预判升学的可能性;而高中监测通常是向学校或上级教育主管部门反馈监测报告,从监测结果及其分布、有关影响因素等方面进行深入分析与探讨,并提出若干改进意见或建议。

据此我们可以看出:高中监测是对国家或区域层面的高中教育质量进行多方位、全过程、多层次的监测。监测范围不仅涵盖高中生的学业成就水平、知识运用能力、情感态度与价值观、生活方式等内容,还关注国家高中教育标准的达成程度、高中教育教学过程的形成;监测对象包括与高中有关的微观、中观和宏观等多种群体;监测内容则可以跨越学生、教师到学校管理、教育行政管理系统等多个领域,进而在国家层面上讨论高中教育政策、投入和高中教育改革等。[1]

二、高中监测的特点

实施高中监测是及时掌握高中教育变化情况,推动高中不断提升培养质量与办学成效,促进不同地区、不同类型的高中学生全面发展、健康成长的重要手段。有别于其他教育评估活动,高中监测具有监测项目的低风险性、监测技术的专业性、监测样本的代表性、监测工具的科学性、监测机构的权威性等特点。

(一)监测项目的低风险性

实施高中监测的主要目的是通过监测,客观反映高中生的学业水平、高中学校的办学质量及相关影响因素,诊断其中存在的问题,总结和概括其中的规律,有效地服务于国家教育行政部门有关高中教育的决策,为高中的办学提出建议,从而促进高中生的学习和高中教师的教学。高中监测不是针对高中生个体作出评价,不以甄别与选拔高中生为目的,不与升学情况挂钩,不对学校和学生进行排名。在监测报告中,只公布学校总体成绩,不公布高中生个体成绩,因此,高中监测对于参与监测的高中生而言无任何利害关系,具有低风险性。

---

[1] 中共中央 国务院印发深化新时代教育评价改革总体方案[N].人民日报,2020-10-14(001).

(二)监测技术的专业性

高中监测的设计与实施要按照既定的计划进行,其工具开发、样本抽取、指标体系构建等环节,都需要相关人员具备扎实的专业知识。高中监测的对象是具有主观能动性的高中教师与学生,在编制监测工具、实施监测的过程中,相关人员不仅需要具备监测的有关知识,还需要具备教育学和心理学方面的知识。进行高中监测需要由学科命题、统计分析、测量评价等人员组成专业队伍,在监测进行的过程中还需要对相关人员进行专业培训。

(三)监测样本的代表性

高中监测通过从高中某一学段的学生总体中抽取一定数量的样本进行施测,而后将所抽取的样本监测结果进行分析和总结,获取有效数据,进而推广至总体,用以推测全国或某一区域的高中教育质量水平,并以此推测结果为依据提出高中教育改革的政策建议。所抽取样本的代表性将对高中监测的有效性以及政策建议的准确程度有直接影响,故抽取样本是高中监测的核心环节之一。

(四)监测工具的科学性

高中监测除了呈现全国或某一区域高中生在相关学科领域内的表现,测试高中生分析问题和解决问题的能力外,还对高中生的情感态度、学业负担,以及学校师资队伍水平、管理体系和环境状况等进行监测,关注学生的核心素养和全面发展。监测的结果主要服务于教育决策,促进高中教育教学改进,因而需要注重监测工具的科学性。在监测工具的编制上,需要考虑不同区域学生在文化、习俗、环境、教材、学习条件等方面的差异,力求监测工具能够准确且客观地反映高中教育质量水平。

(五)监测机构的权威性

高中监测是自上而下实施的,由国家教育部门专门设置机构或组织进行的大规模教育监测活动,这与以往小范围、以甄别与选拔学生为目的的教育评估活动有着根本区别。其结果直接服务于国家或地方教育部门的教育决策,对提升高中教育质量、推动高中教育良性发展有着重要意义,因此,其监测机构必须具有权威性。

第二节 高中监测制度的内涵与特点

目前,有关教育监测制度的研究对基础教育质量监测制度和高等教育质量监测制度建设关注较多,而专门针对高中监测制度的研究尚不多见。由于我国高中教育目前属于基础教育的范畴之内,高中监测制度建设主要是在基础教育质量监测制度建设的相关研究中有所提及。教育领域的"监测制度"研究多以"教育测评""教育质量评估"等形式出现。建立健全高中监测制度是新时代背景下完善与创新基础教育监测制度体系、补齐基础教育监测制度体系的短板、深化高中教育评价改革的重要内容。不同于针对学生学习、教师教学等的过程性学校内部评估,也不同于高考等学生学业成就评价活动,高中监测指向宏观的高中教育质量管理,是根据国家制定的有关方针、政策、法律和法规,定期对高中教育质量进行评估与判断,利用数据了解并改进和规范高中教育的外部评估活动。高中监测制度通常由国家强制力和相应的政策法规做保障,其实施主体多为政府或其他在业内具有较强影响力、专业认可度较高的教育评估机构,目的是推动高中教育质量的整体提升而非高中生个体的学习改进或升学。本节拟用制度分析理论,试图阐明高中监测制度的内涵与特点,为建立和完善高中监测制度提供参考。

一、制度的概念

制度自古有之,有关制度的研究与讨论由来已久。在新制度主义及制度分析理论兴起之后,社会学科(主要为历史学、经济学、政治学、社会学等)的一些学者开始注重用制度分析的方式解决自己学科领域的一些问题,推动了制度研究在社会学科领域内的发展。

(一)制度的含义

有关制度的含义的讨论最早发端于经济学领域。20世纪50年代,美国产权学派与新制度学派的代表人物科斯将制度视为一种"思想习惯",是一种涉及社会、政治及经济的行为规则,而这种行为规则必须为身处社会中的个人所遵循。它是一个社会的主体成员都赞同的社会行为中带有某种规律性的东西,这种规律性具体表现在各种特定且往复的情境中,并且能够自行实行或由某种外在权威施行。[1]概言之,制度是指为人们的社会行为提供秩序框架的各种办事规程和行为规则的集合,具体包括体制、机制、法律和各种规范等。

产权学派和新制度学派的另一个代表人物诺斯在《制度、制度变迁与经济绩效》一书中认为:"制度是一个社会的游戏规则,更规范地说,它们是为决定人们的相互关系而人为设定的一些制约。制度构造了人们在政治、社会或经济方面发生交换的激励结构,制度变迁则决定了社会演进的方式,因此,它是理解历史变迁的关键。"他强调,制度是一个社会赖以存在和运行的基础,它包括正式制约与非正式制约。正式制约包括法律、习俗和道德,非正式制约既包括对人们所从事的某些活动予以禁止的方面,也包括允许人们在怎样的条件下可以从事某些活动的方面。[2]

康芒斯从集体行动的角度认为,制度不仅是对个人行动的控制,而且是对个人行动的解放和扩展。他把制度解释为"集体行为控制个体行为",且这种控制是靠各种规则来实现的,[3]即制度是一种行为规则,它的作用在于对行为进行规范。

---

[1] R.科斯,A.阿尔钦,D.诺斯,等.财产权利与制度变迁——产权学派与新制度学派译文集[M].刘守英,等译.上海:上海人民出版社,1994:329.
[2] 道格拉斯·C.诺斯.制度、制度变迁与经济绩效[M].刘守英,译.上海:上海三联书店,1994:3.
[3] 康芒斯.制度经济学(上卷)[M].于树生,译.北京:商务印书馆,1962:87.

凡勃伦把制度的概念扩大为人们的总的生活方式,将其概括为一种流行的思想态度或一种流行的生活方式,并将制度的实质概括为人或社会对某些关系或某些功能的一般思维习惯,并指出:"一切活动要想成为日常习惯(即使只是部分生活表现)而持续存在,就必须符合人们对效率——为了达成某些适用性客观目的——的普遍规范。"[1]

制度历史比较分析的领军人物格雷夫则把正式制度和非正式制度统一在一个定义中,他认为制度是由规则、信念、规范和组织构成的统一系统。其中,规则提供统一的认知系统并起协调作用,信念和规范提供有效的遵循规则的激励,组织制定并传播这些规则,使信念和规范得以持续稳定并起作用。[2]

斯格特将制度定义为:"制度是一种社会结构,具有较大的弹性。它由文化认知、规范和规则等要素构成,这三个要素与相关的资源和活动一起为社会提供一种稳定性和意义。"斯格特对制度的定义既包括了规则,同时也涵盖了社会责任和文化道德的范畴,即正式规则和非正式规则。不同学者强调制度的不同方面,斯格特认为,这是由于"许多有关制度的争议源于对制度要素的关注点不同"。那些强调规则要素的研究人员将注意力放在社会成员的理性选择和相应的规则设计方面,他们认为规则要素比较正式和清晰,容易规划和实施,能为社会成员的行为指明方向,进行激励和监督。强调文化认知要素的研究人员把社会成员的信念作为制度发生和发展的更深层次原因,在他们看来,一方面,信念属于文化范畴,它是社会建构的符号表示;另一方面,信念也属于认知范畴,因为它为个体观念和决策的形成提供了重要的模板。文化认知要素是各种社会行为的基础,决定着人们的理性选择。[3]

总而言之,制度是一种规范人的行为准则,是人们在社会各个领域进行工作、生活和学习过程中必须遵守的秩序和规则体系,是一系列权利、义务和责任

---

[1] 索尔斯坦·邦德·凡勃伦.有闲阶级论[M].李风华,译.北京:中国人民大学出版社,2017:140.
[2] Avner Grief. Historical and Comparative Institutional Analysis [J]. *American Economic Review*, 1998(2):80-84.
[3] 理查德·斯格特.比较制度分析的若干要素[J].阎凤桥,译.北京大学教育评论,2007(1):2-14.

的集合。它不仅约束着人们的行动,也为人们提供可以自由活动的空间。它既包括外在的正式制约,也包括个体内在的道德约束,即正式规则和非正式规则。

(二)制度与体制、机制

体制与机制是与制度相联系的两个概念。在以往有关教育监测的研究中,也出现过"课程监控机制""教育质量监测体制"等名词。明确制度与体制和机制的区别,是研究高中监测制度的前提。

体制(institution)是国家机关、企业和事业单位组织机构设置、隶属关系和管理权限划分的制度,反映着制度静态的一面。如教育体制是国家各级教育行政机构和企业、事业单位的教育行政机构设置、隶属关系及管理权限划分等方面的制度的总称。制度可以分为三个层次:根本制度、体制制度和具体制度。根本制度属于宏观层次,是指人类社会在一定历史条件下形成的政治、经济、文化等方面的体系,如封建宗法制度、资本主义制度、社会主义制度等;体制制度属于中观层次,可以是某些社会分支系统方面的制度,如政治体制、经济体制、文化体制、教育体制、卫生体制等,也可以是国家机关、企业和事业单位整体意义上的组织制度,如领导体制、学校体制等;具体制度属于微观层次,指要求大家共同遵守的办事规程或行为准则,如财务制度、高校学生管理工作制度、教学管理制度等。

机制(mechanism)是系统内各构成要素之间相互联系、作用和调节的方式,泛指一个工作系统的组织或部门之间相互作用的过程、方式及其运作功能,反映着制度动态的一面。构建机制的目的是要解决关于体制所确定的关系如何运行的问题。机制包括机构和制度,如市场机制、竞争机制、用人机制等。机制是某一系统内成员行事的方式、方法,是制度加方法或制度化了的方法,是经过实践检验证明有效的、较为固定的方法,具有系统化、理论化的特点。如教学管理工作机制是在各种有效的方式、方法的基础上进行总结和提炼,依靠多种方式和方法来起作用的,它不会因教学管理组织负责人的变动而变动。机制本身含有制度的因素,并且要求所有相关人员遵守。如监督机制,不仅包括监督制度,还包括各种监督手段和方法,只有将两者结合起来,才能发挥监督机制应有的作用。

体制和机制都是属于制度范畴内的概念,但体制比机制更具有基础性、稳定性和普遍性。体制决定机制。体制不同,机制运行的过程与特点亦不同;机制是体制的内在属性,以既定的体制为前提;当一种体制被确定后,其运行机制便应运而生。制度(regulation)与体制、机制在不同的范畴下具有相互包容性。[①]一方面,制度是关于事物活动的规则,任何制度都包括体制与机制两个方面;另一方面,在机制与体制中所形成的一些稳定的规则,亦被称为制度。在这里,机制、体制又包含着制度。因此,高中监测制度和与高中监测有关的体制和机制之间的关系是"你中有我,我中有你"的关系。

二、制度的基本特征及制定原则

(一)制度的基本特征

从制度的外延形式方面来看,制度具有公认性、强制性、稳定性和系统性等基本特征。公认性即制度需要在其适用范围内得到人们的一致认可,并得到大家的共同遵守。强制性是指制度是一种制约人们社会关系和社会行为的规范体系,对其适用范围内的成员具有强制作用。制度的强制性可以用烫火炉原则来说明:不碰不烫、一碰即烫、谁碰谁烫、碰哪烫哪。稳定性指制度在其运行的生命周期内需要保持相对稳定性,特别是上下层次、前后时序都要保持一定的连续性和稳定性。只有在制度不适应环境的变化后,才能对其予以修订、充实、完善甚至彻底的变革。系统性指单项制度无法发挥作用,必须由不同内容、不同适用范围的制度互相联系、互相补充,形成一个制约系统,共同为实现目标发挥作用。制度的系统性还体现在程序化的模式上,制度具有事前、事中、事后控制和反馈的特点;制度的群体特点也是系统性的一个反映,制度是个体的善转化的路径,是个体行为在群体中的升华。

[①] 张俊宗.现代大学制度:高等教育改革与发展的时代回应[M].北京:中国社会科学出版社,2004:52.

从制度的本质上看,制度又具有习惯性、确定性、公平性和权威性等特点。[①]习惯性即制度是历史的一种沉淀,是在最初被某些人发现有利可图,并通过某种手段使之被坚持下来,接着为更多人所接受,最后形成一种习惯被保留下来。确定性即制度给人们的行为划定边界,有助于道德规范、道德目标的认识、把握和落实。它既是可知的、透明的,又能够对未来提供可靠的指导。制度告诉人们能干什么、不能干什么,以此为人们的行为提供稳定的预期,使人们清楚地知道违反制度带来的后果。公平性指同样的行为遵守同样的规定,符合烫火炉原则中的"谁碰烫谁"的规定。从时间的维度上看,在制度作出改变之前,只要是同一行为,无论是前天、昨天、今天,还是明天进行,这一行为一般都会按照相同的规则进行;从制度针对的客体的维度上看,只要是在制度发挥作用的范围内,无论客体是谁,只要是相同性质的事件,一般都会遵从相同的规则,在没有特别理由的情况下,制度对任何人都不会产生歧视。没有人可以凌驾于制度之上,每个人在制度面前地位平等。对于这一点,在制度中也有相关规定:不能根据一个人的地位来决定其对制度的遵守程度,如果破坏了这一规定,意味着制度本身受到了破坏。权威性即制度在其适用范围内对其客体具有强制性的约束力,制度一旦形成,不管人们是否愿意,都必须坚决执行,不能随意违反,否则就要受到一定的处罚。如果把制度设计过分寄希望于人们主观的自觉自愿,而不注重提高制度的权威性,该项制度的执行力将会出现严重的问题而导致其形同虚设。

(二)制度的制定原则

在制定制度时需要满足制度的上述特征要求。科学、合理的制度设计,需要进行深入细致的调查研究,认真学习相关的方针政策和有关规定精神,使制度能够符合相关法律法规的要求;同时需要进行整体的系统分析,既要定性也要定量,力求简明扼要、通俗易懂。此外,制度的制定还需要遵循以下原则。

---

① 郑石桥,马新智.管理制度设计理论与方法[M].北京:经济科学出版社,2004:3-5.

第一，可行性原则。建立健全的监督机制和实施机制，要克服制度缺位的问题，更重要的是解决制度虚置的问题。在某种程度上，制度虚置比制度缺位的危害更大，它强化权力意识，蔑视法律和制度的权威，产生不平等的等级效应，阻挠民主法治目标的实现。

第二，符合环境要求的原则。制度设计都以假定人性本恶为前提，只有通过环境的力量才能迫使人谨慎地调整其手段来实现其目标，并以制度的方式迫使其在追求自身利益时推进组织甚至整个社会的福利。制度设计时的人性假定不是经验判断，而是逻辑判断。并不是人只能这么做，而是人有这么做的可能。同时，制度设计对于不同的人群、不同的价值判断和不同的绩效评估标准也需要区别对待，作出不同的调整。

第三，严厉性与弹性法则保持均衡的原则。只有严厉的制度才能起到真正意义上的规范作用，才能实现高效管理的目标。但同时，任何规章制度都有一定的精确度，制度有必要在其精确度允许的范围内作出适当的调整。当然，该弹性应该是积极的，也是有限度的。严厉性是制度的基本属性，弹性法则是为了更好地发挥制度的规范作用，增加解决问题的可能性。

第四，制度设计必须与组织发展战略保持一致的原则。制度设计必须围绕着组织的目标，努力为实现目标提供制度保障；要使制度能够支持组织的发展战略，与组织的发展战略保持一致。制度设计要与组织文化密切结合，形成文化和制度之间的和谐整合，通过对制度的履行加深组织成员对组织价值观的理解，从而推动组织成员沿着组织的战略目标方向开拓进取。

在坚持上述原则的同时，还要考虑制度的成本问题。制度设计和制定时的一些显性成本如调研花费的人力与财力、印制成本、协调成本等是容易被人接受的，但制度执行时的隐性成本则更具参考价值。例如，一项制度的出台是为了节约成本，但如果不考虑人的因素，与人们的价值观有较大冲突，就会造成组织成员精力分散，从而导致工作低效。这类无形成本在制度制定的过程中时常被忽视,使得本应能让人才脱颖而出且能留住人才的制度歪曲为遏制人才、制约人才发挥积极性的桎梏,对组织的核心竞争力产生了极大的负面影响。

三、关于教育监测制度的研究趋势

当今世界各国的竞争日益演变为人才质量的竞争。教育质量已经成为影响国家持续发展和提高国家竞争力的核心要素。教育质量监测日益受到国际组织（如OECD等）和各国政府的高度重视,也逐渐成为各国教育研究者关注的焦点。与欧美发达国家相比,我国有关教育质量监测的实践活动起步比较晚,高中监测更是我国教育监测体系的软肋。目前,对于如何根据高中教育阶段学生学业成就的影响因素进行相应的学生培养、教师培养的研究还比较少,且对于如何系统深入地挖掘高中监测的相关信息,从而制定科学合理的高中教育改革和发展规划战略的研究也亟待加强。因此,关注与研究国际与国内的教育监测制度发展的趋势,对推进和完善我国高中监测制度体系、更好地发现我国高中教育中存在的问题、促进我国高中教育健康持续发展具有重要的应用价值。

(一)国际教育监测制度的研究趋势

1.测量工具日趋精准化

国外对基础教育质量测量工具的研究日趋精细化,更加追求同时反映个体和群体真实教育情况的高质量测量工具的研发。比如,布拉德利等对幼儿个性化家庭服务计划评价的结构效度和内部一致性进行了研究,探讨了问卷编订的质量问题;[1]克洛特兹认为,在美国大规模测试中应该增加测量问责制,并设计了一种基于责任的侧重于教学反应并进行大规模测试的新方法,从而能更准确地寻找教学中存在的问题与对策。这些研究为更好地挖掘教育本质、把握教育规

---

[1] Lee Ann Jung, Kelly D.Bradley, Shannon O. Sampson, et al.Evaluating Construct Validity and Internal Consistency of Early Childhood Individualized Family Service Plans [J]. *Studies in Educational Evaluation*, 2015(45):10-16.

律,从而促进学生的全面健康发展提供了更加个性化、人性化的经验。[1]目前,我国高中监测的研究工作才开始不久,高质量监测工具的研发还有很长的一段路要走,国外高质量精准化测量工具的研发技术无疑对我国高中监测工具的研发具有一定的借鉴作用。

2.更加关注教师培训质量测评数据的挖掘运用

国外的一些研究人员认为,促进教师专业发展,关键在于能否挖掘出教师培训质量测评的实质。对于任何一种测量,理解其实质并把握其内涵至关重要,教师专业发展质量测量也不例外。加拿大蒙特利尔大学的研究人员根据OECD对教师专业化的定义,给出了他们对教师专业化的理解——教师是专家、实践家,起到调动资源的领袖作用。此外,他们还特别指出,教师不仅参与教育改革的全过程,还不断地推进改革进程。由于教师工作任务具有特殊性,对教师教育进行测评时需要首先明确这一特殊性;在对教师进行培训时,需要根据测评结果和教育实践中具体存在的问题,有针对性地培训教师的专业能力、创新能力以及专业责任意识和职业道德精神,而不能单纯地迷信测量结果,更不能照抄权威理论。[2]

有研究人员还认为,应注重深入分析教师岗前培训的测评结果。对于如何提高教育质量,有学者认为教师岗前培训非常重要。2013年,OECD启动的教师教学国际调查项目(TALIS)的研究成果进一步指出:(1)教师是否参与正式上岗培训是一个重要的专业发展预测指标,至于如何提高教师的培训质量,则特别强调要"多听听教师的声音",需考虑现实中教师所面临的一些新的挑战和严峻的现实;(2)由于教师培训资金的短缺和教师自身自由支配时间的不充裕,教师培训的质量和参与度均没有得到较好的保障。[3]此外,他们还从教师的责任、教师

---

[1] Koretz D. Adapting Educational Measurement to the Demands of Test-Based Accountability [J]. *Measurement: Interdisciplinary Research & Perspectives*, 2015,13(1):1-25.

[2] Rodrigues F., Mogarro M.J. Initial Teacher Education: A Comparative Study of Two European Higher Education Institutions[C]//*Proceedings of ATEE Annual Conference*, 2014: 34.

[3] 田守春,郭元婕.OECD"教师教学国际调查项目"(TALIS)评析及启示[J].外国教育研究,2009(11):61-64.

的职业特性以及社会的背景与环境等方面分析了教师教育能力下降、学生学习失败等问题的原因,有针对性地提出了改善这些问题的关键方法。他们也介绍了改进教师招聘的具体做法,着重强调了在教师招聘考试设计上存在的困难以及目前的主要解决办法,即测评时要尊重教师的职业化特点,测评内容要具备人性化特点,并指出教师培训质量不高的原因比较复杂,有待更进一步地深入研究。

3.更加关注教育均衡测评数据的挖掘运用

瑞士政府组织的教育调查根据资源的再分配理论,对于如何改善教育发展的不均衡状况给出了三个方面的建议。首先,"如何进行教育资源分配"是影响教育均衡的重要因素。教育资源的再分配,尤其是将教育资源重新分配到短缺的地区,是消除教育不平等现象的重要策略。其次,由于不同地区的文化背景、教育体系与体制等不同,在比较不同地区的教育效率和公平性等问题上存在一定的困难,因而,国家在制定教育政策时,应全面考虑各地区的实际差异。最后,同一地区的政府在教育中所发挥的作用不同,会产生不同的财务能力,这也会导致教育不平等。对于处于不断变化的地区,要考虑采用动态评估方法,以适应地区发展的需要,对教育服务和产品进行再分配。[①]

法国政府教育组织机构的研究人员认为,教育不平等与区域不平等之间有较强的关系,并指出消除或缩小经济比较落后区域与发达区域之间教育差异的比较恰当的做法是:集中更多的力量,在人口稠密的农村地区,借助互联网,提高学校教师教学的兴趣,保证学生在就学过程中时间上的持续性。目前,在法国领土内存在的教育不平等现象,是教育政策关切的中心问题,而这意味着教育区域不平等问题的解决是一个持续的挑战。为了保证地域公平,对于教育事业来说,必须依靠教育政策的干预。他们提出了应对区域与教育不平等的一些具体政策:(1)补偿政策,如社会激励性的政策、无息贷款等;(2)建立特许学校,满足不同的教育需求;(3)对经济发展水平比较差的地区采用特区政策,从而有效缓解

[①] 赵黎.教育公平与民主化新论——以瑞士直接民主与多元语言为例[J].外国教育研究,2007(6):19-23.

社会经济、文化等差异造成的教育不平等问题。①

4. 更加关注对特殊群体数据的挖掘运用

各国的相关研究用实证和实验的方法已经证实：教师对学生的评判具有社会公信力，且它与学生的个人能力、学生的自我效能感之间的关系为正相关；教师的帮助对"学困生"的学业成就具有积极作用。课堂内额外安排一名教师对提升学生特别是"学困生"的学业成就具有显著效应。影响学生学业成就的因素并不单一，且在教育研究中，课程实施、教师政策、教师评价、学校改革等研究的主要挑战是更加细化的概念体系和分析方法，这些挑战或许会成为提高学生学业成就、改进教育质量的关键策略。

在这些研究成果的指导下，一些国家的政府开始制定相关法律法规，并建立配套的监测制度，以帮助特殊学生群体。如法国政府颁布的《重建共和国基础教育规划法》特别关注个性化援助体系构建中遇到的问题及其对策。法国在1980年左右已经实现了基础教育的普及，且从1990年前后开始关注对每一个学生尤其是学习困难学生的个性化学习援助问题。《重建共和国基础教育规划法》的制定专家们认为，教学应该为学生提供人道帮助，为他们提供助教，且提供助教的对象不仅包括学习有障碍的学生，也包括一般学生。法国的教育管理部门开始为每一个学生设计一套适合其本人的学习方案，且该方案必须由校方、家长和学生共同完成，以保证学习方案具备良好的灵活性和个性化的服务内容。法案的制定专家们也提出了这一设计所遇到的挑战：如何把学生转移到更适合他们的发展路径上，以及如何利用教育监测制度有效测评该种援助体系的有效性。

可见，国外的研究已经细化到对"学困生"如何减负的微观层面。他们不仅给"特困生"额外安排一名教师对其测评结果进行挖掘，还关注对个性化学习援助体系的建设及其效果测评的研究。

---

① 刘京玉.重建教育公平：法国《重建共和国基础教育规划法》解读[J].世界教育信息,2013(20):44-48.

(二)国内教育监测制度的研究趋势

1.由单纯性的介绍转向模仿探索

自教育部启动基础教育质量监测预研究项目后,很多学者开始总结和归纳世界各国教育质量监测与评估的经验,介绍国外先进的教育质量测评理念、内容、方式和方法,并尝试引进一些具体学科领域(如数学素养、阅读素养、科学素养等)测评的内容、方式和方法。比如,王晞、黄慧娟、许明等介绍了国际学生评价项目(The Program International Student Assessment,PISA)的阅读素养、科学素养和数学素养测试,引领了学者们对我国基础教育测评领域的研究;[①]孔凡哲、李清、史宁中等介绍了2004年12月公布的第二次PISA的一些具体做法,推动了我国对学生终身可持续发展的评估以及学生在实际生活状态下的能力等内容测评方式的研究。[②]

很多国内学者除了进一步总结和归纳各国教育质量监测与评估的经验外,还开始思考我国建立基础教育质量监测与评估机构的必要性,以及我国基础教育质量监测与评估的理论与实践,并进一步探索研究适合我国基础教育质量测评的内容、方式、方法。比如,辛涛、李峰等通过对国外多个国家基础教育质量监测的组织模式进行比较研究得出:要提高我国的基础教育质量,不仅需要进行大规模的教育测评,还需要建立相应的评价机构。[③]该研究促进了我国基础教育质量监测与评估的快速发展。又如,朱恬恬通过对芬兰基础教育评估进行研究,不仅指出了我国基础教育评估在理论和实践方面与国外相比还存在很大的差距,更指出了要推动我国基础教育评估工作健康快速发展,有必要学习和借鉴国外的先进经验。[④]张民选等从PISA测评的视角解读了我国基础教育质量测评的组织模型以及测评内容,为我国基础教育质量测评的发展提供了更广阔的国际

---

① 王晞,黄慧娟,许明.PISA:科学素养的界定与测评[J].上海教育科研,2004(4):49-52.
② 孔凡哲,李清,史宁中.PISA对我国中小学考试评价与质量监控的启示[J].外国教育研究,2005(5):72-76.
③ 辛涛,李峰,李凌艳.基础教育质量监测的国际比较[J].北京师范大学学报(社会科学版),2007(6):5-10.
④ 朱恬恬.芬兰基础教育评估实践及其对我国的启示[J].外国教育研究,2009(11):22-25.

视野和更丰富的相关理论借鉴。[1]吴志华等对加拿大大规模评估模式进行了研究,为我国的评估方式、评估机构建设以及学生学业成绩的提升等提出了宝贵的建议。[2]

2. 关注教师教育质量的测评

教师是"立教之本、兴教之源",教育质量的提升离不开教师,教师质量的高低离不开教师专业发展质量测评。教育部启动基础教育质量监测与研究项目之后,学者们对基础教育质量测评的研究扩大到对教师教育质量测评的研究,这些研究对我国基础教育质量测评框架和测评体系的健全与完善起到了重要的作用。比如,许明介绍了英国学校培训与发展署颁布《合格教师资格标准与教师职前培训要求》的背景与过程,并对这一新的标准与要求的内容作了简要分析与说明,对我国进行教师教育质量测评标准与内容的建设、开发提供了一定的参考;[3]陈振隆、谌启标对美国教师教育质量认证组织(TEAC)的源起与功能、评估范围、评估标准、评估程序等展开了研究,给我国教师教育质量监测评估宏观体系的建设提供了丰富的经验;[4]邵珍红、曹一鸣在介绍舒尔曼PCK概念数学教学知识测试工具的基础上,开发了一套测试数学教学知识的工具,该工具不仅开创了我国数学教师教育质量测评的先河,而且翻开了我国教师教学知识测评的新篇章。[5]

3. 更加关注测评的定位问题

质量标准是教育标准的核心,质量标准直接引领教育的发展。2015年6月18日,在全国范围内开展的数学和体育两个科目的教育质量监测工作,标志着我国基础教育质量监测工作从此拉开序幕。但是,在以往的监测工作中,有些学校竟然出现了全校停课补习体育的"奇怪"现象。由此可见,如何制定科学合理

---

[1] 张民选,陆璟,占胜利,等.专业视野中的PISA[J].教育研究,2011(6):3-10.
[2] 吴志华,王红艳,王晓丹.大规模教育评估的兴起、问题与发展——加拿大教育评估的启示[J].外国中小学教育,2011(8):1-5.
[3] 许明.英国教师教育专业新标准述评[J].比较教育研究,2007(9):73-77.
[4] 陈振隆,谌启标.美国教师教育质量认证组织(TEAC)及其影响述评[J].外国中小学教育,2008(9):18-23.
[5] 邵珍红,曹一鸣.数学教学知识测试工具简介及其相关应用[J].数学教育学报,2014(2):40-44.

的质量测评标准,如何引领基础教育健康发展,如何加大对测评数据的挖掘,以及如何推动测评结果的有效运用,对于引导公众正确认识基础教育质量监测的实质至关重要,无论是领导者还是学者,对其的关注度都越来越高。

北京师范大学中国基础教育质量监测协同创新中心辛涛、赵茜在论及基础教育质量监测的定位问题时非常明确地指出:"我国教育管理体制改革的重要理念是'管、办、评'分离。在此理念要求下,基础教育质量监测评价工作应以'第三只眼'的视角,客观审视基础教育发展中的优势和问题,并做好与'管''办'联通,既面向教育决策与管理,又直接用于改进学校办学。""从面向政府的角度,突出独立性,加强问责。""从面向学校的角度,突出协助,加强服务。"[①]

在质量监测执行部门层面,董奇强调了应将基础教育质量监测作为我国教育督导制度的重要组成部分。随着我国基础教育从改善办学条件、普及义务教育向强调内涵式发展、重视提高教育质量的转型,我国教育督导部门的职责要从侧重"督政"逐步转化为"督政"与"督学"并重,以推动学校全面贯彻教育方针,实施素质教育。建立基础教育质量监测体系是各级教育督导部门有效履行"督政"与"督学"职责的关键环节。[②]李凌艳和陈慧娟特别强调推进我国基础教育质量制度建设的关键是要建立科学合理的基础教育质量监测导向,并指出:"监测内容与范围体现着监测的核心价值,基于现阶段国情,我国基础教育质量监测制度建设中,监测'导向'比 监测'多少'更为重要。""通过对包含学业成就在内、同时全面考查学生身心发展状况及其影响因素的科学监测,导向学生全面发展的综合质量,对于我国基础教育的可持续发展具有深远意义。"[③]此外,李刚和陈思颖也通过对国际学生评价项目(PISA)定位问题的研究,给我国基础教

---

① 辛涛,赵茜.基础教育质量监测评价体系的取向、结构与保障[J].国家教育行政学院学报,2020(9):16-23,43.
② 董奇.构建具有中国特色的基础教育质量监测体系[J].人民教育,2007(Z2):2-3.
③ 李凌艳,陈慧娟.推动我国基础教育质量监测制度建设的基本战略与体系保障[J].中国教育学刊,2020(3):68-73.

育质量监测的定位问题提供了宝贵的、具有建设性的经验。[1]这些研究使我们进一步明确了基础教育质量监测的主要目的是探寻影响学生全面发展的关键性因素,从而更好地服务于教育质量的提升,促进学生的全面发展。

4.更加关注测评结果的有效运用

对于测评结果如何有效运用的问题,严明等通过对我国区域教育质量监测与评价进行的相关研究指出:质量监测应该是从"绿色指标"的测试数据中,挖掘学生在学习过程中存在的普遍问题、教学与管理中的问题,从而让学业水平测试的数据转化为教学改进的依据,并为行政决策和教学指导提供建议。[2]解洪涛、李洁等在研究东亚十国(地区)PISA(2009)测验结果的基础上,实证分析了教师参与学校治理对学校教育绩效的影响,这为我国教育质量监测制度体系建设和充分认识教师教育质量的重要性提供了重要的参考依据。[3]

四、高中监测制度的内涵

结合制度的概念、特征及基本原则,教育监测制度研究的已有成果,我们认为,高中监测制度是对高中教育系统的运作或变革进行监督、调控、指导、评价、问责的规则体系,是高中教育活动的质量保证系统。它设立的目的是对高中教育系统的运行进行约束,使之符合教育规律,更加规范化。就其具体内容或指向而言,它应该包括三个方面:高中监测制度的目标、高中监测制度的主体和高中监测制度的客体。

首先,建立高中监测制度需要确立其目标。高中监测制度的目标是实施高中监测活动所要实现的目标,即高中监测制度的主体为达到探索高中教育规律,变革高中教育实践,完善高中教育目的而确定的高中监测预期结果。这种预期

---

[1] 李刚,陈思颖.PISA的政策影响:类型、方式及其启示[J].外国教育研究,2014(7):3-10.
[2] 严明.区域教育质量监测的实践研究[J].上海教育科研,2014(10):10-14.
[3] 解洪涛,李洁,陈利伟.参与式治理、社会文化与学校的教育绩效——基于PISA数据的东亚国家学校治理差异研究[J].清华大学教育研究,2015(2):64-73,105.

结果可能包括:正在实施的某份高中教育政策文件的完整性、内部一致性以及这份文件中所要推行的计划是否已经实现,或者在多大程度上得以实现,要实现目标还需要在哪些方面进行改进等。高中监测制度的目标或监测要点包括多个方面,但毫无疑问的是,高中监测制度最主要的目的应当是改进高中教育实践,促进高中教育发展,提升高中教育质量。

其次,建立高中监测制度应当明确其主体。高中监测制度的主体是高中监测的管理者和参与者。高中监测的管理者是各级政府的教育行政部门。它们既是高中监测的决策者,也是高中监测的重要参与者。它们要对高中监测进行分析判断,做出有关高中监测的决策。它们还要承担高中监测的组织、协调和监督工作,要围绕高中监测方案的实施而投入人、财、物等相关资源,通过制定一系列规章制度和建立有效的工作体系,控制和保障高中监测制度的有序运行,以实现高中监测的预期目标。高中监测的另两类重要参与者是第三方专业监测机构和公众(包括高中学校的教师和学生)。第三方专业监测机构可以充分发挥其专业优势,保障监测的精准度和监测结果的可信度;公众是高中监测实施情况的督查者和监测结果的评价者,公众对高中监测的民主监督是高中监测制度运行和完善的动力。

最后,建立高中监测制度需要明晰其客体,即高中监测的对象。它一方面包括高中的办学哲学(价值)、办学条件、办学水平和办学质量,这是高中监测针对的主要方面;另一方面包括高中教育活动的相关影响因素,这些因素虽然本身并不直接构成监测结果,但会对监测结果的形成产生直接或间接的、外显或内隐的影响。

任何监测制度都是一个特定的管理系统,是一个由若干相互联系、相互作用的部分或要素为了某一共同管理目标而结合成的、具有特定功能的有机整体。就高中监测制度这个特定的系统内部而言,它包含监测目标、监测主体和监测客体三个部分以及若干要素(如人、财、物、信息等),这些部分和要素相互联系、相互作用。我们在制定高中监测制度时,需要对此加以重视,以便于使高中监测制度更加完善,更好地为高中教育实践服务。

五、高中监测制度的特点

(一)服务于国家高中教育战略规划,为高中教育发展树立导向

我国教育监测制度的建设与国家教育战略规划的实施进程相伴相生,通过推动数个重大战略任务的完成,实现了教育监测制度的建设与自我完善。高中监测制度可以成为教育行政部门完善高中教育政策措施、加强高中教育宏观管理的"观测仪",能够有效帮助国家教育行政部门把握我国高中教育的发展现状,掌握不同区域间的高中教育发展差异情况;同时,也可以有效帮助区域教育行政部门了解本区域高中教育发展的总体情况,明确本区域高中教育管理的着力点。高中监测制度将监测结果与国家、省、市有关高中教育的战略发展规划及政策规定进行对照,可以检验高中教育政策的落实与投入成效,有利于教育行政部门及时作出反应,对高中教育的战略发展规划及政策规定进行相应调整,对高中教育发展的薄弱领域和环节采取有针对性的改进措施,以便于对高中教育实现科学化、专业化管理。

高中监测制度在改善教育行政部门对于高中教育的管理的同时,也在积极发挥教育监测制度的导向作用,通过向社会公布高中监测结果,回应公众关心的一些教育热点、难点问题,扭转社会上存在的一些教育认识误区,宣传正确的教育方式方法,逐步改变高中教育"唯分数论"的做法,引导公众树立科学的教育观,这有利于国家高中教育战略规划的全面推广与实施。

(二)注重学生核心素养,坚持全面发展的综合质量指向

一直以来,以学生成绩和升学率作为评价高中办学质量的最重要甚至唯一指标的现象始终存在。高中监测制度正是为扭转这一不科学的教育评价导向而创立的。不同于以往绩效导向的高中教育评估方式,高中监测制度以提高高中办学质量、促进学校发展和师生发展为主要目标,其内核是发展性评价;着眼于

高中教育整体而非单个方面,监测范围涵盖了学生各方面的发展状况,以及影响学生发展的相关因素,包括学生个体和家庭层面的因素、学校层面的因素以及社会层面的因素。实施高中监测制度最终要推动学生"学"的发展、教师"教"的发展、学校"管"的发展、教育行政部门"评"的发展,高中监测制度的基本监测指标应以学生核心素养作为框架,在实施过程中应贯彻"以人为本、和谐发展"的理念。

通过高中监测活动,教育行政部门工作者、学校管理者、教师、家长和学生都可以清楚地了解学校的发展水平,发现学科教与学过程中存在的问题,教育行政部门工作者和学校管理者可以此为基础确定改进的方向等。根据高中监测结果,教育行政部门工作者能够制定高中教育未来的发展方向和目标,并通过实践及评估,将所得的经验予以总结,指导高中教育下一发展周期的发展;学校能够在监测结果的指引下发现自身的优势与不足,优化自身的发展过程,推动自身的特色发展,充分发挥自身的潜能,缩小与自身发展目标的差距,促进自我完善和持续发展,进而更好、更全面地为学生全面发展、提升学校教育综合质量服务;而家长、学生也能了解到高中教育质量情况,进而对教育行政部门和学校办学进行民主监督。

(三)在保证标准化和专业化的同时,促进多元主体共同参与

作为教育监测制度的一种,高中监测制度的一个基本功能就是要提供学生能力及相关因素监测的高质量数据,全面准确地把握我国高中教育质量的现状,科学分析和诊断我国高中教育发展过程中存在的问题,为高中教育管理和决策提供科学、准确、有效的依据。作为面向全国范围内数量庞大师生的监测活动,要想具备准确性和有效性,必须在全部监测环节的组织实施上进行标准化和专业化的把握。在发挥好教育行政部门督导功能的基础上,借助高校或专业的教育监测组织、机构开展监测,重视监测人员的专业态度和能力,包括专家学者、教育行政部门工作人员及学校工作人员等在内的所有参与高中监测的人员,均须

经过严格的专业培训和训练,从而提高高中监测工作的实效性和专业化水平。

高中监测制度的建设与运行对推进教育治理体系和治理能力现代化也有着重要的促进作用。教育治理是指国家机关、社会组织、利益群体和公民个体,通过一定的制度安排进行合作互动、共同管理教育公共事务的过程。在新时代背景下,教育管理逐步向教育治理转变,高中监测制度的建设和运行的过程也体现出对教育治理体系和治理能力现代化的推进。现代教育治理体系的核心是多元主体共同治理,高中监测制度在纵向和横向建设中均体现出多元主体共同治理的特质。从纵向运行体系来看,由于我国高中教育规模巨大,单一部门难以实现对高中教育质量的有效监测,必须要建立从国家到基层的监测网络,形成由国家提供监测标准和技术、省市负责本地规划、县区负责监测实施的格局。从各级监测机构的关系来看,上级机构对下级机构并无实际行政领导关系,只存在业务指导关系,这种机构之间的专业联系方式避免了官僚化,有利于监测机构的专业化和监测工作的公平公正。从横向运行体系来看,教育质量监测与评价的主体主要包括各级政府机构、第三方专业监测机构和公众等。高中监测制度的运行过程中,第三方专业监测机构承担专业治理角色,充分发挥专业职能,公众则在其中起到民主监督的作用。

(四)监测技术方法注重利用科技成果,推动监测手段升级换代

在建立了高中监测制度的框架,初步探索出适合我国国情的高中监测制度实施程序和方法后,下一步的方向是要继续提升高中监测的科学化和专业化水平,促进高中监测技术方法的升级换代。这需要大量的基础性研究工作作为支撑,这些研究工作既包括新时代背景下高中教育质量的内涵界定、高中教育质量关键影响因素模型构建等基本理论研究,也包括人文素养、创新能力、审辨思维等领域的测评工具和方法研究;既包括人机交互测试、自适应测试、实时动态数据采集等基于信息技术和人工智能的新型测评技术研发,也包括将学生入校观察记录、学生档案袋评价等质性评价方法与量化监测相融合的技术研发。这些

基础性研究的广度和厚度直接决定了我国高中监测制度的科学性、精准性和应用性。我们要利用好前沿科技成果，加强高中监测的信息化，建设高中监测大数据平台，实现数据资源的开放共享和分级使用。这不仅能提高数据使用效率、减少重复性的数据上报，还有利于全面反映高中教育发展状况、揭示高中教育的客观规律，从而提高高中监测工作的精准性和针对性。因此，我们需要对数据平台的框架结构进行整体设计，使不同年度的指标内容和数据类型保持稳定，以便对各区域、各学校的发展趋势进行跟踪分析。

第三节　高中监测方式的内涵与特点

近年来，伴随着基础教育改革的浪潮，全国各地高中教育评价方式的实践日益增多。从实验性示范性高中创建到特色普通高中评估，从星级高中评估到高品质高中建设，从高中学业水平考试到高中学业质量增值评价，从学生综合素质评价到高中教育质量监测评价等，通过评价来引导普通高中树立科学的教育质量观，落实党的教育方针和立德树人根本任务，已成为教育界的普遍共识。2020年10月13日，中共中央、国务院印发《深化新时代教育评价改革总体方案》，这份文件不仅为教育评价改革指明了方向，也标志着教育评价从此站在了教育改革舞台的聚光灯下。2020年10月22日，教育部又紧锣密鼓地召开了全国基础教育综合改革暨教学工作会议，旗帜鲜明地提出了基础教育领域以评价改革撬动育人质量全面提升的战略部署。作为为学生适应社会生活、接受高等教育和未来职业发展奠基服务的高中教育，其评价改革应该如何应对这种新形势、新要求和新挑战，值得关注和思考。而作为高中教育评价的重要部分以及全面把握高中教育质量状况的重要手段，高中监测方式的内涵是什么，它具有什么样的特点，同样值得我们探索。

一、国外高中监测方式的实践

他山之石,可以攻玉。我国目前对于高中监测方式的研究还比较欠缺。国际上有关普通高中监测方式的实践案例比较丰富,对我国探索高中监测方式或有借鉴意义。总体来看,国外高中监测方式的实践有学校效能评价、学校督导评估、学校质量认证、优秀学校评选、学业质量评价五种方式。

(一)学校效能评价

从不同学科角度看学校效能,对其的理解会有所不同。从经济学角度看,学校效能是指学校系统对学生学业成就产生了多大程度的影响;从组织学角度看,学校效能则是指学校系统发挥作用的能力和实际结果,一般包括校内组织与人员的素质、学校教育教学成果,以及学校对环境变化的适应能力等。如美国有关教育研究组织从经济学角度探索了美国基础教育阶段学校的效能评价,其评价指标主要包括三大方面:学生起点学业水平与态度、一段时间学校教育结束后的学生学业水平与态度、学生和学校的背景因素分析等(因校而异、因时而变)。学校效能评价多用增值评价法,即通过统计的方法将各种指标折算到学生的学习成绩中,并对学生的学习成绩做出预测,然后将预测的成绩和学生实际取得的成绩进行比较分析。学生的实际成绩符合预测趋势的学校就成为有效能或高效能的学校。社区或学区的教育管理部门用各个学校学生的实际成绩与预测成绩的差距作为排列学校效能的指标,并将结果公布于众,使公众了解各个学校的办学状况,同时也以此作为奖励具有较高效能学校的依据。[1]除美国外,英国、澳大利亚、荷兰、新西兰等国家都有关于学校效能评价的实践。

(二)学校督导评估

对中小学进行整体督导评估的代表国家主要有英国等。一般而言,督导主

---

[1] Scheerens J. School Effectiveness Research and the Development of Process Indicators of School Functioning[J]. *School Effectiveness and School Improvement*, 1990, 1(1): 61-80.

体是英国皇家督学和兼职督学。英国《学校督导框架》显示,督导标准主要包括学生学习结果、学校教育教学、学校领导与管理、学校总体成效等四个方面。督导结果一般以优、良、中、差四个等级形式表现,学校教育质量督导评估报告向社会和家长公布。[1]

(三)学校质量认证

对中小学教育教学质量进行认证的代表国家主要是美国。一般认证主体为非官方的专业认证机构,认证目的主要是为公众提供学校质量的专业证明。认证对象包括公立和私立中小学校,特别是私立中小学校。认证标准一般由认证组织研究与颁布,如美国"蓝带学校"认证,通过认证的学校,则授予"蓝带学校"称号,五年后还需要重新认证。"蓝带学校"的认证标准包括学生关注与支持、学校组织与文化、挑战性标准与课程、生动的教与学、专业共同体、领导力和教育活力、家校与社区协作、成功的指标等内容。认证结果的表现形式为示范性(exemplary)、优秀(strong)、良好(adequate)、一般(inadequate)以及证据不足(insufficient evidence)。[2]

(四)优秀学校评选

各国都有关于优秀中小学的评选实践,发起主体一般为政府、教育研究机构等,通过开发优秀学校标准对中小学校进行评定。优秀学校评选的目的主要是改进和提升办学质量,分享和辐射成功经验。例如,由美国商务部发起的评选绩效优异的高校、中小学、学区的"美国国家教育质量奖——马尔科姆·波多里奇国家质量奖";由美国芝加哥大学全国评估研究中心与《美国新闻和世界报道》杂志合作设立的"美国优秀公立高中评选"(评出金奖、银奖、铜奖高中);新加坡的"卓越学校"评选等。

---

[1] 张姝,黄培森.英国中小学督导制度的新进展及启示[J].首都师范大学学报(社会科学版),2015(5):127-132.
[2] 李洋.美国"蓝带学校"评估体系变革研究[J].郑州师范教育,2017(4):40-45.

(五)学业质量评价

中小学学业质量评价的发起主体一般是政府或教育研究机构,评价的依据一般是基于核心素养体系研制的学业质量标准,即规定学生在完成不同学段、不同年级、不同学科的学习内容后应该达到的程度要求。评价结果一般表现为全国性的或地区性的学业质量评价报告、年度进步报告、学业表现水平报告等。实施学业质量评价的代表国家相对比较广泛,主要有美国、英国、德国、澳大利亚、新加坡、芬兰、加拿大等。

值得关注的是,各国类似于学业质量标准的名称表述各不相同,比如能力表现标准、考试标准、学业成就标准、课程标准等。根据功能和内容的不同,各国相关标准大致有四种基本类型:一是以知识维度为主,侧重于指导大规模测试,典型的如新西兰学业标准等;二是以能力为主,兼顾知识,主要用于指导日常学校过程性评价与作业设计,如美国能力表现标准等;三是以能力为主,用于指导大规模测试,如 PISA 等;四是知识与能力并重,同时用于指导学校日常的教学评价和大规模考试,如英国、新加坡、澳大利亚、德国的标准等。[1]强调"能力导向"已成为世界各国研制教育标准的共识。

二、高中监测方式的内涵

"方式"一词,通常指个人说话做事所采用的方法和样式。在一定的生产力发展水平条件下,方式可以表现出人类的自然科学和社会科学发展水平,以及经济、文化发展水平,新进的管理科学技术发展水平等。高中监测方式就是推行高中监测制度、实施高中监测活动所采用的方法和样式。高中监测方式的变革是破立并举,破的是学校重智育轻德育,立的是学校立德树人落实机制;破的是教师重教书轻育人,立的是教师创新教学、潜心育人的制度;破的是单纯以学生学业考试成绩评价学生的不科学的做法,立的是学生全面而有个性的发展与综合

---

[1] 王月芬.我国学业质量标准研制实施的建议[J].基础教育课程,2012(7):62-65.

评价。由此可见，大力推进高中监测方式的健全与改革，使之成为克服唯分数、唯升学、唯文凭、唯论文、唯帽子等顽瘴痼疾的有力武器，是未来的重要目标与任务。这有助于提升高中教育治理能力和水平、学校发展内涵与质量，逐步探索并形成各地高中教育教学质量综合评价特色。

由《深化新时代教育评价改革总体方案》提出的"普通高中主要评价学生全面发展的培养情况"可以看出，这里的关键词是"培养"而非仅仅是"学生全面发展"，亦即评价一所高中的教育质量，不仅要看结果质量，即学生经过三年培养取得了怎样的成就或全面发展情况如何，更要看过程质量，即学校对学生培养的过程情况，包括学校为学生发展提供的各种教育教学资源、相关制度、校园文化和环境等，看学校在学生三年的学习和生活中提供了多少指导和帮助，施加了怎样的影响，哪些因素对学生的五育发展影响最大、最关键，学校又是如何保证教育教学质量的，这些资源、制度和环境日复一日、年复一年又发生了怎样的变化等。由此可见，新时代对高中教育质量的评价，是对高中学生发展和学校发展进行的综合评价。高中监测方式的着力点，需要从结果评价转向结果评价与过程评价并重，特别是要加强学校培养过程质量标准的研究与实践。

新时代高中教育教学实践表明，在办学物质条件充分满足的条件下，学校的发展应更加注重内涵提升。学生的发展主要得益于学校有专业的管理队伍，有一批数量充足、结构合理、专业胜任的师资队伍，有一套校本化的课程体系和良性的教学运行机制，有比较完善的现代学校管理制度和适宜的校园文化环境等。因此，学校校长与教师、课程与教学、学校管理等几大方面的现状与发展变化，就构成了学校培养过程质量的内容标准或影响学生发展的主要因素。当然，学生自身的家庭背景、自我认知、学习动机与方式，以及所付出的时间和健康成本等，也是培养过程中不容忽视的重要方面。

综上所述，高中监测方式的着力点可以指向学生发展和学校发展两个层面。学生发展指向学校培养结果质量，指学生德智体美劳五育发展的成效及学校对其影响的因素与程度。学校发展指向学校培养过程质量,指学校教师和校长发展、课程与教学发展、学校管理与环境发展等方面的成效。两个方面相互影响、相辅相成。[①]

三、高中监测方式的特点

(一)关注差异、强化过程

由于多种原因,每所高中的历史基础、办学定位、地理位置、发展现状差异明显,为此,对高中学校的评价不能用传统"一刀切"的方式进行,需要关注差异,坚持共性与个性相结合。一方面,既要考虑所有普通高中的共性要素,也要考虑现有高中在既定层级、类别上的个体差异,特别是关注高中学校在现有办学条件下的多样化发展特色;另一方面,不仅要关注学生学习结果差异及影响因素,更要关注学校培养过程及其整体发展差异,包括课程、教学、管理等内涵建设差异和自身发展增量差异,为每一个学生享受公平而有质量的教育保驾护航。

(二)探索增值、聚焦进步

为了准确判断高中的教育教学质量和办学效益,基于每所高中的生源、教育教学资源、制度、机制和环境等现实状况,在监测时可探索采用增值性评价方式,通过数学建模,对学生五育发展进行增值评价,对学校培养过程要素进行影响程度分析甚至是增值评价,对相关数据进行科学处理、分析和耦合,得出每所学校的进步和努力程度,发现每所学校的优势和不足,以及背后的原因和关键影响因素等,为每所学校的可持续发展提供诊断和咨询。

(三)数据驱动、滚动评估

信息技术和智能技术的发展为高中教育教学大数据的积累提供了可能,也

[①] 教育部关于推进中小学教育质量综合评价改革的意见[J].基础教育参考,2013(13):72-75.

为高中监测方式的改进提供了技术支撑。为了改变传统的专家到现场进行监测、问诊和把脉的做法，可以通过建立区域高中信息数据平台，全方位地采集基本数据和相关数据，以数据驱动，实现过程性、系统性的高中教育质量监测，并最终形成长周期、无感知的外部监测行为。另外，鉴于教育效果具有相对滞后的特点和高中学制三年的特征，可以选择三年为一个评价周期，试行滚动增值评价，以期对区域普通高中的增值情况形成长效监管机制。

第二章　我国高中监测制度及方式的变革

高中教育作为国民教育的重要组成部分,起着承上启下的作用,其不仅对巩固义务教育发展水平和提升高等教育质量具有重要价值,而且对提高整体国民素质、跨越"中等收入陷阱"、落实"中国制造2025战略"、实现由人力资源大国向人力资源强国转变都具有重要意义。世界各国都在大力发展高中教育,并将高中教育作为21世纪人才培养的战略性目标与突破口。我国在大力发展高中教育的过程中,愈发重视高中监测的变革,力求提高我国高中监测制度及方式的合理性与有效性,使其紧密贴合我国教育事业乃至社会发展的总方向。

通过对与高中监测与评估相关的制度建设、监测评估内容、机构设置与实施方式等的梳理,并对相关重大政策的产生过程进行溯源,可以发现,改革开放至今,我国高中监测的变革历程可以划分为改革开放初期的萌芽阶段(1978—1992年)、改革开放高速发展时期的探索阶段(1993—2002年)、新世纪初期的发展阶段(2003—2013年)、全面深化改革新时期的完善阶段(2014年至今)四个阶段。下文立足于此四个不同时期,对高中监测制度及方式变革的背景与特点进行分析阐述,并总结概括出我国高中监测制度及方式实施过程中的经验、问题与趋势。

第一节　改革开放初期高中监测制度及方式变革的背景与特点

教育系统作为国家社会子系统,与社会发展紧密相连,一定时期内的教育目标与社会发展总目标相契合并且为社会发展服务。高中监测制度及方式的变革与同时期变革所倚靠的背景也是相辅相成的。本小节通过回顾改革开放初期我国普通高中的监测制度及方式,总结出此时期高中监测制度及方式变革的背景,进而归纳出变革的特点。

一、改革开放初期高中监测制度及方式变革的背景

这里的改革开放初期主要指1978年至1992年前后。这个时期我国高中监测制度及方式的变革都尚且处于形式呆板、内容单薄的阶段,但由于时代的特殊性,其目标指向性又是十分明确的,即以学生学业成绩和社会人才数量为显性与硬性追求。这样的监测制度及方式变革特点与特殊时期的特殊背景密切相关。

从社会背景角度出发,1978年至1992年前后是我国改革开放初期一心追求经济率先复苏的阶段。1978年12月18日至22日,邓小平主持召开了十一届三中全会。全会明确指出党在新时期的历史任务是把中国建设成为社会主义现代化强国,揭开了社会主义改革开放的序幕。在当时社会经济、文化、教育乃至政治局面都呈现颓势的时期,中国急需全面的复苏。而经济作为国之命脉则是最直接和显性的目标。早在1975年,邓小平在主持中央日常工作期间,就强调过要"全党讲大局,把国民经济搞上去"。1980年1月,在中央召集的干部会议上,邓小平正式指出:要把经济建设当作中心。而以经济建设为中心正是至今为止我党基本路线的中心,也是发展中国特色社会主义的工作重点,是兴国之要、立邦之本,是党和国家兴旺发达和长治久安的根本要求。经济水平、生产力发展水平要提升,对劳动力的要求也相应提高。为了实现经济复苏和繁荣的目标,经政

策的指引和实践的检验,可以明确当时各行各业对合格人才的需求是迫切的。

从文化背景角度出发,1978年至1992年前后是我国"文化大革命"结束后的文化复苏阶段。1981年6月,中国共产党第十一届中央委员会第六次全体会议回顾了新中国成立以前的历史,对基本完成社会主义改造的七年和开始全面建设社会主义的十年做了基本估计和评价。对于"文化大革命",文件中提道:"文化大革命"的十年,使党、国家和人民遭到新中国成立以来最严重的挫折和损失。"文化大革命"的主要论点,既不符合马克思列宁主义,也不符合中国实际。实践证明,"文化大革命"不是也不可能是任何意义上的革命或社会进步,其本质是一场由领导者错误发动,被反革命集团利用,给党、国家和各族人民带来严重灾难的内乱。在长达十年的文化与文明停摆之后,我们的国家进入了新的历史发展和文化复苏时期。在这个文化和思想的关键转折点,全党和社会都自然地展现出对科学文化、科学技术的认可和追求。1985年3月,中共中央作出了《关于科学技术体制改革的决定》(以下简称《决定》)。《决定》明确指出,现代科学技术是新的社会生产力中最活跃的和决定性的因素,全党必须高度重视并且充分发挥科学技术的巨大作用。1988年9月,邓小平在会见捷克斯洛伐克总统胡萨克时,提出了"科学技术是第一生产力"的著名论断。作为中国改革开放和现代化建设的总设计师,邓小平强调:"任何一个民族、一个国家,都需要学习别的民族、别的国家的长处,学习人家的先进科学技术。"而科学文化与技术要想实现真正的传承,是需要大量的合格、优质人才作为载体的。以上社会背景和文化背景也都为此时期的教育背景与目标的形成埋下了伏笔。

从教育背景角度出发,1978年至1992年前后是我国教育的复苏阶段。1977年8月,邓小平同志主持召开科学和教育工作座谈会,就恢复高考决定作出商议。同年9月,教育部在北京召开全国高等学校招生工作会议,正式决定恢复已经停止了十年的全国高等院校招生考试,以统一考试、择优录取的方式选拔人才上大学。从直观数据来看,1977年冬,全国有近六百万考生参加高考,而同年国内大专院校录取新生近三十万人;次年即有超过六百万人报考,录取数超过四十万人。

高考制度的恢复,一方面直接改变了数代人的命运,另一方面为我国在新时期及其后的繁荣发展和国际地位的提高奠定了良好的教育基础。这是教育界"拨乱反正"的伟大创举,具有重大的历史意义和现实意义。除了恢复高考以外,此时期的教育方针政策也是特点鲜明的。在十一届三中全会确立了以经济建设为中心的现代化建设目标后,有关教育的方针政策意见也开始向重视国民经济发展的方向靠拢。

总的来说,改革开放初期,无论是社会背景、文化背景还是教育背景,都呈现出追求复苏的阶段特点。此时期迫切需要大批量的合格、优质人才,为加速其培养,高中监测制度及方式的变革难免彰显出追求学业成绩水平的高目标指向。

二、改革开放初期高中监测制度及方式变革的特点

如何评价教育一直以来都是我国教育改革和发展中最核心的问题。继变革的背景研究之后,本小节继续通过分析政策文本的演变逻辑和监测工具的变化趋势,总结出我国改革开放初期高中监测制度及方式变革的状况与特点。此时期的高中监测制度及方式整体上处于以"解决高中规模问题和高中数量问题"为重的萌芽阶段。

(一)高中监测制度及方式的状况

十一届三中全会确立了以经济建设为中心的现代化建设目标,并在此目标的基础上制定出了一系列新的方针政策,在教育领域则反映为教育事业必须同国民经济发展的要求相适应。基于新的历史要求,邓小平同志以高瞻远瞩的战略思维,深刻揭示了教育发展与社会发展、经济发展的关系,他强调:"现代经济和技术的迅速发展,要求教育质量和教育效率的迅速提高。"[①]他还提出:"我们要实现现代化,关键是科学技术要能上去。发展科学技术,不抓教育不行。靠空讲

---

① 中共中央文献研究室.邓小平论教育[M].北京:人民教育出版社,1995:70.

不能实现现代化,必须有知识,有人才。没有知识,没有人才,怎么上得去?"①所以,培养、选拔出一大批合格的社会主义人才是这一时期的新课题。至此,高考制度得以恢复。邓小平同志说:"要下决心恢复从高中毕业生中直接招考学生,不要再搞群众推荐。从高中直接招生,我看可能是早出人才、早出成果的一个好办法。"②基于这个号召和新的时代任务,在普通高中教育方面,国家颁布了一系列教育政策,包括《全日制中学暂行工作条例》《关于进一步提高普通中学教育质量的几点意见》《关于全日制普通中学全面贯彻党的教育方针、纠正片面追求升学率倾向的十项规定(试行草案)》《关于加强普通高中教学管理的几点意见》等。从国家层面上来讲,该阶段将培养大批量的合格人才作为高中教育追求的目标。1985年5月发布的《中共中央关于教育体制改革的决定》就要求大规模地准备新的能够坚持社会主义方向的各级各类合格人才,要造就各行各业有文化、懂技术、业务熟练的劳动者。1992年4月,国家教委办公厅发布的《关于加强普通高中教学管理的几点意见》指出,要提高普通高中的教育质量和办学效益。

在《全日制中学暂行工作条例》等早期政策的影响下,各个省份的高中教育处于恢复起步阶段,基本按照国家的高考政策统一监测形式。各个省份教育部门的纸质资源和网站资源缺失,没有明确的单独监测教育质量的文件可考。但总体而言,该阶段高中教育强调对学生所学知识进行书面考查,高考以选拔优秀的人才为目标,是强调学生差异的甄别性考试。这种考试选拔定位观同样也渗透至学校日常测验评估中,纸质测验、分数评比是最常见的检测方式。同时,学生参加课业测试往往重视结果,以单一的分数形式呈现结果,该结果成为评估教师工作、学校发展的重要参考依据。

---

① 中共中央文献研究室.邓小平论教育[M].北京:人民教育出版社,1995:26.
② 中共中央文献研究室.邓小平论教育[M].北京:人民教育出版社,1995:38.

（二）高中监测制度及方式的特点

该阶段教育政策中的高中监测制度呈现出以下特点。

1. 以"学生学业成绩"为监测的显性指标

例如，1978年9月颁布的《全日制中学暂行工作条例》强调对学生所学知识进行考查；再比如，1983年8月印发的《关于进一步提高普通中学教育质量的几点意见》也明确指出高考要按照基本教材命题，着重考核学生的基本知识、技能和分析、解决问题的能力。虽然从理论层面也提出要采取德、智、体择优录取的办法，但没有反映在实际的日常和升学的考核制度中，仍然是以学业成绩为最关键的评价指标。总体而言，该阶段的高中学业监测内容以课业成绩为主，忽略了对学生全面发展的评价。

2. 以"试卷纸笔测验"为主的监测方式

高考和高中教育恢复初期，对学生、教师和学校进行考核的制度不尽完善。为了达到在较短的时间内培育一批高素质人才的目标，由国家政府主导的高考以及高考成绩成为检验学生、教师和学校的唯一标准，反映在评价方式上就是纸笔测验和"唯分数论"占主导地位，体现出此时期高中教育评价的功利取向。可见，该阶段高中监测的重点是在学校培养学生的效率与数量上。

第二节　改革开放高速发展时期高中监测制度及方式变革的背景与特点

1993年至2002年前后，我国改革开放进入高速发展的新阶段。此时期，我国高中监测制度及其方式一改前期盲目追求人才数量的弊端，转而对人才质量提出高要求。这样经过一定改良的监测制度及方式与此时期的社会背景是相契合的。通过梳理与分析相应时期的政策意见与实操措施，得出以下内容，即改革开放高速发展时期高中监测制度及方式变革的背景与特点。

一、改革开放高速发展时期高中监测制度及方式变革的背景

改革开放高速发展时期主要包含1993年至2002年前后。从社会背景角度出发,20世纪90年代以来,国内外形势发生了深刻而复杂的变化,此时期的中国社会实情也是复杂且多变的。20世纪90年代初,南斯拉夫解体,捷克和斯洛伐克分裂,我国与苏联解体后的各共和国陆续建交;邓小平南行,先后到武昌、深圳、珠海、上海等地并发表了一系列重要讲话,时称南方谈话,此次谈话的发布代表着中国进入了改革开放新阶段。1992年10月召开的党的十四大正式宣布新时期最鲜明的特点就是改革开放,中国改革已经进入新的时期。在这样复杂的国内外社会背景和改革新时期的影响下,高中监测制度也在同步改革。为了适应复杂的社会变革,高中监测制度不再单纯、盲目地追求学业成绩和人才数量,转而对劳动力的素质提出了更高的要求。

从文化背景角度出发,1993年至2002年前后是我国文化多方位发展的阶段。为适应深刻且复杂的国内外社会形势,创建文明型社会,我国社会文化各方面也在不断变革和进步,其突出表现包括:1993年7月,为促进高校进一步建设及提高高校办学质量,国家教委发出《关于重点建设一批高等学校和重点学科点的若干意见》,提出面向21世纪重点建设100所大学和一批重点学科点的计划,即"211工程"。1994年1月,为维护教师权利和义务,促进师生关系的融洽,《中华人民共和国教师法》正式施行。同年2月,为强调知识文化的重要性及其对经济水平的影响力,联合国教科文组织首次指出,贫富差距就是知识差距。6月,国务院新闻办公室发表《中国知识产权保护状况》白皮书,首次提出对知识产权的关注与保护。1995年1月,为表达对民族文化的重视以及对民族团结统一的殷切期许,中共中央台湾工作办公室、国务院台湾事务办公室等单位联合举办了新春茶话会,江泽民同志在会上发表了《为促进祖国统一大业的完成而继续奋斗》的讲话,就发展两岸关系、推进

祖国和平统一进程的若干重要问题提出八项主张。同年5月,为强调科学技术文化的重要性,江泽民同志在全国科技大会上的讲话中提出了实施科教兴国的战略,明确了"科技和教育是兴国的手段和基础"的方针。除上述所提,还有众多或大或小的文化政策和文化实践形成与发生。可以说,社会背景的复杂形势为文化背景的多方位发展带来了一定程度上的直接影响。

从教育背景角度出发,1993年至2002年前后,我国教育整体目标倡导由"求量"转向"求质"。在复杂的社会和文化背景下,以江泽民同志为核心的中央领导集体提出了科教兴国的教育战略思想,决心从发展科学文化技术方向出发以促进教育事业的突破与进步。江泽民同志指出,实现社会主义现代化建设的宏伟目标,需要把经济建设转到依靠科技进步和提高劳动者素质的轨道上来,真正把教育摆在优先发展的战略地位,努力提高全民族的思想道德素质和科学文化素质。[1]在这样的国家教育方针引领下,高中监测的重点关注内容也逐步向学生素质方面倾斜。

总的来说,自1993年起的改革开放高速发展新时期是复杂且多变的。受复杂的社会实情影响,此时期,我国的文化背景呈现兼具主被动性的多方位发展特点,教育层面倡导轻"量"重"质",进而投射到高中监测制度及方式的变革上,即秉承"素质教育"理念,重点关注学生的个性发展需要,培养与改革开放新阶段相符的创新精神与实践能力等。

二、改革开放高速发展时期高中监测制度及方式变革的特点

此时期的高中监测制度及方式整体上处于以"评测高中办学条件和学生素质水平"为主的探索阶段。下面通过梳理以及分析此时期高中监测制度与方式变革的状况,总结出相应的高中监测制度及方式变革的特点。

---

[1] 江泽民.江泽民文选(第一卷)[M].北京:人民出版社,2006:369.

(一)高中监测制度及方式的状况

20世纪90年代以来,国内外形势发生了深刻而复杂的变化。以江泽民同志为核心的第三代中央领导集体,始终把改革和发展教育作为头等大事来抓,并且紧紧把握住科教兴国这一教育战略思想。江泽民同志提出创新能力和国民素质的培养应是现代教育的重点和中心。在此期间,高中办学体制和办学模式也开始多样化,监测的内容也随之拓宽并聚焦于学生素质的发展。从1993年2月印发的《中国教育改革和发展纲要》开始,高中监测制度进行了一系列重要改革和试验,高中的教育教学质量也得到了明显提升。此后的教育督导与评估工作开始为促进素质教育的全面实施服务。2001年6月,教育部印发《基础教育课程改革纲要(试行)》,将"课程评价"作为主要内容,提出"建立促进学生全面发展的评价体系""建立促进教师不断提高的评价体系"和"建立促进课程不断发展的评价体系"。2004年3月,国务院批转教育部的《2003—2007年教育振兴行动计划》,提出:"基础教育课程改革是全面实施素质教育的核心环节,构建和完善新世纪基础教育课程体系……建立国家和省两级新课程的跟踪、监测、评估、反馈机制,加强对基础教育质量的监测。"《国家中长期教育改革和发展规划纲要(2010—2020年)》明确提出:"提高义务教育质量。建立国家义务教育质量基本标准和监测制度。"

这个时期,国家颁布的政策法规中涉及高中监测的还有:《中华人民共和国教育法》《关于大力办好普通高级中学的若干意见》《加强薄弱普通高级中学建设的十项措施(试行)》《普通中小学校督导评估工作指导纲要(修订稿)》《中共中央 国务院关于深化教育改革 全面推进素质教育的决定》《全日制普通高级中学课程计划(试验修订稿)》《国务院关于基础教育改革与发展的决定》《教育部关于积极推进中小学评价与考试制度改革的通知》等。综观这些文件,我们可以发现:该阶段高中监测制度着重关注学生的个性、特长以及自身发展需要,强调学生的创新精神与实践能力。

该时期,国家层面制度得以落实与1986年教育督导制度重建有着密切联系，教育督导为教育质量监测提供了组织保障。自1986年教育督导制度恢复重建至2012年前，我国教育督导制度处于探索阶段，但其承担着指导各级省市和学校落实国家教育政策和要求的"监督者"的责任。依据国家对该阶段高中教育发展的预期目标，各省市在高中阶段的督导职责为该阶段教育政策的落实和学校素质教育实施工作。各个省市分别建立督导专项办公室，主要对人民政府相关教育职能部门、下级人民政府和学校实施督导，对政府落实教育法律、法规、规章和国家教育方针政策进行督导，对学校教育的实效进行督导，以期达到掌握该地区或学校教育发展总体状况的目标。但通过梳理相关文献，我们发现：在实施初期，对于教育督导的实施仅停留在对教育政策落地与否，以及学校成绩等学校管理中可量化的部分进行排名评比，提出理论上的意见与建议，缺乏完整的反馈环节，督导实效不明显。这一情况在党的十八大前后得到了明显改善。党的十八大召开后，国家对素质教育的落实提出了更高层次的要求，重庆、陕西、山东、北京相继就党的十八大提出的实施素质教育、提高教育教学质量和推进教育教学改革等情况提出全新的督导方案，明确划分教育督导的两大基本任务：一是"督政"，二是"督学"。督导形式有经常性督导、专项督导、综合督导等。最重要的是在督导过程中增加反馈改进环节，对督导结果实施问责与干预，并持续追踪学校核查整改的情况，出具完整督导报告。其中，个别省市如云南、北京，还会将督导报告向社会公布，接受社会的监督。

本阶段的教育质量监测方式多采用对学校实地走访考察、对教师推门听课、对学生综合测试的形式来进行。教育行政督导采用听取相关的情况汇报、查阅有关文件和资料、参加相关教育教学活动、召开座谈会、进行调查或个案访谈等形式进行。但整体监测方式单一，评价方式以结果评价和线下评价为主，结果多以书面文件、档案呈现。例如，这个时期普通高中学生综合素质评价采取学年阶段性评价和毕业终结性评价的方式进行。普通高中学生综合素质评价的基本程序有学生自评、同学互评、班级评价、工作小组评价，合成评价等级并填写综合性评语。最终评价结果以学生成长记录档案袋、学生评价表的形式呈现。监测方式受时间、空间、人力、物力等限制,监测频率有限,反映的仅是一个时间横向切面上的教育发展状况,对于教育过程发展的评价的支撑材料相对单薄。

(二)高中监测制度及方式的特点

1. 以"普及高中素质教育"为核心的监测制度建立

通过上一个时期对高中教育数量和效率的追求,高中教育已经达到了预期的发展目标,成为广大学生进入高等教育的一条有效通道。于是,大众开始把目光转向如何培养更高素质的人才,为进入高等教育奠定基础。"素质教育"应运而生,在分数之外学生的个性发展、德智体美全面发展等指标相继被纳入监测范围。

2. 以"人文化质性"为指导的监测方式变革

20世纪末期,基于国家对素质教育的关注,教育评价方式也呈现出人文化的趋势,一改分数至上的冰冷的监测评价方式,引入学生发展档案袋。这一时期的高中监测,从现象学和文化人类学角度出发,强调监测评价过程中教师、学生的参与、理解,通过教师评价和同伴评价,在评价中更多融入评价者的感受,强调关注课堂外的学生,加强对学生品行、生活态度等方面的评价,使教育评价充满人文关怀。

第三节 新世纪初期高中监测制度及方式变革的背景与特点

2003年至2012年前后的新世纪初期,在已有的建设基础上,国家各方位体系持续革新。本小节基于对该时期的发展背景进行分析,总结该时期高中监测制度及方式的变革特点。

一、新世纪初期高中监测制度及方式变革的背景

自2003年左右起,我国顺应历史变化整体迈入新世纪。此时期我国高中监测制度及方式的变革开始追求全面与公平的取向,这与此时期的社会、文化及教育发展的背景息息相关。

从社会背景角度出发,2003年至2012年前后是我国全面建设小康社会的起步及至快速发展阶段。具体而言,全面建设小康社会是党和国家计划的2000年到2020年的奋斗目标。2000年10月,十五届五中全会提出,从新世纪开始,我国将进入全面建设小康社会,加快推进社会主义现代化的新的发展阶段。2002年11月,中国共产党第十六次全国代表大会在北京召开,大会审议和通过了江泽民代表第十五届中央委员会所作的《全面建设小康社会,开创中国特色社会主义事业新局面》的报告,根据全面开创中国特色社会主义事业新局面的要求,在深刻分析党和国家面临的新形势新任务的基础上,确定了全面建设小康社会的奋斗目标。报告指出:我们要在本世纪头二十年,集中力量,全面建设惠及十几亿人口的更高水平的小康社会,使经济更加发展、民主更加健全、科教更加进步、文化更加繁荣、社会更加和谐、人民生活更加殷实。这是实现现代化建设第三步战略目标必经的承上启下的发展阶段,也是完善社会主义市场经济体制和扩大对外开放的关键阶段。经过这个阶段的建设,再继续奋斗几十年,到本世纪中叶基本实现现代化,把我国建设成富强、民主、文明的社会主义国家。可以看出,教育的进步与完善、公平与普及,是全面小康的重要任务之一。为实现全面建设小康社会以及包括后期脱贫攻坚在内的国家整体发展目标,公平教育和普及教育是绝对绕不开的战略性重要话题。

从文化背景角度出发,2003年至2012年前后是我国持续进行文化交流与创新的阶段。文化交流源于文化差异。对外开放作为我国的基本国策,强调把"引进来"和"走出去"更好地结合起来,扩大开放领域,优化开放结构,实现互利共赢,在经济全球化条件下促进文化的全球化。从"引进来"角度出发,外国文化尤其是西方文

化的引入在我国早已出现,近代较早的可追溯至晚清时期的洋务运动。改革开放以来,随着人民物质条件的明显改善,与参加高考进入本土高校就读相比,出国留学无疑成为一种热门选择。这不仅有效规避了高考的竞争压力,还能给出国留学人员镀上国外名校的光环。教育部统计数据显示,改革开放至2012年底,我国各类出国留学人员总数达264.47万人,而高达八成左右的学生都会在学成后选择回国,成为"海归"。从"走出去"角度出发,我国历史文化底蕴深厚,是跨文化交流与传播的重要主体,其中最具有代表性的是孔子学院。孔子学院首建于2004年,是中外合作建立的非营利性教育机构,致力于满足世界各国及地区人民对汉语学习的需要,增进其对中国语言文化的了解,弘扬儒家文化,促进世界多元文化的发展,乃至培养中外之间友好的国际关系。截至2019年底,孔子学院已遍布全球162个国家及地区。而文化创新则表现为在选择性继承优秀传统文化的基础上,进行文化的再生产及创造。文化创新是一个民族的文化永葆生命力和富有凝聚力的重要保证。文化的交流与创新无疑是整个国家文明的进步。在这样的文化背景下,再结合当前国家整体社会实情,教育改革面临更新和更高的要求。

从教育背景角度出发,2003年至2012年前后我国大部分教育政策主要围绕"公平"展开。新世纪初期,以胡锦涛同志为核心的党中央深刻分析了新的世界形势,强调在复杂多变的国际环境下,人才竞争成为综合国力竞争的决定因素。而人才竞争又依赖于教育,为此教育的基础性、先导性以及全局性作用更加突出。在党的第十七次全国代表大会上,胡锦涛同志明确指出:"教育是民族振兴的基石,教育公平是社会公平的重要基础。"[1]胡锦涛同志还指出:"要把促进教育公平作为国家基本教育政策,统筹城乡、区域教育,统筹各级各类教育,统筹教育发展的规模、结构、质量,认真研究解决教育改革发展中的重大问题,不断满足人民日益增长的教育需求。"[2]

---

[1] 胡锦涛.高举中国特色社会主义伟大旗帜 为夺取全面建设小康社会新胜利而奋斗——在中国共产党第十七次全国代表大会上的报告[J].求是,2007(21):3-22.
[2] 胡锦涛.在全国优秀教师代表座谈会上的讲话[N].人民日报,2007-09-01(001).

总的来说,新世纪初期,社会整体处于致力于顺利开启与推进全面建设小康社会的历程中,文化上追求积极交流与创新,教育上有一定的"量"与"质"后,开始追求多种意义上的全面与公平。基于此,该时期的高中监测制度与方式的变革侧重以"公平均衡"为主要目标。

二、新世纪初期高中监测制度及方式变革的特点

进入新世纪初期,高中监测制度及方式整体上处于以"关注高中招考规则和高中资源分配"为要点的发展阶段。

(一)高中监测制度及方式的状况

新世纪初期,为应对新的世界形势,党中央强调,在复杂的国际大背景下,为促进教育事业规模和质量发展,教育公平不可忽视。该时期的高中监测制度大多倾向于"公平均衡"。在此期间,国家颁布的教育政策中涉及高中监测制度的主要有《关于进一步加强农村教育工作的决定》《关于普通高中新课程省份深化高校招生考试改革的指导意见》《国家中长期教育改革和发展规划纲要(2010—2020年)》《教育督导条例(草案)》等文件。一系列相关政策都凸显出一个关键目标:强调完善基础教育质量监测机制,以此进一步适应人民群众对教育质量提升和公平发展的殷切期待。比如,2003年9月,国务院在《关于进一步加强农村教育工作的决定》中要求:"今后五年,经济发达地区的农村要努力普及高中阶段教育,其他地区的农村要加快发展高中阶段教育。"又如,2010年5月,中共中央政治局会议通过的《国家中长期教育改革和发展规划纲要(2010—2020年)》明确强调,要建立健全有利于促进入学机会公平、有利于优秀人才选拔的多元录取机制。《2003—2007年教育振兴行动计划》第十三条"深化基础教育改革"中明确指出,在本阶段"建立国家和省两级新课程的跟踪、监测、评估、反馈机制,加强对基础教育质量的监测"。该时期一系列的制度文件中都提出了与以上类似的内容。

通过梳理该时期高中教育发展相关政策文本可以发现,针对学生全面发展的教育监测制度的重要转折点是2002年教育部颁布的《关于积极推进中小学评价与考试制度改革的通知》。其中规定了六个方面的学生评价标准,即道德品质、公民素养、学习能力、交流与合作能力、运动与健康、审美与表现。基于此,北京、天津、上海、广东、浙江、江苏、江西、福建等省市陆续出台了本省的综合评价方案。但此阶段省级教育行政部门所颁发的监测文件与国家政策存在差异,学习能力和结果的测评仍占主导地位,对学生除学业指标外的发展没有详细的二级监测指标,不能彻底走出唯分数论的境况。由此可见,这一时期虽然提出了高中监测制度思想,也初步形成了高中监测程序,但尚未明确要求建构高中监测制度,各地的监测仍然较为零碎。

监测方式的变革在文本中鲜有体现,但通过对该时期高中教育质量监测落实过程整体分析发现,监测方式的变化首先体现为监测机构和组织的系统性、专业性增强,执行监测职责的部门在这一阶段也在逐步发生变化。教育监测最开始主要由各级教育行政部门以及下属的督导办公室负责。2007年,教育部基础教育质量监测中心挂牌成立,秉承"不排名排序、不评优评级、不公布公开、不操练对应"的监测原则,依据国家对基础教育质量监测工作的整体安排分年度、分领域实施监测,监测内容和方式见表2-1。

自2008年起,在以科学评价引领教育改革发展的背景下,借鉴国家层面成立教育部基础教育质量监测中心、基础教育质量监测中心专业机构的经验,有关省市(自治区、直辖市)教育质量监测专业机构相继设立,有些地市或区县开始成立专门的质量监测部门,具有行业性质的社会教育评估机构也陆续成立,部分省市依托高等院校设立教育评估与研究机构。2009年前后,北京市、上海市、重庆市分别率先成立北京教育科学研究院基础教育教学研究中心、上海市教育委员会基础教育质量监测中心、重庆市基础教育质量监测中心,为其他省市的基础教育质量监测机构的建立提供了宝贵经验。

表2-1 2007—2013年我国基础教育质量监测基本情况

	2007年	2008年	2009年	2010年	2011年	2012年	2013年
监测内容	数学、心理健康相关因素	数学、心理健康相关因素	语文、科学相关因素	语文、科学相关因素	英语、体育相关因素	数学、科学相关因素	语文相关因素
样本省	浙江、湖北、陕西	上海、山东、广东、河南、湖北、海南、甘肃、贵州	山西、辽宁、重庆	天津、辽宁、浙江、安徽、海南、湖南、云南	北京、河北、吉林、福建、江西、广西、重庆、西藏、宁夏、青海、新疆生产建设兵团	全国31省（含新疆生产建设兵团）	全国31省（含新疆生产建设兵团）
覆盖学生样本数（名）	391万	1 310万	272万	920万	795万	全国四、八年级学生	全国四、八年级学生

(二)高中监测制度及方式的特点

分析该阶段相关教育政策可以发现,此时高中监测制度和监测方式呈现出以下特点。

1.以推进高中教育"普及发展"为主要任务的监测制度建立

综观该时期的教育质量监测文件可以发现,此时高中教育监测重心在于高中教育是否得以公平均衡的发展,是否满足了人民对高中教育的基本需要。此时高中教育质量监测体系中学生学业成绩考试的创新之处在于,不沿用之前的传统常模参照考试,而是以2003年高中新课标为依据,制定与之对应的学业质量统一标准,对学生实施学业水平达标考试,测试学生对各科知识的学习达成度,完成学业水平考试即可获得高中毕业证,进一步保证高中的毕业率和升学率。从监测对象来看,此时的国家基础教育质量监测还包括对教师、校长、家长以及学校整体发展的监测,目的在于了解学生学习发展的人为和非人为背景和环境,对学生、教师和学校发展做出全方位的评价。

2.向"动态持续"发展的监测方式发展

这个时期,教育学专家普遍认识到,教育质量是政府、社会、家长关注的焦点问题;评价的本质是价值判断,价值判断又以一定的价值观为指导;教育质量是一个动态的概念,应以发展性、多元性、适应性、全面性的观念来树立质量评价观,而质量监测应是一个动态的持续性的过程。[1]可见,该时期发展了以"动态持续"监测为核心的新的教育质量评价方式,开始借助一定的技术手段分析数据,不仅仅对学生、学校、地区发展时间切面上的情况做出诊断,更通过对不同时期的同一个监测对象持续收集数据,做出增值性评价,反映学生、学校、地区在某个时间段的成长发展程度,进一步提高了教育质量监测数据的有效性。

第四节 全面深化改革新时期高中监测制度及方式变革的背景与特点

教育质量监测是教育闭环中的重要节点,尤其是基础教育阶段义务教育质量监测的成型为高中监测的发展提供了范本,使高中监测从制度的顶层设计到各省市学校的实施落地都发生了巨大的变革。本小节主要梳理2013年至今相关政策文本和落实意见,明晰全面深化改革新时期以来高中监测制度及方式变革的时代背景和特点。

一、全面深化改革新时期高中监测制度及方式变革的时代背景

2013年至今,我国顺利进入全面深化改革的新时期。此时期,我国高中监测制度及方式的变革更加追求优质发展,体现多元化、智能化等鲜明特点。这与此时期全面深化改革任务的中心思想联系紧密,也与文化自信、教育的普及与优化趋向脱不开关系。

---

[1] 张祥明.重建教育质量评价观[J].天津市教科院学报,2003(2):29-32.

从社会背景角度出发,2013年11月,十八届三中全会召开,标志着中国进入全面深化改革新时期。会上发布的《中共中央关于全面深化改革若干重大问题的决定》,紧紧围绕经济、政治、文化、社会、生态文明、党建等六大改革主线展开了论述。2017年10月,习近平同志在党的十九大报告中指出,坚持全面深化改革。同时,习近平同志站在时代的高度,围绕全面深化改革作出了一系列精辟论述,深刻回答了为什么要全面深化改革、怎样全面深化改革等重大理论问题和现实问题。2020年是决胜脱贫攻坚战的关键一年,这也是全面建成小康社会的最艰巨的任务。"十三五"期间就已明确脱贫攻坚的目标,是到2020年稳定实现"两不愁三保障",即农村贫困人口不愁吃、不愁穿,农村贫困人口义务教育、基本医疗、住房安全有保障。可见,如果忽略了教育脱贫,则无法实现真正的脱贫攻坚,无法迈入真正的全面小康社会。2021年2月,全国脱贫攻坚总结表彰大会在京隆重举行,习近平总书记庄严宣告:我国脱贫攻坚战取得了全面胜利。这预示着教育也应实现全面"脱贫"。在脱贫胜利的社会大背景下,教育发展乃至高中监测制度都应继续追求普及和优质。

从文化背景角度出发,2013年至今,我国持续地、绝不动摇地坚定着文化自信。文化自信是一个民族、国家乃至全社会对自身文化价值的充分肯定与积极践行。党的十八大以来,习近平总书记在多个场合谈到中国传统文化,表达了对传统文化、传统思想价值体系的认同与尊崇。2016年11月,习近平总书记在中国文联十大、中国作协九大开幕式上的讲话中指出:"文化是一个国家、一个民族的灵魂。历史和现实都表明,一个抛弃了或者背叛了自己历史文化的民族,不仅不可能发展起来,而且很可能上演一幕幕历史悲剧。文化自信,是更基础、更广泛、更深厚的自信,是更基本、更深沉、更持久的力量。坚定文化自信,是事关国运兴衰、事关文化安全、事关民族精神独立性的大问题。"[1]2017年10月,习近平总书记在党的十九大报告中提出:"文化兴国运兴,文化强民族强。没有高度的

---

[1] 习近平.在中国文联十大、中国作协九大开幕式上的讲话[N].人民日报,2016-12-01(002).

文化自信,没有文化的繁荣兴盛,就没有中华民族伟大复兴。要坚持中国特色社会主义文化发展道路,激发全民族文化创新创造活力,建设社会主义文化强国。"①在960多万平方千米的广袤土地上,中华民族经过漫长奋斗积累了丰富的文化养分,中国人民有强大信心与前进定力,去坚定中国特色社会主义道路自信、理论自信、制度自信、文化自信。有这样深厚的文化底蕴和强大的文化自信作支撑,我国对教育发展提出了更详细且更具有实操性的改革要求。

从教育背景角度出发,2013年至今,我国教育改革措施更具有实操性和现实意义,各项教育政策意见继续追求普及与优质。比如,作为中央部署全面深化改革的重大举措之一和最受大众关心与贴切民生的考试招生制度,近几年的改革一直备受热议。国家关于考试招生制度改革的实施意见于2014年9月4日正式发布,这也是恢复高考以来最为全面和系统的一次考试招生制度改革。中共十八届三中全会于2013年11月9日至12日在北京召开,全会审议通过了《中共中央关于全面深化改革若干重大问题的决定》。决定中提出,推进考试招生制度改革,探索招生和考试相对分离、学生考试多次选择、学校依法自主招生、专业机构组织实施、政府宏观管理、社会参与监督的运行机制,从根本上解决一考定终身的弊端。义务教育免试就近入学,试行学区制和九年一贯对口招生。推行初高中学业水平考试和综合素质评价。探索全国统考减少科目、不分文理科、外语等科目社会化考试一年多考等。比如针对高考,目前有三种实行方案。第一种是通行的"3+X"方案。此方案应用于大部分省区市,即在语数外基础上,自主从文科综合和理科综合中自由选其一。该方案到2019年仍然是全国应用得最广、最成熟的高考方案。第二种是"3+3"方案。该方案主要应用于上海、浙江、北京、山东等6省市地区,主要指文理不分科,除了语数外必考科目之外,学生可从思想政治、历史、地理、物理、化学、生物6个科目中自主选择3科。第三种是"3+1+2"方案。该方案应用于河北、江苏、湖北、广东、重庆等8省市地区,主要指

---

① 习近平.坚定文化自信,建设社会主义文化强国[J].实践(思想理论版),2019(7):5-8.

除语数外必考科目外,"1"是指从物理、历史中选择1科作为必考科目,"2"是指再从思想政治、地理、生物、化学4科中任意选择2科来学习。2021年1月据此举行的"八省联考"就曾一度引发社会关注,产生了许多话题与讨论。再比如,向下联系中考,2020年8月,国家体育总局和教育部联合印发《关于深化体教融合促进青少年健康发展的意见》。意见中最受关注的就是中考体育科目将逐步提高分值,直至与语文、数学等主科分数相同。2020年12月,云南省教育厅在昆明召开新闻发布会,正式向社会发布《云南省初中学生体育音乐美术考试方案》,方案确定中考体育100分。由此我们可以看出,考试招生制度的不断改革正是高中监测制度为了追求评价与监测的优质发展作出的努力。在具体的一些教育政策意见上,普及与优质是主要话题。

总的来说,2013年至今,我国迈入全面深化改革新时期,坚定不移地贯彻文化自信精神,教育发展在有一定的数量、质量、公平成果后,继续追求普及与优化。投射到高中监测制度及方式的变革上,反映为评价与监测机制以优质发展为重心,而监测方式也借助互联网大数据技术支持,采用多元智能监测平台多维横向发展。

二、全面深化改革新时期高中监测制度及方式变革的特点

此时期的高中监测制度及方式整体上处于以"评估高中普及程度和质量发展水平"为关键的完善阶段。

(一)高中监测制度及方式的状况

党的十八大以来,以习近平同志为核心的党中央高度重视教育公平与均衡的问题。习近平主席在联合国"教育第一"全球倡议行动一周年纪念活动上发表的视频贺词中指出:"中国将坚定实施科教兴国战略,始终把教育摆在优先发展的战略位置,不断扩大投入,努力发展全民教育、终身教育,建设学习型社会,努

力让每个孩子享有受教育的机会,努力让13亿人民享有更好更公平的教育,获得发展自身、奉献社会、造福人民的能力。"①党的十九大提出了新时代社会主要矛盾的转变,反映在教育领域即人民群众对高质量的美好教育需求与教育发展不均衡之间的矛盾。如何解决这种不均衡,在高中阶段体现为高中教育的全面普及以及优质发展。"普及高中阶段教育"也被写入党的十九大报告。实际上,在2010年7月发布的《国家中长期教育改革和发展规划纲要(2010—2020年)》中就已经明确提出要把教育质量作为教育改革发展的核心任务,多次强调"教育质量监测评估"的相关内容,例如提出"建立和完善国家教育基本标准。整合国家教育质量监测评估机构及资源,完善监测评估体系,定期发布监测评估报告"等。《高中阶段教育普及攻坚计划(2017—2020年)》也提出:要通过扩大教育资源、完善经费投入机制以及扶困助学政策等措施在全国普及高中阶段教育,让全国、各省(区、市)毛入学率均达到90%以上,中西部贫困地区毛入学率要显著提升。与此同时,还要求各地把普及高中阶段教育作为考核地方政府教育工作实绩的重要内容,建立问责机制。各省(区、市)要以地市或县为单位对普及高中阶段教育情况进行评估验收,结果向社会公布。

为全面贯彻党的十九大和十九届二中、三中全会精神,以培养社会主义建设者和接班人为根本任务,以促进公平和提高质量为时代主题,围绕加快推进教育现代化这一主线,中共中央办公厅、国务院办公厅印发的《加快推进教育现代化实施方案(2018—2022年)》中对高中阶段提出如下要求:要加快高中阶段教育普及攻坚,推动普通高中优质特色发展;要支持中西部地区加快普及高中阶段教育;要完善普通高中学业水平考试制度。2019年11月,中央全面深化改革委员会第十一次会议审议通过了《关于深化新时代教育督导体制机制改革的意见》。该意见旨在推动教育督导"长牙齿",建设"全领域、全口径、全支撑、全保障"的督导新体系,紧紧围绕确保教育优先发展、落实立德树人根本任务,以优化管理体

---

① 习近平主席在联合国"教育第一"全球倡议行动一周年纪念活动上发表视频贺词[N].人民日报,2013-09-27(003).

制、完善运行机制、强化结果运用为突破口,不断提高教育督导质量和水平,推动各类主体切实履行教育职责。2020年10月,中共中央、国务院印发了《深化新时代教育评价改革总体方案》。方案认为,普通高中主要评价学生全面发展的培养情况,突出实施学生综合素质评价、开展学生发展指导、优化教学资源配置、有序推进选课走班、规范招生办学行为等内容。

依据上述国家文件要求,该时期的高中教育持续关注学生学业水平达标测试。2013年后各个省份颁布的《普通高中学业水平考试实施办法》提到,高中质量监测中,学生的学业成绩考试不能采用传统的常模参照考试,不筛选、不分类,而是以国家颁布的高中新课程标准和素质发展要求为依据,制定相应的质量标准,监测学生的达标情况,为学生下一步发展做出诊断反馈。对于学校和教师而言,教育质量监测好比参加"体检",它能对学校教育教学水平做出诊断并提出参考性的意见和建议。对于教育行政部门来说,教育质量监测的数据能让其对本区域的教育发展状况有更清晰的、更全面的把握,从而为科学决策提供信息和依据。教育质量监测强调的是过程导向,重在把握现状、诊断问题、指导改进,是与个体利益无高利害关系的重点关注群体情况的低利害测试。[①]

监测内容除学生学业水平外,也将重心放在学生的德智体美劳全面发展上。2014年发布的《教育部关于加强和改进普通高中学生综合素质评价的意见》规定,高中学生综合素质评价的主要内容为思想品德、学业水平、身心健康、艺术素养、社会实践。各个省份相继颁布各省高中学业水平考试方案和综合素质评价方案,完善高中学生发展监控。其内容统一为2014年国家新政策中的五个方向,同时对监测内容的细化有了进一步发展。比如,河南省在2016年发布的《河南省普通高中学生综合素质评价实施办法(试行)》中提出,"社会实践"主要考察学生在社会生活中动手操作、体验经历等情况。重点是学生参加实践活动的次数、持续时间,形成的作品、调查报告等,如与技术课程等有关的实习,生产

---

① 汪琪.区域教育质量监测体系研究[M].杭州:浙江大学出版社,2015:16.

劳动、勤工俭学、军训,参观学习与社会调查等。各个省份的综合素质评价方案相继出台,均呈现内容详实、有明确的二级监测指标的划分、操作性强的特点。

对于监测内容的考虑依旧需要进一步从社会背景分析出发。在全面建设小康社会收官之际,"有学上"的目标基本实现,我们开始思考如何"上好学",学校如何"办好人民满意的教育"。部分省份开始探索放大监测的视野,跳出课堂教育的范围,把学校条件、社会家庭环境因素、学生负担等影响学业发展的因素纳入监测的范围。例如,陕西省于2018年颁布《陕西省教育质量提升督导评估316工程指标体系(普通高中)》。该文件的主要目的在于促进陕西省高中教育全面均衡发展。监测内容有一级指标,包括办学方向、队伍建设、教育质量与管理、教育信息化、教学保障、学生素养、办学成效。下分二级指标60个。同年,山东省提出《山东省高中教育质量综合评价主要要点》,报告了山东省教育厅联合北京师范大学中国基础教育质量监测协同创新中心对山东省2017年普通高中教育质量评价的有关结果。文件中明确了所监测的重点内容是学生的品德行为、学业发展、身心发展、艺术素养、学业负担和课程实施、教师教学方式、师生关系、班额标准化、家庭教育等10个方面的内容,期望通过质量监测提升学校管理水平、完善教育评价内涵、为学生成长营造良好氛围。

该时期的相关文件中开始出现关于高中教育质量监测方式的内容。例如2013年后,以《陕西省教育质量提升督导评估316工程指标体系(普通高中)》《山东省高中教育质量综合评价主要要点》为代表的陕西、山东、广东、云南、江西等省份出台的质量监测文件中,涉及对于监测方式的重新规定。文件中建议使用的监测方式也呈现多样化,包括但不限于随机走访、听课;召开教职工、学生、家长及社会各界人士的座谈会;查看相关档案资料;实地查看办学条件、周边环境;人大代表、政协委员、教职工、学生、家长等填答问卷;学科测试和能力测试等。这时期,监测主体更加多元,技术手段更加科学,引入社会机构大数据测算进行监测,内部评价与外部监测共存,避免了教育系统内部评价带来的包庇和偏颇。

随着科学技术的发展以及在教育领域的应用,"互联网+教育"和智慧校园的发展为监测方式的变革提供了可靠的技术支持,监测方式进一步产生变革,开始转向大数据化。依据国家在"教育信息化"提案中指出的"基本建成较为完备的国家级和省级教育基础信息库以及教育质量、学生流动、资源配置和毕业生就业状况等监测分析系统",各省市在高中阶段依托各自建立的教育云服务平台记录学生成长发展全过程的数据,为学生升学评价和高考改革提供完整可追溯的数据资料。对学生采取长时间跟踪式记录的方式,能够建立长期持续的评价框架和信息库,反馈学生发展的趋势。上海市自2004年起便参加了"建立中小学学业质量分析、反馈与指导系统"项目,并连续8年参加了测试,初步建立起上海市中小学生学业质量的数据库。上海市的"绿色指标"在全国基础教育界刮起了一股绿色旋风,引领各省市的基础教育质量监测研究。[①]吉林省于2018年开始试点推行的"大数据监测"依托人工智能、OCR识别、大数据等先进技术,为部分试点学校提供智能测评系统,实现包括中英文作文、填空题在内的各种主客观题型自动判分以及纸笔数据的伴随式采集,提升学业数据采集效率;为展现大数据对日常教学的价值,针对试点学校实际需求,提供精准化教学及管理等方面的衍生服务。

至此,全国范围内的科学的基础教育质量监测系统正在逐步完善中。截至2020年11月,全国共有26个省(自治区、直辖市)明确成立省级教育质量监测机构,另外6个省区(河北、新疆生产建设兵团、西藏、青海、宁夏、黑龙江)由相应的教育督导部门配合实施国家基础教育质量监测,开展部分省区内基础教育质量监测的探索,但是未正式或挂牌成立专门监测机构。

(二)高中监测制度及方式的特点

该时期的相关教育政策和文件无不反映了该时期高中监测制度的特点。

---

① 徐世红,黄小平,王家美.基础教育质量监测研究[M].广州:广东高等教育出版社,2016:8.

1. 以验收"质量特色"为主的高中监测制度内容

该时期高中监测注重在普及基础上提高对高中教育质量和特色发展的监测。教育质量监测发展至今天,着眼于学生的整体发展状况,既要对照课程标准,测试学生各学科学习的达标程度,也要对学生的道德发展水平、身心健康状况、创新精神、实践能力、艺术素养等进行监测。更为重要的是,它还包括对学生学业成就相关影响因素的监测,即对学生的发展状况与宏观社会环境、学校氛围、教师情况、家庭教育等多方面情况做相关性分析,了解影响学生发展的各种因素,不仅要"知其然",而且要"知其所以然"。[①]国家层面的监测制度把握社会主义办学方向,加强国家对高中教育的领导力;学校层面的教育质量评价制度则关注学校办学特色、教师和学生全面发展、学校管理等重点内容,充分激发高中特色化办学活力,不断提高办学水平和育人质量,培养学生终身发展所需的能力、品格。

2. 以"多元智能"为特色的高中监测方式

从监测方式来看,出现结果评价和增值评价相结合、综合评价和特色评价相结合、自我评价和外部评价相结合、线上评价和线下评价相结合。现行的教育质量监测更关注的是对学校育人全过程的测评,其根本目的是对现行的教育教学状况做出诊断,并提供改进策略和决策依据。教育质量监测的出发点,着眼于全体学生的全面发展,关注的是对学生发展全面状况的把握,以及从状况的发展变化所反映的问题入手来发现教育教学中的问题,并结合相关因素分析提出可能的改进建议;引进智能数据库、"互联网+"技术,使得监测手段更加科学、先进。

---

① 汪琪.区域教育质量监测体系研究[M].杭州:浙江大学出版社,2015:17.

第五节　我国高中监测制度及方式变革的经验、问题与趋势

在详细分析和归纳了改革开放以来我国高中监测制度及方式变革的背景、阶段与特点后,我们自然地从中吸取了许多有益经验,总结了存在的问题与缺陷等。同时,从过去和现在的已有情况出发,结合最新的国家政策意见指引,我们可以展望未来我国高中监测的发展趋势。

一、我国高中监测制度及方式变革的主要经验

改革开放四十多年来,我国高中监测制度及方式经历了从无到有、从萌芽到完善的过程,积累了诸多宝贵经验,这些经验将为今后高中监测制度与方式的持续发展提供参考与借鉴。

(一)监测顺应时代发展,助力教育稳步改革

1.监测目标契合时代育人要求

(1)改革开放初期以经济建设为中心,高中监测追求"学业成绩",以满足人才供应需求

改革开放初期,我国在经济、文化、科技、教育等各方面都百废待兴,为改变此种状况,十一届三中全会确立了以经济建设为中心的现代化建设目标,并在此目标基础上制定出一系列新的方针政策,在教育领域则反映为教育事业必须同国民经济发展的要求相适应。因此,培养并选拔出大批量合格的社会主义人才是这一时期的重要目标。基于此时期的时代任务,在普通高中教育阶段,国家颁布了一系列教育政策,这些教育政策中的高中监测制度呈现出的主要特点有:追求培养大批量合格人才,追求学业成绩并以此为监测的显性或硬性指标等,如1978年9月颁布的《全日制中学暂行工作条例(试行草案)》强调考查学生所学知

识。虽然有政策提出要采取德、智、体择优录取的办法,但总体而言仍然是以学业成绩为最关键的衡量指标。1985年5月发布的《中共中央关于教育体制改革的决定》也要求大规模地造就坚持社会主义方向的各行各业有文化、懂技术、业务熟练的劳动者等。

(2)21世纪初至今从全面建设小康社会到全面建成小康社会,高中监测追求"公平"与"普及",以保障群众利益

全面建设小康社会是党和国家到2020年的奋斗目标。教育的进步与完善、公平与普及,是全面小康的重要任务之一。在"十三五"期间,国家就已明确脱贫攻坚的目标,其中就包括教育脱贫。基于此,在普通高中教育阶段,国家颁布了一系列侧重追求高中教育公平及普及的相关教育政策。比如,2010年5月,中共中央政治局会议通过的《国家中长期教育改革和发展规划纲要(2010—2020年)》中明确强调,要加快普及高中阶段教育,要建立健全有利于促进入学机会公平、有利于优秀人才选拔的多元录取机制。《高中阶段教育普及攻坚计划(2017—2020年)》也提出:要通过扩大教育资源、完善经费投入机制以及扶困助学政策等措施在全国普及高中阶段教育,让全国、各省(区、市)毛入学率均达到90%以上,中西部贫困地区毛入学率要显著提升等。

2.监测落实走向专门化、规范化、制度化

监测的落实需要监测制度与监测机构共同助力。建立健全完善的教育督导机构,成立专门专业的教育监测部门,加强监督职能,是与法治建设同步进行的重大改革措施。新中国成立以前,中国共产党领导下的革命根据地曾在教育管理机构中设视导组织。中华人民共和国成立后,在中央和地方教育行政部门中,分别设立了视导司、室、科、组,但于1958年中断。1986年9月,国家教委正式建立了督导司,各地区教育行政部门也建立起相应的督导机构,全面恢复了教育督导工作。1997年,教育部修订印发了《普通中小学校督导评估工作指导纲要(修订稿)》,各地据此建立健全了中小学校督导评估制度,引入了发展性评估理念,

在很大程度上规范了学校办学行为。2012年,国务院公布了"教育督导条例"(以下简称"条例"),"条例"规定了以下重要内容:实行督学制度,为教育督导机构配备专职督学;督导报告应当向社会公布;县级人民政府负责教育督导的机构应当根据本行政区域内的学校布局设立教育督导责任区等。可以看出,在"条例"颁布后,国家有关教育督导的制度、机构和实践办法都呈现出从不规范到规范、从泛化到实操化、从零散化走向制度化的优化过程,为教育走向稳步改革夯实了基础。

(二)监测兼顾"统一指挥"与"因地制宜",体现整体性与灵活性

1.各省市监测以国家政策为总指挥,由上自下实施整体监测

2012年之前,各省级能查阅到的有关高中教育监测文件均根据《中华人民共和国教育法》的规定并结合本地实际而制定,各省相关政策法规都倾向于追求高中教育"公平与均衡"的发展目标;2012年后,各省市关于高中的监测制度和方式主要依据了《教育督导条例》《国务院关于深化考试招生制度改革的实施意见》《国家中长期教育改革和发展规划纲要(2010—2020年)》《教育部关于推进中小学教育质量综合评价改革的意见》等规定。这时期监测的主要目的是:保证教育法律、法规、规章和国家教育方针、政策的贯彻执行,实施素质教育,提高教育质量,促进教育公平,推动教育事业科学发展。这一时期,各省相关的政策法规都旨在完成高中教育"普及·优质"发展的目标。可见,为密切贴合国家政策步伐,深入贯彻落实自上而下的行为规范性与约束性特点,从省级层面开始即以国家重点教育政策文件为绝对的参考基础,同时结合当地教育教学实际和学校办学传统,进而科学合理地确定教育监测的具体内容和要求。

2.监测基于国家政策再因地制宜合理调整,以灵活适应省市情况

由于省市之间在各方面的发展上存在着差异,故省级层面的高中监测制度及方式是在国家政策的基础上,再根据各自不同的省市情况进行合理调整而最终形成和完善的。

在监测制度上,以2018年的《陕西省教育质量提升督导评估316工程幼儿园小学初中普通高中中等职业学校指标体系》与《北京市普通中小学校全面实施素质教育督导评价方案》为例,二者都以《关于深化教育体制机制改革的意见》《教育督导条例》等文件为参考,但前者的督导评价内容包括办学方向、队伍建设、教育质量与管理等7个方面,涉及60个二级指标,所涵盖衡量标准细分程度非常高;后者督导评价内容包括组织领导、学校治理、教师队伍等7个方面,涉及22个二级指标和51个三级指标,涵盖全面实施素质教育各个方面。可见,虽然各省级单位都以国家的"指挥棒"为指引,但各自也有细节上的差异。

在监测方式上,比如北京市就充分发挥了其地方性特色和优势,借助教育部直属高校北京师范大学的力量,委托了专业性和学术研究性都很强的第三方专业监测机构(北京师范大学中国基础教育质量监测协同创新中心)来对北京市高中教育质量进行监测。再比如北京市还积极利用数字校园、电子平台等现代化方式,科学合理地使用和分析评级信息。2012年发布的《北京市中小学数字校园实验项目管理办法(暂行)》明确强调,要通过数字校园进行大数据监控监测;保证校园网基础设施建设完善,高速接入北京教育信息网,实现"班班通";安装使用市级统配的信息化管理软件。可见,各省市在充分参考国家教育政策的基础上,也会结合当地教育教学实际和办学传统,反复试验和形成最符合自身特色的监测制度和方式。

(三)监测开展以校为本、以生为本,注重学校特色与学生发展

高中教育质量监测最终需要落实到学校,以校为本、以生为本才能发挥监测作用,最大限度实现监测价值。因此,监测需满足学校发展需要,关注各校特色,兼顾学生的全面发展与个性发展,其主要体现为监测的个性化、监测的多元化和监测的多主体化。

1.监测的个性化

虽然各学校有关高中监测制度和方式的文件是基于国家和省市级的政策要

求而制定的,但也有部分学校充分发挥主动性和创新性,实行了具有个性化的监测方式,如清华附中采用自制的高中监测平台模式,值得认可和其他学校大力学习与借鉴。根据清华附中(2015)校报上关于学生综合评价的通报,清华附中学生综合素质评价系统是清华附中历时3年自主研制开发的学生评价系统,旨在通过全面观察、记录、分析学生的发展状况,发现和培育学生良好的个性,促进学生健康成长。其在国家和省市级要求的基础上,积极使用了最适合自己学校的个性化的监测评价系统。

2.监测的多元化

一是监测内容的多元化。监测内容包括监测学生学习、教师教学等方面。其中针对学生要进行全面的综合素质监测,《教育部关于加强和改进普通高中学生综合素质评价的意见》将学生综合素质评价内容分为思想品德、学业水平、身心健康、艺术素养、社会实践五个方面。据此,各个学校也提出相应办法。其中,成都石室中学制定的综合素质评价,除了这五个方面,还单独强调了交流与合作能力的重要性。

二是监测标准的多元化。首先,整体衡量标准的多元化。在《扬州市民办中小学校督导评估方案(试行)(2017)》中,扬州市民办中小学督导内容包含依法办学、队伍建设等6项A级指标,下设31项B级指标,细化为42个评估检测点;在《陕西省教育质量提升督导评估316工程指标体系(普通高中)(2018)》中,陕西省普通高中监测内容分为教育保障、学生素养等7项一级指标,同时下分二级指标60个。通过对比可以发现,各学校之间的整体监测衡量标准是多元化的。其次,针对相同的监测对象,不同学校采用的标准也各不相同。比如,同样是针对课程实施情况的监测,通过比较佛山市顺德区顺德一中实行的《顺德一中责任督学挂牌督导操作细则(2017)》和济南市历城区各中小学实行的《济南市历城区人民政府关于在全区建立督学责任区制度的实施意见(2012)》可以发现,前者较为宽泛,仅仅关注是否按课程计划开课以及校本课程的开设情况;而后者则更加细化,从国家课程、地方课程、学校课程出发,严格监测学校是否按照《义务教育课程设置实验方案》要求开齐国家课程科目,尤其是综合实践活动与音体美等课程,在课时数、课程设置等方面有明确规划与要求,体现了各学校间标准的差异。

3. 监测的多主体化

各学校之间的监测还存在着多主体化的特征。多主体监测包括学校自我监控、社会公众监控、专业监控部门监控、监控主体下潜到学生老师等。如《扬州市民办中小学校督导评估方案(试行)(2017)》中提到的督导方式包括自评与他评、定性评估与定量评估、过程评估与终结评估相结合等。《烟台市2017年普通高中办学水平督导评估标准》中的督导方式包括借助烟台市教育督导评估系统进行评估、学校自评、社会公示等。成都石室中学学生综合素质评价项目包括学生自评、同学互评、学校意见等。监测的多主体化有利于提高监测结果的信度和效度。在多方审视、多重检验的作用下,我们可以得到最真实透明的监测结果,进而提出效率及针对性更高的改善措施。

二、我国高中监测制度及方式变革的问题分析

我国高中监测制度及方式在发展过程中,虽然积累了诸多经验,但也存在以下问题。

(一)监测体系单薄

1. 监测制度不完善

高中教育作为基础教育的一环,由于其过去二十余年始终处于教育发展战略重点的边缘位置,其相对应的监测系统在基础教育监测系统中也处于较为尴尬的位置,相较于广受重视的义务教育阶段监测系统,高中教育质量监测的发展存在着一定的滞后性与落后性,未能形成完善的监测体系。自2007年国家成立基础教育质量监测中心以来,上海、江苏、重庆等全国不同省市纷纷建立了教育评价及监测

机构,对本地区的教育质量进行评估与监测,而在这之中,大部分省市都着重针对义务教育质量的监测,在部分省市的教育评估与监测的官网上,很难找到独立的高中教育质量监测板块,其要么与义务教育质量监测混杂在一起,要么未被纳入官方主要的检测范围,长期处于比较边缘化的位置,缺乏相应政策的重视和支持。从省市(县)层面来说,各地区之间的高中教育质量监测同样存在着发展滞后程度不一的情况,如广西壮族自治区钦州市和安徽省宿松县等发布了适用本地区的高中教育质量监测方案的通知,而部分地区缺少直接、系统性的文件规划,更多对于高中教育质量监测的规定则散见于其他相关文件,如针对普通高中、示范性高中及特色性高中的办学等方面的督导评估方案(如2018年贵州省印发的《贵州省示范性普通高中评估方案》等)中。这些文件或多或少从侧面针对高中教育质量情况,但这只是组成质量监测的一部分,不足以支撑完整的监测制度。

2.监测范围不全面

(1)以升学相关指标为主

目前,有关高中教育质量监测的文件其重心之处在于对学生的学业成绩及综合素质的关注,而这两者也与学生毕业、升学紧密相连。2014年新高考启动之前就有部分省市出台了针对学生学业成绩及综合素质的考核方案,如安徽省、江苏省等。2014年,《国务院关于深化考试招生制度改革的实施意见》《教育部关于加强和改进普通高中学生综合素质评价的意见》《教育部关于普通高中学业水平考试的实施意见》三个主要影响高考的文件出台后,各省市也纷纷响应号召,随之发布了新的或者更新了之前的学业水平考试和综合素质测评文件,以作为新高考的有力支撑。其中,不同文件均提到"高中学业水平考试成绩是评价高中学校课程管理和教学质量的重要依据"等意义相同的话语,这反映了各省市对学业水平和综合素质的重视,并将其作为高中教育质量监测的重要依据。除此之外,很难在其他文件中找到其他被官方共同强调可以作为教育质量监测重要依据的指标。

(2)各省市教育监测指标涵盖面狭窄

虽然在国家层面并没有发布相应的针对高中教育质量监测制度的权威文件,但在地方层面,部分省市(县)出台了关于本地区相应的高中教育质量监测文件,如安徽省宿松县曾于2016年发布《宿松县普通高中教学质量评价方案(试行)》。由于各地高中教育发展不均衡,各地文件的发布大都针对各自地区的高中教育质量,因此具有较强的地域性。通过对这些文件中监测内容的分析,我们发现各地区对高中教育教学质量的监测虽然规划不同,监测范围及重点不一致,但主要来说,依然是以传统性的监测指标为主。其涵盖的更多的是高中整个教育质量中的部分"点",而非高中教育监测的"方方面面",从制度建设层面来说尚且未能形成有机且成熟的高中教育质量监测框架。

3.监测制度动态发展程度不足

有学者认为,从宏观制度建设的意义而言,旨在促进学生全面发展、具有新的"教育体检仪"和"指挥棒"作用的教育质量监测,应发挥全面诊断、决策咨询、客观监督、促进提升和舆论引导五大职能,即诊、咨、督、促、导五大职能。[1]在各种数据指标和等级量化的具体框架下,当下教育监测在全面诊断、决策咨询和客观监督的功能上发挥了一定的价值,但在促进提升以及舆论引导上存在着一定程度的落后,其原因在于监测模式的动态性不足、监测的核心内涵被模糊、过于强调监测评估的流程并使其日益线性化。目前来说,教育监测的内容更多局限于学校在某个时间点上的现实情况,由于其缺少发展性的眼光,与当今不断改革的教育存在一定的脱节性。其更多的是用静态的眼光去审视教育教学,用直观性的指标来展现当下教育的发展情况;其更像是一种在各种数据及等级下的例行检查,而非能够实时把控的动态监测,从某种程度上讲,就像是一种"纸笔测验",评卷改卷就是目前监测所做的事情,而对于"考试"过程中的种种纵向型发展却未能有效关注,只重视结果产出,而不重视过程发展。在这种传统的监测模

---

[1] 李凌艳,陈慧娟.推进我国基础教育质量监测制度建设的基本战略与体系保障[J].中国教育学刊,2020(3):68-73.

式下,教育监测所能监测到的范围就十分有限,更多的是眼前所看到的,而难以对教育系统内的变革先行察觉并及时迎合。

(二)监测内容应试色彩浓厚

在部分地区发布的各类针对高中教育教学质量的监测文件中,主要以学业水平及综合素质为客观依据。从现实情况而言,学业成绩依然是评价高中教育质量一个占比较重的指标。虽然学业成绩是衡量普通高中教育质量不可或缺的指标之一,对其进行监测对衡量教育结果具有重要的意义,但当下在整个教育监测系统中,其色彩过于浓厚,依旧是考核与评判地区及学校高中教育质量的核心指标。在"唯分数论"的大背景下,各种考试分数及升学率仍然是戴在高中教育头上的一顶高帽子。以广西钦州2016年出台的《钦州市高中教育教学质量监测及评估办法》为例,其监测项目主要涵盖三个方面,分别是教学质量、学校教学研究水平、教学管理与实施。三个板块的赋分值分别为180分、60分和60分。不难发现,教学质量的监测分数占比最重,而教学质量的监测是以成绩分数上线率等为主要参照指标。在实际情况中,由于过大的应试惯性,各种各样的上线率仍然是衡量学生、学校、地区教育质量的主要因素,这就不可避免地产生一切为分数服务而非为学生本身成长服务的一种倾向。虽然各地区都加快了教育改革的步伐,使用多把尺子来衡量教育质量,但从某种程度上来说,应试教育更多的只是换了件多彩的衣服,"素质教育"的新大衣后面依旧藏着"应试教育"的旧观念。

(三)监测实施过程较为封闭

在监测的过程中,存在着"闭门造车"而与社会"脱节"的封闭性的特点。各级政府和学校是督导的主要客体,而学校更是教育产出的直接窗口。就针对学校层面的督导而言,在常规的督导操作中,各省市都以发送书面通知,各学校依据要求进行自查自评为共同的第一步。在这个过程中,督导客体保留了一定程度的主体性与主动性,成了督导主体之一。但在实际情况中,被督导者仍然存在着"被动"的属性。从某种程度上来说,自查自评是学校针对自身的实际情况而开展的内部活动,在这个过程中,缺乏其他团体的监督,虽然在形式上学校是主动为先,但不排除部分学校被动应付,依照既定的方案走,有什么查什么,没有的就不进行自查,仅仅作为一种对上级部门的交代而完成的任务,未能很好地发挥其内动力,更多是"要我评"而非"我要评"。除此之外,自评由于是关起门来自己做,很容易造成一种迎评假象。尽管自查自评后会有相应的督导机构进行实地考察,但复评复查也建立在事先通知的基础之上,督导人员进校所进行的各类调查是否完全反映了常态下的学校情况,是否真实地反映了学校的教育水平及质量,是否会产生权钱交易、权力寻租等行为是有待检验的。

(四)监测结果运用程度不足

评估和问责是监测制度所具有的两种不同功能[①],在这个方面,监测结果的有效运用是国家基础教育监测制度能够切实提供政策参考和改进依据的重要环节。在教育监测评估结束之际,会形成相应的监测报告。作为官方发布的具有一定权威性的监测报告,在教育督导中即为督导报告。监测结果作为与教育系统外部直接沟通的主要渠道,却未能引起相应程度的重视,未能在整个社会舆论系统中产生较大的涟漪。原因主要在于两个方面:一是监测结果公开渠道较为"冷门"。督导结果更多的是在各自的政府网站和督导信息平台等网站进行公示,而这些公示网站由于其特殊性质,浏览量难以与社会主流媒体相提并论,缺乏足够的关注度,因此难以产生较大的社会影响。二是监测结果公示的限时性。部分省市对督导结果的公示采取限时制度,只能在规定的时间内登录相应网站查询,超过时限之后公示即结束,除非自行保留原文档,否则很难再查找到相应内容。这些因素都导致了最终的教育督导报告未能引起足够的关注和重视,如果不是"有心人",很难通过别的途径对教育质量情况有相应的了解,从而造成教育监测结果应用不充分的问题,这也进一步加强了教育监测的封闭性。虽然教

---

① 李凌艳,蔡静,郑巧.美国国家基础教育质量监测制度设计及启示[J].比较教育研究,2016(5):43-49.

育监测的最主要目的是描述学生的发展状况,但它所起到的作用绝不仅限于描述现状。为教育监测所投入的大量工作与经费只有在教育监测结果得到良好利用的情况下,才是值得的。[1]

(五)监测机构行政独立性薄弱

我国各地区教育质量监测实施主体多以政府机关为主,省市以下常由教育行政部门或教学研究室、督导室操作。很明显,这种由政府主导的质量监测带有浓厚的行政色彩。[2]在我国目前的教育督导操作过程中,督导机构的行政独立性并未得到良好的保证,其更多依附于权力部门之下,未能形成完全客观的第三方专业监测评估机构。我国实行督学制度,督学是受教育督导机构指派实施教育督导工作的人员,教育督导的过程以督学作为核心展开,督学对被督导的单位如政府及学校等教育实施的各个方面进行监测。通过2012年国务院发布的《教育督导条例》不难发现,监测实施的主体与客体之间具有高度的相关性,督学由政府单方面选择聘任,督学在教育行政系统内部展开教育质量等督导工作,并未具有自身相关的行政独立性,其存在紧紧牵系于相关联部门;监测主体及监测客体之间组成内部单一的结构,社会参与度低,未能同社会力量如家长、外界机构团体等连接,督导机构缺少一定的行政权威,整个过程是在一个相对较为封闭的环境中进行的,难免会对督查结果的客观性产生一定的影响。

三、我国高中监测制度及方式的发展趋势

为实现教育现代化,迈入教育强国行列,新时代之际,我国相继颁布了《关于深化新时代教育督导体制机制改革的意见》《深化新时代教育评价改革总体方案》等重要文件,这为高中教育质量监测制度的发展指明了方向、提供了路径。

---

[1] 辛涛,李勉,任晓琼.基础教育质量监测报告撰写与结果应用[M].北京:北京师范大学出版社,2015:34.
[2] 汪琪.区域教育质量监测体系研究[M].杭州:浙江大学出版社,2015:158-159.

(一)迈向现代化监测体系

1.完善健全高中监测制度

《中华人民共和国国民经济和社会发展第十四个五年规划和2035年远景目标纲要》提到,要巩固提升高中阶段教育普及水平,高中阶段教育毛入学率要提高到92%以上。这意味着,未来我国更多的人能够接受高中教育。高中教育正逐渐从全民化的理想走向现实。随着其普及程度的提升,群众对高中教育的要求也将不断提高,将会更加关注教育过程、教育结果的公平,更加重视教育的水平与质量,这也意味着,未来高中教育的发展将始终围绕着公平与质量两个主题。相应地,高质量的高中教育离不开高质量的教育监测体系,而高质量的教育监测体系建设离不开完善健全的监测制度。当下普遍的情况是高中教育质量监测未受到国家层面的重视,更多的是各个地区之间的自行规划,未有自上而下统筹规划的监测制度。高中教育质量监测概念本身的内涵和外延也被模糊和淡化,部分地区出台的监测文件看似精准对焦高中教育质量监测,实则词不达意,更多的是应试检测的另一个范本;且部分地区甚至未出台高中教育质量监测的相关文件,仅单纯地以学业水平考试和综合素质测评作为高中教育质量监测的主要依据。

事实上,教育质量监测不仅是政策和行政层面的问题,更是一个高度技术化的问题,其中涉及教育的各个方面,如教育测量、教育社会学等。[1]教育监测的最终目的在于促使人德智体美劳各方面的全面发展,在这个过程中,对全过程、全要素进行全方位、全覆盖的监测,突破只对个别领域、个别要素进行监控的局限,充分发挥其积极作用,健全其"骨骼"与"肌肉"就是完善且健全的教育质量监测所应行之事。

2.高中监测制度的现代化

教育现代化发展是大势所趋,这包含教育的不同层级、各个方面。在未来更

---

[1] 汪琪.区域教育质量监测体系研究[M].杭州:浙江大学出版社,2015:44.

长一段时间内,推动教育现代化依然是我国教育改革与发展的基本战略与基本方向,[①]必须进一步发挥教育"国之大计、党之大计"的基础性、先导性、全局性作用,加快推进教育现代化,构建社会主义现代化强国建设需要的教育体系,以教育现代化支撑国家现代化。[②]教育的现代化涵盖教育的各个方面,不仅包括义务教育,也包括非义务教育,教育质量监测固然也是其中不可或缺的组成部分。故高中教育质量监测的未来之势不仅仅是完善和健全,这只是发展的第一步,而走向现代化才是其最终的归宿。人的现代化是教育现代化的核心,[③]实现高中监测制度的现代化,要以人的现代化为核心原则进行顶层设计,以教育信息化为依托,以素质教育为主要监测内容,树立科学全面的监测观,不仅要"面面俱到",也要"各个击破",在全面覆盖的基础之上做到动态监测,充分发挥其诊断、导向等功能,切实为高中教育高质量、高水平发展服务。

(二)着眼于学生全面发展

1.监测内容以立德树人为价值导向,以五育并举为中心环节

长期以来,全面发展仅是作为理念渗透到教育之中,并未真正落实到教育行动当中。随着教育的发展,长期应试的倾向也应逐步转向素质教育,现代化的高中监测的实施也应践行全面发展的原则,纠正长期以来片面发展的做法。监测内容是关键与根本,教育监测首先应以立德树人作为其核心的价值导向。立德树人作为培育人的中心环节,在新时代有着鲜明的时代意义与深刻内涵。德者,才之帅也,德是人才培养的基本价值取向,无论什么教育工作,最先关注的都是培养学生良好的道德品行,其次才是培养各方面的才能。社会主义核心价值应成为教育最基本的底色,教育监测内容同样需要以符合社会主义的道德为底线和基准,坚持立德树人价值取向,培养心系社会和国家的各行各业的建设者和接班人。

---

① 李学良,冉华,王晴.区域教育现代化监测评价指标体系的构建与实施研究——以苏南地区为例[J].教育发展研究,2020(2):27-33.
② 陈宝生.建设高质量教育体系 加快建成教育强国[J].旗帜,2020(12):8-10.
③ 陈国良,张曦琳.教育现代化动态监测:理念、方法与机制[J].教育发展研究,2019(21):18-25.

高中监测内容还需以五育并举为中心环节,使受教育者成为德才兼备的、全面发展的高素质劳动者。传统高中教育质量监测的重点指标在于学生的学业成绩,虽然国家早已提出综合素质评价,以改变以考试成绩为唯一标准评价学生的做法,为高等学校招生录取提供重要参考,但在不少地区,综合素质评价还只是为升学提供一种"参考",这种使用方式属于"软挂钩",在实际执行中通常又演变成"不挂钩",使综合素质评价成为"花架子"。①我们虽然在理论上倡导摒弃"唯分数论",但实际上又用高考升学成绩作为普通高中教育发展水平的唯一评价标准。②这种以分数论英雄的心态也会在无形之中影响教育质量监测,使学生片面发展,这种仅重智育而轻它育的做法无疑是丢了西瓜捡芝麻。若教育被异化为分数,那人也难以避免被异化。可见,教育质量监测在关注学生的学业成绩的同时也不能忽视学生的综合素质,应以五育并举为中心环节,形成五维立体结构,共同推进素质教育。

《关于全面加强和改进新时代学校体育工作的意见》和《关于全面加强和改进新时代学校美育工作的意见》强调把学生体质健康状况、素质测评情况、支持学校开展体育及美育工作情况等纳入教育督导评估范围,从国家层面着手扭转应试风气,关注体、美发展,是一次有益的尝试。同时,福建省于2020年出台《福建省普通高中学生综合素质评价实施办法》,明确将劳动素养评价纳入综合素养评价,丰富了传统综合素质评价的内涵,提升了劳动教育的实操性。在劳动教育受到空前关注的当下,相信其他省市也会紧随其后,纷纷出台内容更为丰富的综合素质评价方案文件。可以乐观地相信,五育并举将不再只是停留在口头上的理论,在多方面的努力之下,未来高中教育质量监测的重心将真正涵盖学生德智体美劳全方面、全方位的发展。

---

① 许世红.基础教育学生评价研究——历史沿革、现实状况与未来走向[M].广州:广东高等教育出版社,2014:187.
② 程素萍.区域普通高中教育发展水平评估监测指标体系的构建[J].教育导刊,2020(8):38-43.

2. 监测方式多样化，兼顾过程与结果

《2019年全国教育事业发展统计公报》显示，2019年，我国高等教育毛入学率超过50%，达到了51.6%，实现了从大众化向普及化的历史性跨越。受教人数的增多意味着高等教育不再是少数人的奢侈品，高中教育也不再仅仅是甄别、筛选人才的选拔性教育，而应是助力学生发展、成功的手段。教育质量监测的目的也并非甄别学生成绩的优劣，而应是尊重学生个体差异，帮助学生发掘与改善各项能力，促使每一个孩子都有进步。[1]因此，在学生评价上，应做到因材施评，采用多种方式对其各方面的能力进行综合考察，结合终结性评价及过程性评价，真正关注其成长过程。随着高中教育质量监测内涵的延伸以及教育信息化的深入，其他影响教育质量发展的因素也会成为重要的监测指标，这就要求高中教育质量监测方式走向多元化，采取多种方式及手段，从传统走向现代，形成"互联网+"的格局。当下各省市已纷纷建立了相应的综合素质网络评价系统，相信在不远的未来，高中教育质量监测与互联网平台更加紧密的结合将会成为一种现实。

(三)提升监测权威水平

缺乏公信力的质量监测是一盘散沙，也难以真正落实高质高效的教育目标。随着中国教育踏上现代化的征程，高中监测制度的发展不仅要着眼于其结构的完善与多功能的发挥，也要着手于其权威水平的提升，使群众信服。办好人民满意的教育，关键在于抓好教育公平与高质量发展这两翼，而高质量发展是建立在教育公平基础上的发展。没有公平作为基础，全面的高质量发展就无从谈起。无论是城市中存在的社会教育焦虑，还是连片特区地区的教育扶贫，都有赖于教育过程质量监测，并应积极促进教育结果的公平。只有提升高中监测的权威性与信服力，才能在真正意义上促进教育的民主与公平。因此，需要确保监测过程的公开透明，不藏暗角、死角，引入客观度高、专业性强的第三方机构，提升监测

---

[1] 汪琪.区域教育质量监测体系研究[M].杭州:浙江大学出版社,2015:43.

机构本身的行政独立性。此外,监测主体的多元化也是提升监测权威水平的重要手段。在监测的过程中,应破除主体单一的局面,化更多内外客体为主体,形成监测共同体,对高中教育质量进行不同程度、不同方面的监测,实现内外"双循环"。习近平总书记曾指出:"办好教育事业,家庭、学校、政府、社会都有责任。"高中教育牵系千家万户,并不只是政府和学校的事。《深化新时代教育评价改革总体方案》提到,应当构建政府、学校、社会等多元参与的评价体系,建立健全教育督导部门统一负责的教育评估监测机制,发挥专业机构和社会组织作用,才能有效提升监测的公信力。

(四)积极运用监测结果

开展教育质量监测,实施监测并不是最终的目的,其期望的目的在于改进教育教学、完善教育政策、形成教育决策,因此,如何最大限度地发挥监测结果的效用是人们越来越关注的话题。[1]以往的高中教育质量监测普遍存在着监测结果运用程度不高的问题,而监测数据难以查阅使得人们对于高中教育质量发展的真实情况难以有全面准确的认知。捕风捉影式、道听途说式等非正式获取信息的方式不应成为有心大众获取权威数据的主流方式,这样会在某种程度上降低信息的准确程度,不利于其获得公众的理解与支持。虽然引起舆论关注并非监测结果最终的追求,但拥有更多关注会更容易形成合力,会更容易将社会、家庭及学校联合起来,多方配合努力远比一方单打独斗更易于高中教育质量的提升。民进中央在《关于加强和改进教育评估工作的提案》中提到,应当让评估结果公开透明,并能够被合理使用,如与拨款或整改挂钩,尽量避免"评估结果束之高阁"的问题。此外,还需充分发挥监测结果的各项功能,如若仅仅是公布监测后的统计结果,那么对监测数据与信息的挖掘程度就会非常有限,这与监测的高投入不太匹配。[2]相关资源的不充分利用在某种程度上即意味着浪费,监测结果不

---

[1] 许世红,黄小平,王家美.基础教育质量监测研究[M].广州:广东高等教育出版社,2016:16.
[2] 许世红,黄小平,王家美.基础教育质量监测研究[M].广州:广东高等教育出版社,2016:16.

仅仅是用来问责及整改的依据,除了发挥其鉴定、诊断的作用,还应发挥其调控和预警功能,其绝非仅仅意味着事后矫正,其在"事前""事中"都能发挥积极的作用。需要注意的是,应当审慎利用监测结果,不可随意将监测结果与高利害的奖惩挂钩(如作为资源分配的依据),否则终将损害政府与监测机构以及被监测对象的关系,从而引发被监测对象的反感与抵触。[①]

基础教育质量是提升国家竞争力的决定性因素,是国家综合国力的重要标志之一。[②]义务教育与非义务教育是基础教育的双翼,长期以来,作为非义务教育的高中教育并未得到足够的政策及资源倾斜,高中教育质量监测更是未形成完善的体系,这不利于基础教育的均衡发展。教育的现代化意味着"不偏科",而应是"全面发展"。全面发展不仅仅是受教育者德智体美劳方面的综合发展,也是各级各类教育本身高质量的发展。在过去,由于受到经济等多方面的限制,政府难以兼顾所有类型的教育,但随着我国综合国力的不断提升,走向未来的高中教育也将会分得更多的"蛋糕"。作为一只看不见的手,高中教育质量监测应当更加"有力","兜住"规模越来越庞大的高中教育,推动其向着教育现代化的目标前行。

---

① 汪琪.区域教育质量监测体系研究[M].杭州:浙江大学出版社,2015:45.
② 杨明,赵凌,李舜静.北仑机制:区域基础教育质量评价研究[M].杭州:浙江大学出版,2013:136.

第三章 外国高中教育质量监测制度及方式

监测制度与方式的构建为教育质量的稳固均衡提升提供保障。外国诸多国家建立了体系化的教育质量监测制度,采取了多样化的教育质量监测方式。具体来看,美国、英国、法国、德国、俄罗斯与日本各国均有其独特的高中教育质量监测体制,均展现出高质量的监测水准与效果,这为我国高中教育质量监测制度与方式的完善提供了宝贵的经验与启示。

第一节 美国高中教育质量监测制度与方式

美国实行K12学制,包括学前至中学阶段共12个年级,具体分为6年学前教育和小学教育、3年初中教育与3年高中教育。美国高中教育注重维护教育公平、维护每个学生的受教育权利,并以此作为检验教育质量的标准,形成了连贯有序的教育质量监测制度与方式体系。

一、美国高中教育质量监测背景

美国是联邦共和立宪制国家,其教育行政组织管理体制为地方分权制,教育权力归属于地方。联邦政府仅对地方教育行政部门和高校有指导培训和服务的职能,并不直接参与各高校的组织管理工作。[①]美国的州教育委员会的职责包括任命州教育厅厅长、选拔州教育厅的主要官员和公务人员、负责州教育厅的各项财务预算、决定当地公立学校的教育大纲和教学内容以及教学质量标准、定期修改完善教育计划、开展教育项目研究工作等。[②]美国高中生综合素质评价主要依靠政府宏观调控,高校组织实施,教育考试机构提供服务,高中学校提供课程与成绩,其他相关组织机构与个人提供证明。[③]

21世纪以来,美国面临着诸多挑战:联邦政府与地方各州政府面临着金融赤字困扰;国内移民问题影响国家统一与凝聚力;科学技术发展方面也面临着全球化的迅速发展、信息化的普及与推广的挑战;在教育领域,基于种族问题产生的教育公平问题亟待解决,比如,"加利福尼亚州和得克萨斯州,我们未能让未来的大多数人在高中和大学毕业时做好准备,这对这些州的经济和社会的未来构成了非常直接的威胁。在成功依赖于知识的世界经济中,随着进入劣质隔离学校的儿童比例继续上升,美国主要地区面临着平均教育水平下降的威胁"[④]。美国中小学生读写与计算能力低,其在全球范围内的教育优势地位、领先地位受到打击。基于诸多问题与来自各个方面的挑战,美国必须充分提高教育质量,做好教育培养的人才与社会发展的衔接。这就需要发展与完善教育质量监测制度与方式,以保障教育质量的提升。

二、美国高中教育监测制度

通过修订与颁布一系列的政策法案,美国完善了自身的教育质量监测制度,为监测的实施提供了保障。综合来看,美国高中教育质量监测制度注重教育公

---

① 王小明.普通高中学生综合素质评价机制的现状及启示——基于美、英、日、韩等四国的比较研究[J].教育探索,2017(1):114-121.
② 殷坤.浅析美国教育行政体制及对我国的启示[J].山西青年,2019(1):121-122.
③ 王小明.普通高中学生综合素质评价机制的现状及启示——基于美、英、日、韩等四国的比较研究[J].教育探索,2017(1):114-121.
④ Orfield, Gary. Reviving the Goal of an Integrated Society: A 21ˢᵗ Century Challenge[R]. *The Civil Rights Project/Proyecto Derechos Civiles at UCLA*, 2009:3.

平,提倡教育的均衡发展,注重通过财政投资方式鼓励教育公平,倾向于以测验形式保证结果的客观性与科学性。美国尤其注重教师的教学质量,以为学生的发展提供保障。

(一)《不让一个孩子掉队法案》[①]

鉴于美国教育失去了在全球范围内的优势地位、中小学生的读写与计算能力低下问题,布什总统于2002年签署了《不让一个孩子掉队法案》(*No Child Left Behind*, NCLB),面向全体初等、中等教育对象,以确保所有儿童都有公平、平等和重要的机会接受高质量的教育,达到国家学术成就标准和国家学术评估的水平,力争做到联邦范围内所有的学生在阅读和数学学科方面达到相应的标准,实现改变美国基础教育的现状、提升基础教育质量的目标。

该法案的主要内容包括:第一,明确了提高教育质量的重要地位,注重评估学生学业质量,明确以收集数据的方式对各州学生进行评估,注重对学生的数学、阅读与语言能力的评估,建立对学校的学科建设、教学质量的评估问责机制。第二,关注教师教学质量与校长领导能力。鼓励教师参与培训以提高教学能力,提高教师的阅读能力,实行教师入职考核,并为教师的专业发展提供资金与技术支持。除此之外,法案提出要制定与实施校长专业发展计划。第三,注重语言教学,满足学生尤其是移民儿童的语言学习需求。第四,以财政拨款与提供资金的方式来发展与保障教育质量,包括以财政拨款的方式资助特殊群体学生与弱势贫困儿童;以财政奖励的方式鼓励教师与校长的专业发展;通过财政拨款的方式改善各州的教育质量。

该法案关注教育公平,尤其注重提高教师素质,实现教师资源的均衡。同时,注重通过评估与问责的方式来提高教师教学与学校管理质量;注重通过在联邦范围内进行测验考试来检验学生的学业成果,增加了学业质量的可比性。然

[①] 本章涉及的外国高中教育质量监测制度与方式及其相关法律法规与政策文件,主要来源于相关国家政府部门网站。后同。

而,由于该法案在各州落实过程中存在差距、鼓励与倡导的标准化考试也带来诸多问题而备受争议。尽管如此,该法案将教育质量的提升摆在了重要位置,提出为教育质量提升提供财政支持,关注学生学业水平、教师与校长教学管理水平与学校发展,为美国教育变革提供了一定的政策支撑。[1]

(二)《改革蓝图:重新授权〈初等和中等教育法〉》

为响应《2009年美国复苏和再投资法案》,同时为改善《不让一个孩子掉队法案》提出的标准化考试所带来的负担与困境,奥巴马政府于2010年颁布《改革蓝图:重新授权〈初等和中等教育法〉》(A Blueprint for Reform),提出要发展世界性教育,完善教育公平,为高中毕业生的入学与就业做好准备,以"每个教室都有一个好老师,每个学校都有一个好校长"为目标。该法案提出发展教育应主要做到以下四方面:第一,提高教师和校长管理成效,以确保每个教室都有一位好老师,每个学校都有一位杰出的校长;第二,向家庭与教师提供相关信息与资料,帮助他们改善学生的学习;第三,实施大学和职业准备标准,并制定、改进与标准一致的评估制度;第四,为落后学校提供支持和有效干预,提高学生的学习成就。

该法案体现出三个特点:第一,注重教育公平,注重学生毕业质量与职业生涯发展,力求做到机会公平;鼓励、奖励优秀教师与校长,做到教育实施公平。第二,注重提高评估质量,投资开发与建立高标准评估体系,鼓励进行全州评估,为反馈与改善教学、确保学生毕业质量与教师教学质量提供保障。第三,以投资拨款的方式支持教育公平、提高教育质量,为弱势群体儿童提供资助。

该法案在维护教育公平、以提高教师质量来促进与保障教育质量、更新评估系统以监督教育质量,并以资金拨款的方式改革教育制度等方面的一系列做法具有前瞻性意义,为美国教育的进一步变革提供了借鉴。

---

[1] 曹洪."不让一个孩子掉队"法案之回顾与启示[J].外国中小学教育,2008(2):59-61,50.

(三)《州共同核心课程标准》

为了提高高中毕业生的质量,确保学生更好地步入社会,2010年,美国州首席校务官委员会(CCSSO)与全国州长协会最佳实践中心(NGA中心)共同颁布《州共同核心课程标准》(*Common Core State Standards Initiative*,CCSS),制定统一的数学与英语语言艺术课程标准,开发资源和辅助材料,并且分阶段制定学生知识与能力的要求。

该标准的制定与实施能够为整体教育质量的均衡发展提供保证。分阶段目标与任务的制定满足不同阶段学生发展的需要。比如,其中颁布的《数学共同核心课程标准》,制定了八项数学实践标准,注重问题解决能力、推理能力以及运用数学的能力,改进数学课程教学、专业评估和学生学业成绩;同时详细制定了从幼儿园到高中毕业各年级不同的学习任务与内容,在高中阶段明确了数学学习的各个知识板块以及相关的能力要求,形成了学生能力培养的具体策略。标准由41个州、哥伦比亚特区、4个地区和国防部教育活动部共同采用,基本实现了全国统一核心课程标准的使用。

该标准的颁布,实现了全国范围内标准划一、各州一致的课程,提供了学习的导向,也为全国范围内的教学质量评估奠定了基础、提供了参考凭据;为各州之间相互学习、交流与借鉴提供了政策平台,并进一步完善了教育教学实践。

(四)《教育领导政策标准:ISLLC 2008》

美国州际学校领导者证书协会(ISLLC)于2008年颁布了更名为《教育领导政策标准:ISLLC 2008》的新标准,规定了教育领导者的重要任务是改善教学,提高学生的学习质量。该标准从六个方面提出了要求,并规定了相关的职责任务(见表3-1)。该标准注重完善用来评估学校领导者的方式与体系,制定学校领导者绩效评估指标。该标准对教育领导者、学校管理者的权威性要求为学校办学质量、学生学业质量的提高提供了保障。

表3-1 《教育领导政策标准：ISLLC 2008》相关规定

教育领导者标准	教育领导者职责									
促进利益相关者共享、开发、表达、实施和管理共同学习愿景	A.合作开发和实施共同的愿景和使命	B.收集和使用数据来确定目标、评估组织有效性和促进组织学习	C.制订并实施计划以实现目标	D.促进持续和可持续的改进	E.监控和评估进展并修订计划					
倡导、培育和维持有利于学生学习和员工专业成长的学校文化和教学计划	A.培育和维持合作、信任和理想的文化	B.创建一个全面、严谨、连贯的课程计划	C.为学生创造个性化和激励性的学习环境	D.监督教学	E.开发评估问责系统来监控学生的进步	F.发展员工的指导和领导能力	G.最优化高质量教学时间的运用	H.促使使用最有效和最合适的技术来支持教学	I.监控和评估教学计划的影响	
确保对学校的组织、运作和资源的管理，以创设一个安全、高效和有效的学习环境	A.监控、评估管理和运营系统	B.获取、分配、调整和有效利用人力、财力和技术资源	C.促进、保护学生和员工的福利与安全	D.培养领导者的分布式能力	E.确保教师和组织的时间集中在支持高质量的教学和学生学习上					
与教师和社区成员合作,回应不同的社区利益和需求，并调动社区资源	A.收集、分析与教育环境相关的数据和信息	B.促进对社区多元文化、社会智力资源的理解和利用	C.与家人和照顾者建立并保持积极的关系	D.与社区合作伙伴建立并保持富有成效的关系						
以正直、公平和合乎道德的方式行事	A.确保为每个学生的学业和社会成功建立一个责任体系	B.建立自我了解、反思实践、光明磊落和符合伦理行为的自动化规范	C.捍卫民主、公平和多样性的价值观	D.考虑和评估决策的潜在道德与法律后果	E.促进社会公正，确保学生个人需求贯穿学校教育的各个方面					
理解、回应和影响政治、经济、法律和文化背景	A.联系儿童的家庭和照顾者	B.采取行动,促使地方、地区、州和国家产生有利于学生学习的决策	C.评估、分析和预测新兴趋势和计划,以调整领导策略							

(五)《每一个学生都成功法案》

基于《不让一个孩子掉队法案》的负面争议,奥巴马政府于2015年颁布了《每个孩子都成功法案》(Every Student Succeeds Act,简称ESSA),提出教育目标是为所有儿童提供接受公平、公正和高质量教育的重要机会,并缩小教育成就差距。该法案强调提升地方发展教育的积极性,为地方机构与各州教育提供技术援助和支持系统,分配给当地教育机构资金;注重培养高质量的教师和学校领导者,要求各州进行教师质量认定与教师培训,为教师和学校领导者开发严格透明与公平公正的评估和支持系统,教师联合参与学校计划的制订与改造。该法案提出要创建21世纪学校,促进中学生向高等教育升学或就业过渡,毕业生要获得普通高中文凭;实施特许学校计划,推广建设特许学校。

该法案的颁布促进了教育质量的均衡发展,提高了地方办学的自主性与学校办学的积极性,提高了教师的专业水平与质量,从而助推美国教育质量提升。

三、美国高中教育质量监测方式

美国的教育质量监测以第三方数据监测为主要形式,通过建立多种评估平台,为本国内各州教育质量比较、国际范围内各国教育发展提供依据与借鉴。

(一)学生学业质量监测

在学生学业质量监测方面,美国注重采取数据统计的方式,获得直观的数据资料,形成对学生学业情况的直观把握。

1. 国家教育统计中心(NCES)

美国国家教育统计中心隶属于美国教育部和教育科学研究所(IES),通过收集、分析教育数据,汇报教育情况,反映美国教育的进展。针对高中学生学业质量,NCES开展高中成绩单研究(HST),收集高中学生的学习信息,包括学生参与的课程以及学生的期末成绩、获得的学分、班级排名信息等,根据通用指标将其标准化，从而形成便于评估的数据，分析推测教育教学成果。

除此之外，NCES还参与国际教育活动，旨在提供其他国家教育系统和机构活动与成果的指标数据，进行比较从而提供改革与完善的数据资料。在与其他国家的教育成果进行比较的过程中，人们可以进一步了解美国的教育实践和教育进展情况。NCES履行制定国家教育评估政策的职责，并且支持其执行。

2. 国家教育进步评估（NAEP）

国家教育进步评估由美国国会授权，由NCES管理，是NCES对美国中小学生在学术领域所知所能的主要评估，也被称为"国家的成绩单"，是唯一一种具有全国代表性和持续性的评估美国学生在各个学科领域的知识和能力的监测方式。评估对象为4年级、8年级和12年级的学生，评估内容有阅读、数学、科学、写作、美国历史、公民、地理和艺术。通过呈现国家、州、地区不同区域学生的比例分数与NAEP成就水平中学生的百分比，了解不同区域的教学质量差异，以及学生成绩与学业质量情况。NAEP体现出的教育与评估标准的重要作用，为教育决策者、教育工作者提供了重要的参考依据。

3. 国际成人能力评估计划（PIAAC）

国际成人能力评估计划也被称为国际成人技能调查（ISAS），是在经济合作与发展组织（OECD）主持下开展的一项周期性、大规模的研究，目标是评估和比较世界各地成年人的基本技能和广泛的能力，着重评估社会参与与促进经济发展所需的认知和工作技能。PIAAC以多种语言进行数据收集，所有参与国严格遵守调查设计、评估实施和结果报告的商定标准。

PIAAC的评估对象为16~65岁的成年人，评估内容包括从阅读简单的文章到复杂的解决问题的能力，包括成功参与21世纪社会和全球经济所需的三项关键能力：读写能力，即理解、使用和适当回应书面文本的能力；计算能力，即运用基本数学和计算技能的能力；数字问题解决能力，即在数字环境中访问和解释信息以执行实际任务的能力。

4.学术能力评估测试(SAT)

学术能力评估测试用来测评学生个人学习水平,其成绩是高中毕业生申请美国名校学习及申请奖学金的重要参考。2014年,美国大学理事会首席执行官戴维·科尔曼宣布将对SAT进行改革,新题型于2016年春季正式启用,于3月首次实施。通过加强SAT与学校课本内容的联系,从而更加贴切地反映《州共同核心课程标准》的内容,且具有较强的灵活性。

(二)中小学校长评估(ISLLC)

美国主要采用中小学校长评估作为办学主体、领导者的能力评估的主要方式,通过形成评估标准,同时根据时代与社会的需要不断进行调整更新,切实发挥评估的有效作用。

1.ISLLC的目的与作用

中小学校长评估旨在为州教育部门和地区提供一个评估框架,以便于教育领导者了解如何最好地支持和帮助每个学生充分发挥其潜力。采用或调整相关标准具有重要作用:标准可以告知学校和地区如何招募和培养领导人,各州和地区可以由此制定政策,进而评估教育领导者的行为,指导教育领导者的职业发展。标准能够确保每个参与培训的人都清楚地了解社会对教育领导者的期望,以及教育领导者的理想形象,从而为契合优秀领导者的目标而努力。这些标准描述所有学校和地区领导人的责任,适用于领导者培养的每个阶段,因此可以作为有效地准备、开发、支持和评估标准的校准系统基础。

2.2015年ISLLC标准

(1)以学生的学业成功与幸福为共同愿望。

(2)教育领导者倡导和支持能最大化学生学习和成就的教学和评估。

(3)教育领导者管理和发展员工的专业技能和实践,以推动学生的学习和成就。

(4)教育领导者建设具有关怀和包容特色的学校与社区,致力于学生的学习、学术成就和每个学生的幸福。

(5)教育领导者有效协调资源、时间、结构和自身角色,努力提高教师和其他教学工作人员的教学能力。

(6)教育领导者与家庭及社区合作,促进和支持学生的成功。

(7)教育领导者进行有效的管理,协调管理运作。

3.变革型教育领导者应具备的核心素质

教育领导者应具备基本的变革意识,以及持续改进的长远意识,能够根据教育现状形成改进计划与方案,通过研究与分析数据背后反映的问题,制订相关计划,评估实施结果,不断优化自身的行动框架。变革型教育领导者应具备八项核心特质:第一,以成长为导向,力求实现学生成功的共同愿景;第二,协作能力,共同承担责任和工作;第三,创新能力,打破既定的做事方式,追求全新、更有效的方法;第四,分析能力,及时进行数据收集与分析;第五,伦理意识,能够明确而有意识地遵循法律、政策和原则;第六,变革的意志力;第七,反思能力,通过反思和总结,形成实践智慧;第八,重视公平,确保对所有学生公平、公正对待。

(三)教师教学质量监测

美国形成了国家专业教学委员会指导下的教师认证、教师教学与学习国际调查方式,监测教师教育质量,进而提高教学质量。

1.国家专业教学标准委员会(NBPTS)

国家专业教学标准委员会由教育工作者和专家组成,旨在制定和完善优秀教师教学标准,并向在学前教育至12年级工作的教师提供与颁发16个内容领域的专业证书。国家专业教学标准委员会形成了优秀教师标准,包括致力于学生的学习与自身进修;熟悉教授的科目以及相关教学方法;管理和监督学生的学习;善于反思自身教学经历,从实践经验中学习;参与社区学习等五项核心命题。

教师获得专业认证的条件为:持有学士学位和有效的国家教学许可证;必须完成3年的教学。在认证有效时长方面,教师应每10年更新一次认证。教师认证过程包括四个部分:内容知识;差异化教学;教学实践和学习环境;有效的反思性实践。参与认证的教师将获得每个部分的评估分数,相关部门根据分数进行优秀教师认定。

2.教师教学与学习国际调查(TALIS)

教师教学与学习国际调查是关于教师、教学工作条件和学习环境的调查,由经济合作与发展组织主办。调查由教师问卷和校长问卷组成,通过询问教师的背景、工作环境、专业发展以及对教学的信念和态度开展调查。教师教学与学习国际调查人群覆盖小学到高中,是唯一一项收集具有全国代表性的教师样本数据的国际教育比较研究,提供了有关教师和校长的关键信息,能够对他们的工作和学习环境进行国际范围内的比较。表3-2为2018年对世界各地教师工作满意度的调查数据。

表3-2 2018年教师工作满意度跨国比较(单位:%)

	当教师好处多于坏处	如果我能再做决定,我还会选择当教师	我后悔决定当一名教师	我想知道是否应选择另一种职业	我对我的工作很满意
爱沙尼亚共和国	80	74	6	30	94
亚伯达(加拿大)	90	86	4	33	93
上海(中国)	77	77	13	38	90
OECD	76	76	9	34	90
韩国	86	67	19	39	89
新加坡	85	82	8	48	89
芬兰	92	79	6	34	88
台北(中国)	77	78	13	61	87
日本	74	55	8	30	82
英国	72	69	13	52	77

四、美国高中教育质量监测特点

美国高中教育质量的监测制度与方式主要有以下特点。

在监测制度设置上,首先,注重通过保障教育公平来提高教育质量。美国形成的教育质量监测制度保障、制定的一系列法律法规政策均立足于美国国情需要,用于缓解种族问题、移民问题引起的教育领域的矛盾,解决教育领域出现的不公平现象;既注重教育机会均等,以及教育的普及与推广,又具体到每个学生的成长与发展,确保教育公平的落实。其次,设置形成明确的课程标准,注重监测内容的规范化与体系化。形成的州核心共同标准、教育领导政策标准,能够对各地方、学校与教师的教学设计、教学实施过程发挥指导作用,均有利于提高教学实施的质量与效率。

从监测方式来看,第一,注重监测工具的数据化。美国采用的学术能力评估测试等方式,通过对数据进行多重处理,分析教师教学、学生学业水平成果,促使呈现内容具有代表性与客观性。第二,注重保障监测对象与监测推广范围的国际化。美国的国际成人能力评估计划、教师教学与学习国际调查将监测范围扩大到国际,形成教育质量监测的广泛参与,这一过程有利于了解多国学生、教师的发展现状与教育现状,明确本国教育在国际范围内的地位,明确本国教育发展的不足与优势,从而为本国的教育发展与进一步完善、教育地位的巩固与提升提供借鉴。

第二节 英国高中教育质量监测制度与方式

英国学校教育分为学前教育、初等教育、中等教育、高等教育与继续教育五个阶段,其中学生在16~18岁时进入的中学高级班即英国的高中,是学生进入大学继续深造的衔接阶段,也是学生参与职业、步入社会的过渡阶段。基于对高中教育职能的定位,英国对高中教育质量的监测既注重学生升学与就业的成功率,又注重教育社会职能的发挥。

一、英国高中教育质量监测背景

英国实行议会制君主立宪制,其教育行政管理体制有中央和市(郡)两级,中央教育行政部门的职能较多,负责治理全国的教育事业。现行的教育行政组织管理机构包括中央教育行政组织管理机构——教育与技能部和地方教育行政组织管理机构——地方教育局。[①]

21世纪以来,随着信息化的发展,社会职业要求与期待的提高,继续教育需要进一步更新,教育需要发挥社会职能。"为了让下一代学生真正为他们将居住的世界做好准备,需要一致地重新关注如何提升这些技能。"[②]英国由此提出重视提高学生的职业技能,培养学生的数字素养。尤其是针对16岁之后面临就业、培训与高等教育的学生群体,更加强调"创造力、批判性、元认知的思维方式、沟通与协作能力、信息和通信技术素养以及公民身份和文化能力"[③]的培养。同时,针对社会上存在的青少年犯罪与反社会行为、健康质量不高,以及少女怀孕与流产问题,需要反思与调整对学生的培养目标与培养方式,以教育来规范学生的行为,减少学生的不良习惯。这就表明需要改善并形成适切的教育质量监测制度与方式,完善对教育质量的监测。英国高中教育质量监测注重通过测评考核的方式,保障入职教师质量、保障高中毕业生的学业质量;同时联合相关政府机构,提高监测的权威性地位。

二、英国高中教育质量监测制度

英国关注每位学生的成长需要与生存状况,以学生健康成长为主旨;注重教育连贯性,注重高中阶段教育的普及程度与16~19岁青少年的教育参与程度,注重青少年的学历与受教育程度,并为学生的升学与就业做准备。

[①] 王小明.普通高中学生综合素质评价机制的现状及启示——基于美、英、日、韩等四国的比较研究[J]. 教育探索,2017(1):114-121.
[②] White, Jon. 21st Century Skills: A Perspective from England[J]. *e-Pedagogium*, 2015, 2: 58.
[③] White, Jon. 21st Century Skills: A Perspective from England[J]. *e-Pedagogium*, 2015, 2: 53.

(一)《每个孩子都重要:为孩子而改变》

针对社会上存在的青少年犯罪与反社会行为、健康质量不高以及少女怀孕与流产问题,英国于2003年颁布了《每个孩子都重要:为孩子而改变》(*Every Child Matters: Change for Children*)法案,覆盖对象为从出生到19岁的所有儿童与青少年,以"保护儿童与青少年"为思想指导,既保护儿童与青少年群体的健康与安全,又保障其教育与发展,减少儿童与青少年的不良行为的发生概率。

该法案提出,要确保儿童和青少年接受教育和培训,以提高其素质与受教育程度,提高劳动者的学历水平。该法案注重提供财政支持,尤其对于弱势群体儿童与青少年,以财政拨款的方式使学生接受教育与培训;强调建立共同评估框架,引入个人学习计划,减少不必要的评估,建立持续监测与动态的评估过程;要求地方教育当局根据学生的评估结果制定变革方案。

该法案以儿童与青少年的生命与成长作为教育的旨归,力求教育公平,保障了学生发展的质量。该法案体现了全纳教育思想,面向所有学生,考虑弱势群体儿童与青少年的处境,旨在改变处境不利孩子的状况,努力创造公平的环境,尽最大可能缩小差距。该法案鼓励16~19岁的青少年继续接受教育,并发放教育津贴以提供资金保障,这既有利于学生融入社会、参与社会生产,又为社会的稳定与发展做出了贡献。除此之外,该法案重视评估的作用,尤其注重对学生的评估,建立评估框架,保障评估质量,有利于地方与学校的教学质量改进,提高学生发展的质量。

(二)《教学的重要性:2010学校白皮书》

鉴于国际学生评估项目调查的成绩排名下降,英国颁布了《教学的重要性:2010学校白皮书》(*The Importance of Teaching: The Schools White Paper 2010*),提出要提高教师质量与教学质量的相关举措。

该法案提出进行教师与校长的培训,注重教师的课堂教学实践与教学技能的训练,对教师进行职前培训。该法案强调树立与增强教师威信,建立健全课程评估与资格认证制度,在学段过渡期进行评估,以形成完整的评估记录并反馈给家长;鼓励16岁后的学生接受职业培训;鼓励与支持学校自治,增加学校的自主权,支持每个学校形成自己的特色,支持学校自我改进与自我完善;改革学校资助体系,建立"学生奖励计划"以资助贫困学生。针对16~18岁学生,该法案提出应加强该阶段职业教育培训,提高学生的就业水平;同时,提出该阶段学生享受与大学生同等水平的资助,加大经费的支持与投入力度,以确保其完成该阶段的教育。

该法案注重通过改善影响学生发展质量的外部条件,给予教师与校长更多的办学自主权,促进教师教学质量与校长的领导管理质量的提高,保障教师与校长的专业发展,保证学生成长的直接接触者的质量,从而改善了影响学生发展的人力资源环境,提供了促进质量发展的外部条件支持。同时,其将高中阶段教育培养的着重点放在职业教育上,对后期学生的自主选择以及社会参与、自身发展都发挥了重要作用。

(三)《14—19:拓展机会,提高质量》

《14—19:拓展机会,提高质量》(*14-19: Extending Opportunities, Raising Standards*)致力于教育阶段的连贯性建设,以16岁为过渡点,强调14~16岁与16~19岁两个教育阶段之间的连续性,提高16~19岁青少年的教育参与度。该法案关注低成就学生的就业问题,通过更新评估方式,确保所有学生尤其是发展较慢的学生有平等的机会。

该法案注重课程内容革新,将职业教育与公民教育内容引入14~16岁课程培养方案中,将学习与就业经验联系起来,建立职业课程与基础知识之间的联系,同时鼓励学生树立公民身份意识,学习相关的公民知识,给予学生职业选择权;改善职业准入的要求,鼓励身体残疾与障碍的青少年参与职业,投入工作中;关注低成就学生的就业问题,改革成绩评估指标,从注重普通中等教育证书

(GCSE)的外部评估到注重内部评估转变,设计与GCSE同等质量的评估平台,减弱GCSE评估的独断性以及大量集中的评估带给学生的压力;倡导预科文凭模式,为学生提供广泛的学习机会与学习领域,形成不同级别的评估,使学生累积形成成就,尊重与支持学生的非全日制学习选择,同时鼓励学生接受全日制教育;给予学生更多的选择职业与学习的机会与权利,加强对学生的职业教育与指导;引导学生了解就业市场情况、工作角色要求,使其对职业具备全面清晰的了解,清楚自身的优劣势,从而选择适合的职业方向。

该法案体现了生本教育思想,真正关注每个学生的处境与发展,尊重不同学生的差异,通过改革评估方式为学生提供灵活多样与人性化的评估方式。同时,该法案表现出对职业教育的关注,解决学生的就业问题,为学生融入社会、适应社会提供保障;同时,注重保障教育公平,既实现了每个学生的个性发展,又促进了整体教育质量的提高。

(四)普通中等教育证书

英国普通中等教育证书(The General Certificate of Secondary Education,GCSE)用以认证学生的学业质量与学科成就。为满足学生就业与入学的需要,以及实现先进教育水平的目标,英国教育质量署改革普通中等教育证书,进行严格的评估,为学生的成绩提供切实可靠的参考标准。

普通中等教育证书的改革涉及广泛学科,2013年出版英语语言、英语文学和数学的科目内容,并于2015年9月实施教学;2014年4月出版古代语言、历史、地理、科学和现代外语的科目内容,并于2016年9月开始首次教学;2016年开始进行艺术和设计、公民研究、计算机科学、舞蹈、设计和技术、戏剧、音乐、体育和宗教研究的改革。

该证书以考核测评的方式衡量学生的综合能力。改革后的证书考核既关注学科质量,又为学生综合质量的提升提供考核标准;涉及众多知识领域,兼顾学术学习与职业技能训练,不仅体现了对所有学科整体水平提升的重视,同时也体现了对学生进行广泛学习的鼓励、肯定,注重对学生生活技能的培养,为学生的未来生活与就职就业做准备。

三、英国高中教育质量监测方式

英国高中教育质量监测注重通过测评考核的方式,保障入职教师质量、保障高中毕业生的学业质量;同时,联合相关政府机构,提高监测的权威性地位。

(一)学生学业质量监测

英国注重发挥课程与资格管理局的作用,同时不断完善学生证书考核,形成了学生学业质量监测的方式方法。

1.课程与资格管理局(QCA)

课程与资格管理局是英国政府机构,负责保证标准和规范资格的运作,并咨询、制定和支持英国学校课程及其实施。课程与资格管理局致力为所有学习者提供持续发展和进步的机会,提供以之为目标的最高标准;对所有学习者的成就进行评定与给予认可,并提供相关的建议和指导;确保提供适当的学习、评估和资格认证机会,使所有学生能够充分有效地参与学习过程。自2004年起,课程与资格管理局强调关注处于第四关键阶段的学生,即处于高中教育阶段或大学预备阶段的学生,使他们加强与工作内容相关的学习,通过在工作环境中进行有计划的工作实践获得工作经验、发展知识、掌握具有实用性的工作技能,进而为自己未来的职业生活做准备。基于此种倡导,课程与资格管理局也加强了对学生的学习态度、学习过程与学习质量评价的调查分析。[1]

2.普通中等教育证书(GCSE)

英国学生通过参与普通中等教育证书考试,获得普通中等教育证书,作为学生的基本资格证书以及完成义务教育的中学阶段的成绩证明。普通中等教育证

---

[1] Judith Wade.Including All Learners: QCA's Approach[J]. *British Journal of Special Education*, 1999:80-82.

书考试涉及英语语言、文学、数学、生物、化学、物理、综合科学、地理和历史等多个学科,评核重点时段为高中(即关键阶段四)结束时段。获得普通中等教育证书的学生既可以直接进入就业市场,也可以继续进修以为升学做准备。

英国政府于2016年对普通中等教育证书进行改革,改革标准参照课程的难度与适宜度,以及与学生接受学术和职业教育知识的符合程度。改革涉及艺术设计、舞蹈、计算机科学、音乐和体育学科,扩充了普通中等教育证书科目的内容范围,从而为学生提供更充实和要求更高的课程,以确保更好地为学生接受高等教育和就业做准备。

3. A水平证书

A水平证书对应于英国第12、13年级,即年满16岁的学生,是英国学生进入大学前的测试获得的主要证书。通过A水平证书考试后,学生可以根据成绩自由选择意向大学。

英国政府同样于2016年对A水平证书在舞蹈、音乐和体育教育方面实施改革。新的A级内容旨在与学生的本科学习建立密切联系,要求考试内容反映学生本科期间的学习重点,反映未来就业所需要的技能和知识。为了尽可能保证A水平证书考试公平,英国考试委员会对其实施状况进行监督,并于2018年实行。通过监督了解实施情况与预期间的差值,从而进一步改进与完善。

4. T水平证书

T水平证书是国家技术资格框架,是针对16~19岁年轻人的新的高质量两年技术课程。作为技术教育的一半,T级将与学徒制并列,并将为学生提供必要的实用技能、知识和行为,以使其在技术就业或进一步的学习中保持优势地位,能够获取更高的技术资格,更高的学徒制、学位学徒制和技术学位。T水平证书确保为下一代配备与提供职业成功所需的技能和知识,涵盖广泛的科目。T水平证书能够改善英国的技术教育和培训,使其能够与欧洲同行提供的顶尖系统竞争,为青年一代的就业与工作做准备。

英国分别于2017年和2018年发布了两个T水平行动计划,提供了自2016年后技能计划发布以来英国在制定和实施T级计划方面的最新进展。2019年发布第三个T水平行动计划,旨在为个人和相关组织提供最新的T级计划实施情况。

(二)学校办学质量监测

英国注重以内外部评估的方式评估办学质量,由国家教育标准局进行外部评估,结合学校自我治理与评估,形成完整的学校办学质量监测体系。

1.英国国家教育标准局(Ofsted)

英国国家教育标准局对学校进行的外部评估,通过检查报告学校的优缺点,以及造成缺点的因素,改善与保障公立学校的质量。英国国家教育标准局不仅对学校实施定期检查,还正式要求学校及其管理者向家长报告,定期进行财务审计。

从21世纪初开始,英国国家教育标准局更加注重学校的自我评估,鼓励学校了解自己存在与面临的问题,进行自我评价,反思自身优缺点,制定相应的改进策略;同时提出校长需要将学校自我评估作为预审报告的一部分,从而将其作为自我评估的重要依据,作为检查过程的一部分。[1]

2.学校的自我治理与评估

英国政府鼓励学校进行自我监测与评估。在学校自我管理过程中,学校理事机构负责监督校长,学校高级领导人负责学校的日常运作,并提出相关意见与建议。学校理事机构重点关注学校的愿景和战略方向,要求学校领导者对其教育表现负责,并且确保财政资源得到妥善利用。学校理事会的工作与要求包括:定期审查自己的业绩,并发布年度报告来解释其履行职责的情况;制订和维持授权计划,明确规定在哪一级行使其各项职能;作为整体保留对核心职能的监督;确保有高质量的专业职员以维持理事机构的有效运作;出席会议对重要事项进行投票。

---

[1] David Plowright.Self-evaluation and Ofsted Inspection[J].*Educational Management Administration & Leadership*,2007:374.

3.学校绩效评估指标(School Performance Measures)

英国教育标准局长期以来旨在通过改革学校和学院的问责制度,设定更高的期望,使该制度更加公平和更加透明。英国教育标准局于2016年首次颁布并形成了五项主要衡量标准,分别为进步状况、成绩、英语和数学进步状况、保留率和目标。该项标准旨在进行学校和大学表现的全面状况的监测,在帮助学生做选择,协助学校进行自我评估、标准局检查政府的绩效管理方面发挥重要作用。

4.国家职业资格证书(NPQ)

新型国家职业资格证书于2021年9月提出,用以帮助教师与学校领导者拓宽和深化自己在专业领域的专业知识。国家职业资格证书包括诸多种类:适用于有责任领导学校其他教师发展的教师的"国家教师发展专业资格认证"(NPQLTD);适用于有责任在学校实施领导行为和支持学生健康的教师的"国家领导行为与文化专业资格"(NPQLBC);适用于在某一学科、年级、关键阶段或阶段担任领导教师的"国家领导教师职业资格证书"(NPQLT);适用于正在或希望成为跨校高级领导者的学校领导者的"国家高级领导专业资格证书"(NPQSL);适用于校长或负责领导学校的校长的学校领导者的"国家校长专业资格证书"(NPQH);适用于行政校长或担任学校信托首席执行官,以及负责领导几所学校的学校领导者的"国家行政领导专业资格证书"(NPQEL)。

国家职业资格证书建立学校领导者资格评价框架,主要包括学校文化、教学、课程设置与评价、学校运行、特殊教育需要、专业发展、组织管理、实施原则、伙伴关系、治理问责十个方面。资格评价能够发展灵活的专业知识,让学员提前适应与应对各种挑战;能够为学员提供共同讨论和辩论的渠道,从而促进集体专业知识的发展。

(三)教师教学质量监测

在教师教学方面,英国主要以制定教师标准、进行教师认证与教师培训、开展教师资格认定作为其质量监测的主要方式。

1. 教师标准

教师标准明确规定了教师实施自我评估的领域,规定了获得合格教师资格的教师的最低实践水平。教师标准用于评估所有参加资格考试以及进入法定入职期的教师。

教师标准主要包括教师的教学标准与教师的职业行为标准两个部分。在教师的教学标准方面,教师应该:设定高期望值,激励和挑战学生;促使学生取得良好的进步和成绩;掌握牢固的学科和课程知识;制订课程计划,实施结构性课程教学;实施具体灵活的教学;进行有效评估;有效管理学生行为,确保良好安全的学习环境;履行更广泛的专业职责。在教师的职业行为标准方面,教师应该:维护公众对专业的信任,并在学校内外保持高标准的道德和行为;对任教的学校的风气、政策和做法有适当和专业的尊重,并在自己的出勤和守时方面保持高标准;理解并始终在规定其专业职责的法定框架内行事。

2. 初始教师教育认证(ITE)与初始教师培训(ITT)

初始教师教育认证是教师专业质量的保证,是确保提高学校教育绩效的重要因素。规划初始教师教育认证计划课程,有助于更具体地考虑这些课程将如何提高教学质量,并吸引具有适当技能、资格和能力的准教师进入教师职业。

英国还建立了初始教师培训核心内容框架,作为教师培训和发展体系。核心内容框架围绕教师标准提出,不用作评估框架。在教师初始培训结束时,将继续根据教师标准颁发合格证书,支持学员在5个核心领域——行为管理、教学、课程、评估和专业行为——继续发展。核心内容框架分为8个部分,以与教师标准一致(见表3-3)。

表3-3 教师标准与ITT核心内容框架比较

教师标准	ITT核心内容框架
设定高期望值,激励与挑战学生	教师的高期望
促使学生取得良好的进步和成绩	学生学习方式

续表

教师标准	ITT核心内容框架
掌握牢固的学科和课程知识	学科与课程
制订课程计划,实施结构性课程教学	课堂教学实践
实施具体灵活的教学	自适应教学
进行有效评估	评价
有效管理学生行为,确保良好安全的学习环境	管理行为
履行更广泛的专业职责	专业行为

3.合格教师资格认定(QTS)

合格教师资格认定由英国教学条例局(TRA)进行并授予证书,获取合格教师资格证书的教师需要接受初始教师教育认证,证明自己的教学能力水平。教师的入职培训主要包括个性化的专业发展计划和支持与接受教师标准的评估两个部分。除此之外,英国教育和培训协会(SET)与教育部紧密合作设立合格教师学习与技能认定(QTLS),作为等价于合格教师资格认定的重要标准,以期达到与合格教师资格认定的同等地位,为教师资格认定提供途径。合格教师学习与技能认定于2016年9月推出。

4.新合格教师的上岗培训(NQTs)

英国于2013年首次发布合格教师上岗条例,于2018年更新政策指导,实施新合格教师上岗培训。新合格教师的上岗培训提供给所有学校的校长、教职员工及学校管理者,培训时间不计入入职范围。其旨在帮助教师获取合格教师身份(QTS),培养教师成为新合格教师(NQT)。在入职上岗前,校长必须进行职前检查;所有英国相关学校的合格教师必须完成职前培训,并且需要在培训结束时参加相关教师的标准评估,证明自己已成为一名合格且成功的教师。

四、英国高中教育质量监测特点

在英国高中教育质量监测制度方面,首先,英国高中教育质量监测以学生的成功就业、学生的社会化为目标。英国关注高中教育阶段的特殊性,重视教育的连贯性,注重高中阶段教育的普及程度与16~19岁青少年的教育参与程度、青少年的学历与受教育程度,为学生的升学与就业做准备;同时,强调发挥教育的社会职能,通过教育解决社会问题。学生的社会化、学校与社会的衔接、教育的社会职能的发挥成为监测教育质量的重要参考标准。其次,英国重视对师生考核的规范,促进形成严谨的考核体系;同时,不断调整与修正普通中等教育证书,注重证书考核内容的时代性,增强证书的可靠程度与公信度。

从监测方式来看,英国注重提高教师质量,注重对教师进行培训。英国形成了一系列保障教师质量提升的方式,比如国家职业资格证书、初始教师教育认证与初始教师培训、合格教师资格认定,为获得资格证书的教师提供职业证明,证明其专业水平。同时,教师紧跟时代要求,不断满足资格需要,这又增强了教师的职业性。英国强调通过证书考核、资格认定等方式,比如教师职业资格认定,证明教师素质与能力,有利于保障教师职业稳定与教学能力的发展。注重学生的学业与学历证明,既提高了学生的求学热情,又显示了学生群体的受教育程度,是学生具备步入社会、融入社会的资格的重要表现。

第三节 法国高中教育质量监测制度与方式

法国的高中分为三种不同的类型:普通高中、技术高中与职业高中。其中,普通高中与技术高中学制为3年;职业高中根据文凭不同,学制有2年与4年之分。不同类型的高中为学生提供的更多的是发展方向与选择空间。[①]法国高中教育质量的监测切实做到了学生个性化教育与社会发展的有机统一。

---

① 陈元.法国基础教育[M].广州:广东教育出版社,2004:45-46.

一、法国高中教育质量监测背景

法国实行半总统共和制,是中央集权制国家,因此,在教育管理方面强调统一治理,实行教育领域的中央集权制。法国国民教育部垂直管理全国的教育事业,地方教育行政部门不受地方政府的管理,直属于国民教育部。法国的教育行政管理体制分为中央主管部门、学区和省教育局三级,以对全国各级各类学校进行管理。[1]

步入21世纪,法国在社会与教育领域面临一些问题亟待解决。法国的老龄化问题日益严重,有学者经调查统计得出,到2030年,65岁及以上人口可能占25%,到2050年将占近30%。在教育领域,法国校园暴力非常普遍。据法国教育部公布的数据,2002年,法国75%的中小学在6个月内发生的严重暴力事件超过了81 000起。[2]校园暴力既是社会不平等现象在教育领域的反映,又是社会不平等现象在教育领域的重构。"许多学生的期望很低,对学校的怨恨也越来越大,因为学校不再掩盖社会不平等现象。学生遭受不公正待遇的经历不仅围绕着社会的不平等,而且建立在学校判决的任意性和任意性的感觉之上。"[3]除此之外,青年学生离校没有学位文凭,高等教育质量低下。这些均表明了法国需要提高教育质量,保障学生的健康发展。教育教学应适应学生的多样性,使每个学生都能够掌握知识、技能和文化共同基础中理应具备的技能。形成体系化的教育质量监测制度与方法是夯实教育质量基础、解决教育问题的重要策略。

二、法国高中教育质量监测制度

法国的高中教育质量监测制度以多元平等、尊重学生的多元差异为主导,尊

---

[1] 李立国.国家治理视野下的中央教育行政机构职能分析[J].清华大学教育研究,2014(6):11-21.

[2] Gaymu, Joëlle. Vieillissement Démographique et Vieillesses en France[J]. *Économie et Humanisme*, 2005, 374: 12.

[3] Carra, Cécile; Fagglanelli, Daniel. Violences à L'école: Tendances Internationales de la Recherche en Sociologie[J]. *Déviance et Société*, 2003/2, 27: 213.

重学生的个性化发展需要,力求保证每个学生在原有基础上获得真正发展;同时,注重高中毕业生的社会就业问题,既为学生适应社会提供教育途径,也为社会稳定发展提供人才保障。

(一)《教育法》

法国《教育法》自2006年生效起至今一直处于不断修订中,这体现了法国对教育教学质量问题的持续关注与足够重视。《教育法》对高中教学部分进行的修改,形成了新的高中教学规定,是法国保障高中教育质量的重要文本。该法案的修订内容包括对中等教育的要求、特殊机构和培训、高中教学组织、培训与文凭四个方面,提出了将中等教育延伸到高校,注重学生的文化基础和专业知识积累的措施。2006年的法案中,提出注重职业训练,授予国家专业学位,并为高等教育机构和工程学校的入学竞赛、高级技师证书或同等水平的资格做准备。2012年修订的法案中,提出注重灵活的人性化学位证书授予办法,对年龄较大的学生可以相应调整培养计划与方案。2019年修订的法案中,强调高中培训需要获得相应的证书学位,即专业资格证书、专业研究证书和专业学士学位,以此作为毕业证书与进一步升学就业的准入资格。

该法案在对高中阶段的修订内容中强调学位证书作为高中毕业生学历证明的重要性,获取学历证书成为保障高中生毕业质量的重要途径;同时,注重加强职业培训,以期提高学生的职业技能水平,这既体现了对学生参与社会、进入社会的技能准入的重视,也体现了社会发展对高质量人才的需要。因此,法国修订《教育法》的举措无论从学生自身维度还是社会发展维度都展现出对教育质量保障的重视。

(二)"新高中"教育改革方案

针对青年人离校没有学位文凭、高等教育质量低下的现实状况,为了保障每个学生的成功,法国于2010年提出"新高中"教育改革方案,通过提供个性化辅导、加强语言教学等措施来改善此种现状。

该方案提出了具体的改革要求:第一,给予每个高中生优质的陪伴,提供个性化辅导,帮助学生顺利完成学业、自力更生。在学科和方法上向有困难的学生提供支持;让学生加深对知识的理解与掌握;将每周安排两个小时的一对一辅导作为改革的关键之举。第二,加强对学生语言能力的培养,帮助学生适应时代需要。注重语言教学,力求提高学生就业能力,引进外语文学教学;鼓励学校与外国教育机构建立伙伴关系,从而为学生的语言学习提供途径;鼓励学生广泛学习与了解文化,加强历史艺术教育并在高中各阶段实行,扩大学生视野,使学生融入文化生活。第三,给高中生更多的履行责任、行使公民权利,以及参与志愿服务的机会,帮助学生了解自身职业定向,方便其参与社会生活。[1]

该方案体现了对保障学生参与社会机会的重视,能够帮助学生做好毕业与就业的衔接,体现了高中作为就业与升学连接阶段的性质与作用。该方案在改善学生毕业质量、高等教育阶段学生入学质量,以及学生参与社会的能力培养方面具有重要作用。

(三)个性化教学成功计划(PPRE)

根据"新高中"教育改革方案与《教育法》修订的需要,为了回应与适应学生的多样性,使每个学生能够掌握知识、技能和文化共同基础中理应具备的技能,法国提出了个性化教学成功计划,旨在通过循序渐进且灵活多样的方式对所有学生,特别是有困难的学生提供教育支持,并于2019年开始实施。该计划能够兼顾提供个性化支持方式与多样化辅助工具,兼顾课堂差异化教学、专业辅助工具使用与对学生的培养。

个性化辅导适合所有专业的高中生,针对每个学生的需要制定有针对性的计划方案,并且对需要巩固培训技能、从事技术职业的学生,以及希望接受高等教育的学生,制定多种形式与计划,具体包括巩固学生的普通教育学科,特别是法语和数学技能;提供学习方法的指导与帮助,例如做学习笔记和进行文献研究

---

[1] Chatel, L. *Le Nouveau Lycée : Repères Pour la Rentrée 2010*[M]. Consulté Sur, 2010:9-14.

培训;在整个周期中深化学科领域教学,通过考试和竞赛帮助他们学习与掌握专业学科。

个性化教学成功计划平等对待每位学生,并针对学生制定切实具体的实施方案,从而实现教育公平最大化,提高教育质量。该计划尊重学生的多样化特点,提高教学方案的针对性,切实保障学生的学业质量。同时,学生在参与学习的过程中不断进行自主探究,锻炼了思维与解决问题的能力,提高了学业成绩,发展了能力与素质。

三、法国高中教育质量监测方式

法国注重政府督导以及建立评估参考指标,体现了其对教育政策自上而下的落实、对教育质量的均衡一致的重视;同时,注重参与国际测评,在国际比较中分析本国教育优劣势,并作出相应调整与改进。

(一)学生学业质量监测

法国通过进行国家测评与国际测评、完善中学毕业会考考核的方式,加强对学生的学业质量监测。

1. 国家测评与国际测评

绩效评价局(DEPP)是国家教育部的统计信息系统。自2016年以来,绩效评价局负责设计和制作有关法国教育系统状况的数据和指标,公布统计结果,从而作为教育质量国家测评的重要方式,实现公共统计的质量、透明度、效率和独立性方面的目标。

法国还注重让学生参与国际考试,获得文凭以备进一步接受高等教育。比如,参与法国中学毕业会考和意大利国立大学毕业会考"Esabac",颁发双国籍学士学位;参加法国与西班牙的国际考试"BACHIBAC",颁发法国中学学士学位和西班牙中学学士学位,进而接受法国或西班牙的高等教育;参加法德国际考试

"ABIBAC",同时颁发法国学士学位和德国学士学位"Abitur",赋予法国学士学位和德国学士学位考试的所有权利。

2.中学毕业会考

法国中学毕业会考,既可让学生获得最终的毕业证书,也是学生接受高等教育的强制性通行证。中学毕业会考由16岁以上的学生申请报考,为学生的中学毕业和接受高等教育开辟道路。中学毕业会考有三种类型,与高中的三种学习途径相对应:普通中学毕业会考、技术学士、职业文凭。考试包括强制性考试、书面考试和口头考试,以及选择性考试等类型。其中,普通和技术中学毕业会考由地区教育视察员代表负责,职业中学毕业会考由国家教育视察员代表负责,他们共同在会考实施会议中发挥重要的领导和咨询作用。会考中心主任由接待考试者的机构的校长担任,并由一名或多名副校长协助其完成工作。

学生通过法语笔试预考与普通文凭考试(或称大都会文凭考试),可以获得普通学士学位。学生通过考试或经验验证(VAE),可获得专业学士学位和专业文凭。

(二)学校办学质量监测

法国形成了中央—地方的自上而下的监测方式,包括国家教育监察总局评估、学院—区域教育督察,用以作为学校办学质量监测的重要方式。

1.国家教育监察总局评估

国家教育监察总局进行省、区域和国家评估,并向报告员汇报评估结果,撰写年度工作报告。国家教育监察总局于20世纪末重新规范了应完成的任务和应履行的职责,如今,其应完成的具体工作包括:监测、分析和评估教育系统各方面的运作情况,涉及教师培训、教学内容、课程和教学方法的实施,学校的运作,资源的使用情况;针对职业高中的一个或一组学科开展督查工作。[1]

---

[1] Alain Attali. L'inspection générale de l'éducation nationale Évolution récente[J]. *Revue internationale d'éducation de Sèvres*,1995(8):4.

中央政府对初等和中等教育的监督构成了现代法国国家建立的共和综合体的一部分,其坚持的公共服务和教育机会平等的思想为法国教育实施提供了一个强有力的参考点。

2. 学院—区域教育督察(IA-IPR)

学院—区域教育督察是法国保证学校办学质量的重要途径。学院检查员—区域教育检查员是国民教育的高级官员,能够单独或在若干方面履行职责。学院—区域教育督察需要确保课堂和学校教育政策得到执行,应完成的具体工作有:评估中学教学、教育和指导人员的工作;协助评估学科教学、教学单位、教育政策成果;考查中学的教学、教育和指导人员,为其职业生涯的发展提供个性化建议;确保教师遵守国家培训目标和方案;参与和大学相关的国民教育工作人员的初始、持续和交替培训。除此之外,还可根据校长的要求向班主任提供建议,在不同领域内提供专家咨询,以及开展学生入职、考试、管理教职员工和选择教学设施等工作,包括参加总监察局或教育部开展的专家组的工作。

3. 全国学校评价委员会评估(ERC)

全国学校评价委员会评估的目的是改善学校的公共教育服务,包括学生的学习质量、接受的培训、职业生涯、教育成就,以及学校生活;改善整个教育界及其行为者在教育机构中的集体成功、职业发展和福利条件。其主要任务有:确保国家和国际评估的一致性,对评估方法、工具和结果发表意见;确定自我评估的方法框架和工具建构,综合学生成绩、教育安排和学校课程的各种评价工作。为了全面分析学校情况,评估的范围包括学生的学习和教育经历;学生的生活和福利;学校环境;机构的行为者、战略和运作等领域。全国学校评价委员会确保了国家教育部对学生成绩、教育安排,包括包容性学校和教育机构的评价一致。

4. 高中成绩指标

教育、高等教育和研究部公布了高中成绩指标,用以解决评估高中学生成绩的问题,减少因学校的差异,以及学生年龄、社会出身、性别和教育程度存在差异而引起的学生的毕业率差别较大问题。该项指标提出,应监测学校提供的培训机会,对学校的具体行动提供补充意见;要考虑学校培训的可获得性,以及学生在年龄、社会出身、性别和教育程度方面的特点,从而考虑学校相对于学生的初始水平而言为他们带来的价值增值。指标的具体内容包括学生的及格率和出勤率,学校的毕业率、获得学士学位的学生的及格率等方面。同时,为了确保同一类别的不同中学的入学率相对一致,提出将普通高中和技术高中分为六类,即普通中等专科学校、普通中等专科学校+STMG、普通中等专科学校+STMG+其他系列、普通中等技术学校或STD2A、普通中等技术学校、科技中学。

(三)教师教学质量监测

法国以加强教师培训的方式,保障教师的教学质量,提高教师的教学水平,形成对教师教学质量监督与评估的重要方式。

1.教师初始培训

教师初始培训内容包括:课堂观察和参与家庭作业;在教师导师的支持下负责班级教学;向意向于早点开展教学的实习教师开放与扩大教学范围;为经济条件较差的实习教师提供教学专业学习机会,签订特定三年教育助理合同,为进入招聘竞争道路的教师提供保障。

在教师培训方案设计方面,教师第一学位的培训时间分配中,55%的时间用于基本知识,包括阅读、写作、计数、尊重他人;20%的时间用于其他学科、一般教育学和班级管理;15%的时间用于开展研究;10%的时间用于创新培训。教师第二学位的培训时间分配中,至少45%的培训时间用于学科和掌握基本知识;30%的时间用于有效的教学和学习战略、评估和课堂管理;15%的时间致力于研究;10%的时间用于创新与反思。

2.教师培训学院培训测评(IUFM)

教师培训学院培训测评的主要目标是将所有教师培训统一起来,使未来教师掌握扎实的学术知识和技能,并真正适应各种他们将在教学工作场开展与进行的具体活动。测评主要围绕与学科特征有关的知识、学习管理知识、教育系知识三方面。同时,教师培训学院注重通过教师评估,评估教师初始培训对教育工作者职业技能的影响。[1]

四、法国高中教育质量监测特点

从监测制度来看,法国高中教育质量监测强调对学生的多元化与个性的尊重。比如,其形成的个性化教学成功计划,以多元平等、尊重学生的多元差异为主导理念,尊重学生的个性化发展需要,力求保证每个学生在原有基础上获得真正发展。法国同样注重高中毕业生的就业问题,既为学生适应社会提供教育途径,也为社会稳定发展提供人才保障。

在监测方式方面,法国给予教师足够的重视,注重教师培训。通过实行教师初始培训,建立教师培训学院,注重教师的动态发展过程,不断提高教师的职业技能;注重完善教师的角色,使教师不仅作为教学者,更是践行终身学习理念的学习者。

在监测机构方面,法国重视监测机构的权威性。法国教育实行集权制,注重采用政府督导的方式对教育质量进行监测,注重教育质量的均衡性与可控性。在对学校的办学质量进行监测的过程中,结合国家教育监察总局评估与学院—区域教育督察,形成自上而下的连贯的监测机构,确保政府的宏观控制作用,促进监测的有序开展,保障监测的权威性与公共性。

第四节 德国高中教育质量监测制度与方式

德国的中等学校可分为主体中学、实科中学、文科中学与综合中学四类,高中阶段主要对应第九、第十学级至第十二、十三学级。主体中学与实科中学的对

---

[1] Sylvie Coppé.Réflexions sur la réforme de la formation des maîtres en France en 2010[J].*Réforme CORFEM*,2014:2-3.

应学级为第七至第九学级或第十学级,主体中学服务于学生的升学需要,实科中学的毕业生可进入文科中学的高年级阶段继续学习,也可进入高级技术学校进行职业技术技能培训。文科中学对应第七到第十三学级,强调学术教育,培养拔尖人才进入高等院校。综合中学兼顾主体中学、实科中学与文科中学的职能,学级为第七至第十学级或第十三学级。德国的高中阶段兼顾学术学习与职业培训两个方向。在学生的培养方向上,中等教育以升学与职业培训并重。职业教育是德国中等教育的第二阶段,以对学生进行"双元制"职业培训为主,兼顾技术专科学校、高级技术学校多种培训途径。①结合高中教育制度的特点与培养目标,德国形成了系统化的教育质量监测体系。

一、德国高中教育质量监测背景

德国属于联邦制国家,联邦教育部权限较小。为协调国家教育事业,德国设立了大学校长协会、科学审议会、各邦文教部长联席会、联邦教育计划暨研究促进委员会等政策咨询与协调机构。②

社会问题与教育问题存在着密切联系。进入21世纪,德国面临着诸多社会问题。首先,德国面临结构性失业问题,需要采取"'加强职业培训——引进继续教育资金'、'确定未来转型工作'、'加强失业保险——改善失业资金'和'加强失业保险——增加失业资金'"方面的举措,③调整雇员的技能和能力,解决结构性失业问题。其次,在移民问题上,移民家庭的儿童和青年在教育过程中得不到足够的支持,从而导致他们无法充分参与到社会结构中。这种情况加上中学阶段的社会隔离,有可能将社会分裂成参与者占多数的群体和被边缘化的移民少数群体。来自移民

---

① 王晓辉.比较教育政策[M].南京:江苏教育出版社,2009:128-132.
② 李立国.国家治理视野下的中央教育行政机构职能分析[J].清华大学教育研究,2014(6):11-21.
③ Bauer, Frank, et al. Zur Bewältigung von aktuellen Herausforderungen: Ausbildung und berufliche Weiterbildung fördern, Arbeit in der Transformation zukunftsfest machen und Arbeitslosenversicherung stärken[J]. *Stellungnahme des IAB zur geplanten öffentlichen Anhörung im Ausschuss für Arbeit und Soziales des Deutschen Bundestags am 23.3. 2020. IAB-Stellungnahme*, 2020:7.

家庭的青年的教育失败,特别是他们在高等学校和学习障碍特殊学校中的比例过高,肯定会影响社会的总体状况。[1]基于此,德国注重改善教育质量,提高教育质量的过程也是缓解社会矛盾、防止新的社会问题出现的过程。

二、德国高中教育质量监测制度

德国高中教育监测的目标是确保集体的利益,实现社会和谐。德国通过制订教育可持续发展行动计划、实施教育质量监督总体战略,发挥教育的社会性功能,从而解决社会问题,缓解社会矛盾,提高社会凝聚力,提升国家软实力。

(一)《教育促进可持续发展国家行动计划》

德国在教育领域内实行《教育促进可持续发展国家行动计划》(*Nationaler Aktionsplan Bildung für nachhaltige Entwicklung*, BNE),以求所有学习者能够采取可持续的生活方式,保护自然生态环境,为建设一个多元和谐的社会与全球可持续发展做出贡献。

该计划涉及幼儿教育、正规教育、职业教育方面的改革,为全面改造学习和创设教学环境提供政策建议。普通学校与职业学校都应该将可持续发展计划纳入教育教学过程、学习场所建构和社会空间建构中。教学专业人员的职业进修过程应融入可持续发展指导思想,以此制定教师质量标准,培养教师的环保意识,促进教师可持续发展。学校应该连接校外与社会生活,将社会纳入可持续教育发展的空间领域范围。学校要动员青年参与社会,和社区合作给予学生参与社会的机会与途径,让学生有机会在教学和项目中承担责任,自行规划和实施各项措施,包括计划组、项目周、工作社区、学校发展进程或学校发展小组的活动等形式。职业学校应将正规教育与非正规教育结合、教育经验与工作经验结合;将企业和学校结合,作为可持续教育场所。

---

[1] Auernheimer, Georg. The German Education System: Dysfunctional for an Immigration Society[J]. *European Education*, 2005:86.

《教育促进可持续发展国家行动计划》提出了一种新的教育理念并融入教育教学计划过程,为学校教育质量的监测提供了新的领域与维度:要评估教学人员与学校的可持续教育问题,提高教师的专业能力。该计划注重学生的问题解决能力与社会参与能力的培养,提高了学生的整体素质水平。同时,可持续发展教育实质上倡导的是一种跨学科的学习与整合、多元文化交流与学习的形式,有利于校内与校外合作关系与伙伴关系的建立。

(二)BLK"21"计划

由柏林大学的科学家与联邦各州利益相关者参与制定、联邦州教育规划和研究促进委员会(BLK)共同形成的BLK"21"计划,作为教育促进可持续性发展战略的一部分,提出了相应改革要求。

该计划倡导教师之间进行跨学科合作,学生进行跨学科学习;注重参与式学习,开发新型教学实践方式,引导学生实际参与,通过建立"可持续经营的企业",例如销售公平贸易产品或小册子和回收材料文具的企业,以及组织维修车间等,与非学校伙伴开展合作项目,与提供公平贸易项目的企业合作,[1]提高学生解决实际问题的能力。

BLK"21"计划提出了学生应具备的八项能力以作为制定教育标准的基础。这八项能力为前瞻性思维能力;跨学科工作能力与跨学科学习能力;国际视野、跨文化理解和合作能力;学习参与式技能;规划能力与实施技能;同情、怜悯和团结的能力;自我激励与激励他人的能力;个人与文化模式的远程反思能力。[2]该计划将重点放在学生的关键能力的培养方面,而不是学生的纸笔成绩结果上,提高了学生生存发展与参与社会生活的质量,是学生未来职业发展与社会生活融入的先行保障。学生能够锻炼实践能力与工作能力,真正成为适应社会发展需

---

[1] Gerhard de Haan. The BLK '21' programme in Germany: a 'Gestaltungskompetenz'-based model for Education for Sustainable Development[J]. *Environmental Education Research*, 2006-12-12:21.

[2] Gerhard de Haan. The BLK '21' programme in Germany: a 'Gestaltungskompetenz'-based model for Education for Sustainable Development[J]. *Environmental Education Research*, 2006-12-12:22-24.

要的人才。学生锻炼了合作能力,培养了团结意识,为集体合作奠定了良好的精神基础。同时,由于注重前瞻性思维与规划能力的培训,学生能够更好地应对未来挑战,从而谋求长久稳定与幸福。

(三)教育质量监督总体战略

为提高教育质量核心标准的透明度,为学校教学与管理、教育政策制定与实施以及为公众提供科学可靠的教育质量结果,德国文化部长会议(KMK)提出教育质量监督总体战略,通过将质量标准保障与质量发展结合,保证教育质量的科学可靠。

教育标准描述了学生在教育过程中的某个时间点应掌握的专业技能,包括基本知识、系统化和网络化学习的目标;同时,教育标准遵循累积能力获取的原则,描述了需求领域的预期成绩,涉及相关课程的核心领域,并为学校教育工作提供了设计空间。德国通过开发和利用一套高中毕业考试任务,制定了普通高校成熟度教育标准,且从2016—2017学年开始,将普通高等教育成熟度教育标准作为高中毕业考试的强制性基础;采用各种程序观察与监督教育系统的教育监督是保障和发展教育质量不可或缺的方式,能够确保高中毕业生水平的可比性与毕业考试的质量。教育质量监督总体战略有利于在国家一级实施教育标准,为高中毕业考试做准备;教育在个人发展、社会参与和个人职业发展,以及一个国家的经济成功和社会凝聚力方面发挥着关键作用。

三、德国高中教育质量监测方式

德国高中教育质量监测体现出对毕业与就业的双重关注,既注重建立毕业与高校升学的衔接,又注重学生与社会的接轨,还注重评估学生参与社会的能力;对升学与就业的双重关注、双向保障是尊重学生多样性发展的体现。

(一)学生学业质量监测

德国注重通过要求学生参加中学毕业考试、获取考试证书与学士学位的方式,保障学生的学业质量。

1.中学毕业考试的统一考试要求(EPAs)

德国文化部长会议于2002年至2004年通过了中学毕业国家间教育标准,是改变普通教育制度的一个里程碑。通过对高中的统一考试要求进行修订,以求遵循更加功能化的教育理念,重视基本技能的实现。中学毕业考试的统一考试要求为评估高中毕业成绩制定了明确具体的标准,强调对学生语言表达能力的培养,强调高中的科学命题功能,为高中教育制定了更广泛的实质性标准;确定了高中毕业生在数学、德语、英语和自然科学等核心学科的成绩,成为采取提高质量措施的起点,帮助缩小国家之间的教育差异。[①]

2.阿比图尔考试证书(Abitur)

阿比图尔考试任务由德国文化部统一安排,中等教育阶段的学生只有获得阿比图尔考试证书后,才能获得普通大学入学资格。要参加阿比图尔考试,学生必须满足某些成绩要求,这就起到了保证学生学业质量的作用。阿比图尔考试根据个人发展特点与差异,提供不同级别的教学,以满足"学士学位考试的统一考试要求"和普通大学入学资格教育标准。

考试科目大致为4~5个,其中至少有3个书面科目和1个口语科目,3个书面科目中的2个必须是德语、外语或数学。所有的学习领域专题,包括语言—文学—艺术、社会科学和数学—自然—科学和技术,都必须在考试中体现。考核内容和总体资格评定不仅包括学生成绩,还包括学生的表现。只有总体考试取得足够成绩,才能取得大学入学资格。

[①] Olaf Köller. Bildungsstandards, Einheitliche Prfungsanforderungen und Qualitä Tssicherung in der Sekundarstufe II[J]. *Bildungsstandards, Schöningh*, 2015: 11-28.

3.国际成人能力评估方案(PIAAC)

德国通过参与国际评估计划与方案进行国际成绩比较研究。针对海外德国学校规定的"德国海外学校国际高中考试准则",进行国际高中毕业考试,包括3个笔试和2个额外考试。除此之外,德国注重进行本国学生在国际范围内的水平比较,参与国际成人能力评估调查。选出16~65岁的5 000人为代表,以家庭调查形式记录这一阶段人群的能力,重点是阅读、数学等关键能力。同时,注重收集个人背景信息,以便分析和解释结果。

4.职业培训学士学位

职业培训学士学位是保障与提高高中毕业生质量、尊重学生多样发展与多元特色的表现,增加了弱势青年的培训机会,这使高中毕业生和未毕业学生的就业机会均有所改善。具有职业资格的人,尽管没有正式的学习能力证书,在某些情况下也可以被大学录取。职业培训的首要目标是保证学生顺利毕业,系统地支持青年人的教育成功,使其获得正式学位。

职业高中实施三年全日制高中教育课程,教学不仅包括普通科目,还包括职业概况科目。进入职业高中需要中学毕业证书或同等教育水平(相关国家根据立法被确认为同等学力)。对工作和工作领域或特定技能和倾向有特别兴趣的年轻人可以获得一般大学入学资格阿比图尔证书,允许进入大学和应用科学学院学习所有课程,这也为职业培训开辟了方向。

具有双重职业培训资格或按联邦或州法律规定至少接受两年培训的人,在某些条件下可以被录取到高等教育机构学习特定科目。[1]

(二)学校办学质量监测

德国通过制定统一教育标准和普通高等教育成熟度标准,作为学校办学质量监测的主要方式,为学校办学质量提供保障。

---

[1] Bundesministerium für Bildung und Forschung.*Berufsbildungsbericht 2019*[R].Druck-und Verlagshaus Zarbock GmbH,2019.

1. 统一教育标准(Bildungsstandards)

德国教育部长会议特别强调制定和采用适用于全德国的教育标准,并于2003年、2004年、2012年和2020年通过了全国教育标准。教育标准具有审查、发展以及验证功能,能够通过适当的考试程序来审查学生在多大程度上达到了教育标准中规定的能力。教育标准只有在学生参与学校的日常实践中才有效。为了加强教育标准的发展功能,教育部长会议商定将教育标准用于教学发展。

针对中学毕业证书考核内容,教育标准在各个年级阶段对应不同学科。比如,9年级有德语、数学和外语(包括英语、法语)学科,10年级有德语、数学、第一外语(包括英语、法语)、生物学、化学和物理学科。除此之外,还有德语、数学和继续外语(包括英语、法语)的一般大学入学资格考核,以及自然科学(包括生物学、化学和物理学)的普通大学入学资格考核。

2. 教育系统品质发展研究所(IQB)

教育部长会议在制定教育标准的同时,还成立了教育系统品质发展研究所,用以集中审查教育标准的实现情况。教育系统品质发展研究所的主要工作是澄清和发展可用于确定实现教育标准中所定能力期望的任务,包括制定"测试任务",即为标准化和验证教育标准制定任务;制定"教学任务",为实现目的制定其他任务。教育系统品质发展研究所在对各国的教育比较中对教育标准的实现情况进行集中审查,确定德国学生在多大程度上达到了所有州都必须达到的教育标准,以及在哪些地方可能需要改进。教育系统品质发展研究所研究数据中心(FDZ)记录并储存本国和国际学校业绩研究的数据集,并按照社会和经济数据理事会的标准,提供用于重新和二级分析的数据集。这为各州提供了系统的反馈,能够说明学生在测试领域达到的能力水平。

3. 普通高等教育成熟度教育标准

普通高等教育成熟度教育标准涉及普通教育、科学命题教育和普通学习能力,旨在确保高中毕业生及其发展过程中对各种学习课程所需的基本知识的掌握。

2012年10月,教育部长会议通过了普通高等教育成熟度教育标准,并于2016或2017学年前在各州实施,这为学校制度的完善奠定了基础。普通高等教育成熟度教育标准的制定采取以下措施:教育标准以满足"中学毕业考试的统一考试要求"的专业要求和内容为基础;呈现学生在获得普通高等教育成熟时应具备的能力,尤其是理解与运用知识解决问题的能力;要求大学总体成熟度的教育标准与中学毕业教育标准相适应;教育标准适用于包括职业高中和双重合格教育的所有课程;高等教育总体成熟度的教育标准应确保在坚持经验性创新与以学科教学现状为导向的创新之间取得平衡。[1]

(三)教师素质提升培训(Qualitätsoffensive Lehrerbildung)

为提高长期教师培训的质量,联邦教育和研究部与联邦各州呼吁加强教师素质提升培训,为教师的教学做好最佳准备。教师素质提升培训致力于教师教育的可持续优化,为教师教育开辟了新的途径。教师素质提升培训涉及各类教师培训以及多种类型的学院。为达到教师素质提升的目的,应基于供资阶段进行质量监测。在第一个供资阶段,收集数据,进行评估。在第二个供资阶段,力求对所有项目进行中期审查和继续供资,以可持续的方式为进一步深化和锚定项目提供机会;同时,对第一个供资阶段的评价结果进行跟踪,并继续进行影响分析。"素质教育"及时承担教师教育的相关发展任务,在联邦各州得到广泛认可。

四、德国高中教育质量监测特点

从监测制度来看,德国高中教育质量监测注重教育的时代性与国际化,并以培养学生适应时代需要与国际发展需要的能力为监测标准。德国制定的《教育促进可持续发展国家行动计划》与BLK"21"计划,均考虑到生态问题与可持续发展等社会问题,以期建立一个多元和谐的社会,并为全球可持续发展做出贡献。

---

[1] Frank Weigand.Das Institut zur Qualitätsentwicklung im Bildungswesen(IQB)[J].*Lehren Und Lernen*,2013:56-58.

相应地,学生需要锻炼自己的合作能力与团结意识,为集体合作奠定基础,并须具有应对未来挑战的能力。可以说,学生适应时代需要、国际发展需要,是教育质量监测制度实施的标准。

从监测方式来看,德国高中教育质量监测强调监测内容的标准化。通过制定统一教育标准,实现整体教育质量的均衡化;通过制定普通高等教育成熟度教育标准,实现学科设置的优质均衡;注重充分契合德国教育制度特点,形成对普通教育阶段与职业教育阶段的双重监测,促进监测实施的多元化;针对参与职业培训的学生,以获取职业培训学士学位作为质量监测方式;针对想要参加高等教育的学生,以阿比图尔考试证书为凭据。其监测方式具有公共化特点,注重采纳国际监测方式完善自身,提高监测方式的公共程度。

第五节 俄罗斯高中教育质量监测制度与方式

俄罗斯学制由学前教育、普通教育、职业技术教育、中等专业教育、高等教育组成。[①]普通教育包括基础教育与完全中等教育两个阶段。10~11年级为俄罗斯的高中教育阶段。俄罗斯结合自身政治经济特色,形成了契合国情与现实需要的高中教育质量监测制度与方式。

一、俄罗斯高中教育质量监测背景

俄罗斯实行三权分立的联邦民主制,在联邦中央设立两大平行的教育行政职能部门,一个是教育部,另一个是联邦科学、高等学校和技术政策部。其中,教育部主要负责学前教育、普通中小学教育、职业技术教育、师范教育,以及校外教育机构的领导和管理工作。[②]俄罗斯在保持国家联邦制度的基础上,强调加强中

---

① 王晓辉.比较教育政策[M].南京:江苏教育出版社,2009:169.
② 刘振天.俄罗斯教育改革的地方化取向[J].上海教育科研,1996(12):26-29,42.

央集权的重要性;在赞成地方自治的同时,不放弃中央对地方的有效监控。[①]因此,俄罗斯的教育强调国家的统一管理与中央集权性。

进入21世纪,俄罗斯面临一系列问题需要解决。在外交方面,基于美俄长久以来的严峻关系,以及俄罗斯想要巩固与捍卫自身的国际地位、提高自身实力的需要,俄罗斯应通过"对外文化政策、文化外交、信息和意识形态宣传、教育交流方案、广泛的非政府组织和其他民间机构的参与",[②]发展公共外交,积累自身文化软实力的潜力。教育是软实力的重要构成要素,良好的教育质量是提升自身软实力的重要保障。同时,"教学的跨学科和动态特征及其面向市场的方向受到了重视",[③]教育必须根据当今需求和潜在要求设置相关课程,培养学生获得必要的资格,以成为经济与社会体系运转的有效推动力。因此,俄罗斯强调现代化建设,要求完善现有的教育体系,制定国家化的教育标准。

二、俄罗斯高中教育质量监测制度

俄罗斯高中教育质量监测注重教育发展的优先化、现代化,注重国家与政府的宏观指导与调控,注重监测实施的权威性与全国范围内的统筹。

(一)实施教育优先发展战略

为了保障教育质量,长期以来,俄罗斯实施教育优先发展战略,并颁发了一系列政策文本以保障其实施。俄罗斯于2000年签发颁布《俄联邦教育发展纲要》和《俄联邦国民教育要义》,对俄罗斯的教育优先发展战略的目标、方式、途径给予规定。为确保教育优先发展战略地位的落实,《俄联邦教育发展纲要》较为完

[①] 于瑶娆,李雅君.断裂:俄罗斯教育改革特点的文化解析[J].继续教育研究,2015(1):142-144.

[②] Greg Simons. Russian public diplomacy in the 21st century: Structure, means and message[J]. *Public Relations Review*, 2014, 40:443.

[③] V.A.Gnevasheva. The role of education in the development of Russian society[J]. *Russian Education and Society*, 2011, 53:90.

整地提出了科学、法律、财政与管理等四方面保障措施;①《俄联邦国民教育要义》则全面构建了俄罗斯2000年至2025年教育发展与改革的目标。

2017年,俄罗斯提出了六个教育优先发展项目,以快速解决以下问题:使教育适应现代化和国际化环境,实现对人才的发掘与培养;全面提高办学质量与效益;提升俄罗斯教育在全球教育市场的竞争力与排名,打造俄罗斯教育品牌等。六大教育优先发展项目为:发掘俄罗斯教育体系出口潜力;将高校建设成为创新中心;为中小学生创建现代化教育环境;培养高技能人才;塑造俄罗斯联邦现代数字化教育环境;普及儿童补充教育。②2018年,俄罗斯出台《俄罗斯国家教育方案》,旨在通过更新教育内容,提高俄罗斯教育的国际竞争力。

俄罗斯教育优先发展战略充分体现了俄罗斯对教育的重视程度,将教育置于诸多发展举措中的关键环节,使得教育发展保质保量进行。

(二)制定教育发展计划与纲要

俄罗斯于2014年提出了《国家教育发展计划(2013—2020年)》,指出当前国家的优先事项是确保教育质量,概述了一个教育评估和质量控制的综合系统,包括国家对教育活动的监管、对教育成就的评估。该计划提出,到2020年,要确保5~18岁学生接受中等教育的比例达到70%~75%,确保增加技术、科学与体育教育方案,增加对学生的爱国主义教育,促使青少年形成良好的法律、文化和道德价值观。

2015年,俄罗斯颁布《俄联邦2016—2020年教育发展目标纲要》,规定国家教育主管部门应对教育领域实施监督。纲要确定了最优先的体制要素为教育领域,最有效地利用财政资源实现俄罗斯社会经济发展的目标和任务。纲要不仅确定了优先增长点,还确定了教育活动主体参与实施优先方向的具体机制。纲要强调以完善职业教育体系,灵活运用现代信息技术为改革重点,同时针对教育质量监测与

---

① 马德益.转型期俄罗斯教育优先发展战略的构建[J].外国中小学教育,2005(3):1-3,31.
② 李明华,梅汉成,于继海.2018年俄罗斯教育发展概况[J].世界教育信息,2019(5):19-24,38.

评价,制定质量监控标准,完善现代化评价体系,从而建构质量发展的保障机制。纲要的制定有利于俄罗斯教育现代化发展,其中提出的建立质量监控标准与评价体系对于教育系统自身完善、教育跟进时代脚步而言具有长远功效。

(三)改革质量保障与评估政策

本国学生在国际PISA考试中获得较低分数,引发了公众和学术界对这种结果产生的原因的讨论,并促使俄罗斯开发自制的工具来衡量学生的学习成绩,从而为改革质量保障与评估政策奠定了基础。[①]该项政策提出,教育质量应该反映实际取得的教育成果和教育过程的条件与国家要求和标准、社会期望和个人需求之间的对应程度。每个学校都应该根据自己的目标和工作条件进行评估。

三、俄罗斯高中教育质量监测方式

俄罗斯在教育质量监测方面,在建立全国统一的测评指标、通过整齐划一的测评考核之余,注重与国际教育发展状况的比较,积极参与国际测评、提高本国成绩在国际测评中的排名地位。

(一)学生学业质量监测

俄罗斯通过采取国家教育统一考试、全俄教育测试,呈现学生学业成绩,并作为学生学业质量监测的重要方式,

1.国家教育统一考试(ЕГЭ,英文简写为"EGE")

国家教育统一考试最初作为学校评估学生培训水平的工具推出,是学校获得俄罗斯联邦一级材料、开展核查工作、分析教学结果、找出学生培训中的问题并采取解决措施的重要途径。国家教育统一考试由联邦教育和科学管理局监督,由地方当局管理;以学校所学课程为基础,既是高中的毕业考试,也是高等教

---

① Galina Gurova.Soviet, Post-Soviet and Neo-Liberal: Governing Russian Schools Through Quality Assurance-and Evaluation[J].*Policy Futures in Education*,2018,16(4):398-415.

育的入学考试。考试于每年五六月进行,所有学生都参加必修数学和俄语考试,不想上大学的学生可以选择只参加基础考试和俄语考试。所有通过考试的学生将获得普通中等教育证书,即最终毕业证书。

联邦教育和科学管理局提出,将于2022年对该项考试作出进一步改善,要求所有学生都参加强制性外语考试。国家教育统一考试是确保教育质量的重要手段,能够监测教育的成果,能够更好地将教育重点放在与现代世界挑战有关的方面,参与到全球范围针对教育的积极讨论中。[1]

2.全俄教育测试(ВПР)

全俄教育测试是教育质量评估领域的一个综合性的项目,旨在开发俄罗斯联邦统一的教育范围,监测联邦国家教育标准的实施。测试对象为4、5年级和11年级的学生,其中,11年级的测试科目为历史、生物、化学、物理、地理。全俄教育测试具有框架性教育监测的效用,有助于提高监测结果的客观性,确保教育在国家范围内的综合发展,成为学校,包括特殊教育学校在内的综合发展的重要实施途径。[2]

(二)普通学校鉴定与国家认证

普通学校鉴定由国家鉴定服务机构或地方自治机关进行,旨在评鉴普通学校毕业生培养的内容、水平和质量是否符合国家教育标准的要求。

1.鉴定与认证的成员和对象

俄联邦教育督察署是对学校实施鉴定和国家认证的最高国家管理机构,组织、监督学校鉴定与国家认证活动的实施。各级各类学校每五年接受一次鉴定服务机构的鉴定;新成立的学校可在获得办学许可证三年后产生第一批毕业生时,再申请进行学校鉴定。其鉴定多由各联邦主体的国家教育管理机构或受其委托的地方自治机构中的学校鉴定服务部门根据学校的申请,组建专门的鉴定委员会进行。[3]

---

[1] Радомская М.В. Единый государственный экзамен в обеспечении качества общего образования[J]. Автореферат на соиск. уч. степ. к. пед. н. Ставрополь, 2006.

[2] С.С.Кравцов, А. А. Музаев.Роль Всероссийских проверочных работ в системе контроля качества образования в Российской Федерации[J].Отечественная и зарубежная педагогика,2017: 96-111.

[3] 侯立华.俄罗斯普通学校鉴定与国家认证制度述评[J].外国教育研究,2006(10):15-20.

认证委员会的成员包括俄联邦主体教育管理机关、地方自治机关和(或)地方教育管理机关的代表,甚至在必要时,包括对该校实施鉴定的部门的代表。对象包括实施普通教育大纲的所有"种类"和"类型"的国立、市立和非国立的学校:从"种类"上划分,包括普通学校、普通寄宿学校、孤儿或无人照管的儿童少年学校、身体有缺陷的儿童少年的特殊学校。从"类型"上划分,普通学校和普通寄宿学校都包括初等学校、基础学校、中等(完全)学校、加深学习某一学科中学和实科中学等。[1]

2.鉴定与认证的内容和标准

普通学校鉴定的主要依据是国家教育标准或地区根据国家教育的教育标准,在许可证有效的前提下,被鉴定学校只要"连续三年不少于毕业生总结性鉴定成绩良好",即可通过鉴定。鉴定内容主要有:审查学校按相应方向和水平的教育大纲组织教学时,在基础教育大纲内容的最低限度、学生学习负担的最高限量和全面完成基础教育大纲方面,执行国家教育标准要求的情况。审查学校培养学生的效果,检查学生的学业成就。[2]

3.鉴定与认证程序

普通学校鉴定与国家认证的基本程序大致包括如下三个阶段。第一阶段:学校自评,提出申请。第二阶段:鉴定委员会的工作小组拟制评估方案,并实施检查。第三阶段:鉴定(或认证)委员会分析、总结形成鉴定(认证)结论和报告,并提出进一步完善所鉴定学校的教育工作的建议。[3]

(三)教师教学质量监测

俄罗斯要求教师参与教师教学国际调查、进行教师能力水平评估,并以此作为教师教学质量评估与监测的重要方式。

---

[1] 侯立华.俄罗斯普通学校鉴定与国家认证制度述评[J].外国教育研究,2006(10):15-20.
[2] 侯立华.俄罗斯普通学校鉴定与国家认证制度述评[J].外国教育研究,2006(10):15-20.
[3] 侯立华.俄罗斯普通学校鉴定与国家认证制度述评[J].外国教育研究,2006(10):15-20.

1.参与教师教学国际调查

俄罗斯通过在不同学校选取教师样本,参与OECD组织的教师教学国际调查项目,帮助国家改进教育政策,进而保障学校的正常有序运转。自2011年至今,俄罗斯在教师质量提升方面作出了关键举措,具体包括:双倍提高教师工资、制定新的职业标准、改革教师职业技能提升领域等。[①]

2.进行教师能力水平评估

教师能力水平评估即倡导教师参加自身专业学科的研究,具体学科包括俄罗斯语言和文学、数学和计算机科学、历史、社会研究、经济学、法律、"世界中的俄罗斯"、"母语和本土文学"、"俄罗斯人民精神和道德文化的基础"等。参与教师能力水平评估的教师需要接受问卷调查,回答关于教师心理和教育方面的问题;要接受背景调查,包括所在学校类型、定居规模及年龄等的调查。

2015年10月,该项评估对俄罗斯语言教师的能力进行了初步研究,约有1 000名教师参加研究。2016年4月至5月,该项评估对数学教师、俄罗斯语言和文学教师的能力进行了研究,包括三个障碍的诊断工作,即解决问题、在特定教学情况下解决有条不紊的问题、评估工作和评论学生的错误三个方面的调查。2017年,俄罗斯在13个地区进行了俄罗斯语言和数学教师能力水平评估。教师能力水平评估成为俄罗斯教育部目前最具代表性的国家专业教师成长体系的内容之一,能够提高教师教学能力与水平,进而有利于学生获取高质量的知识。

四、俄罗斯高中教育质量监测特点

具体分析俄罗斯高中教育质量监测制度与方式可见,在教育质量监测制度方面,首先,注重教育的现代化建设,注重教育优先发展的地位。比如,俄罗斯颁布的教育发展计划与纲要,有利于教育系统自身的完善,使教育符合时代性发展。同时,俄罗斯颁布与修正了一系列教育法律法规,以巩固教育的优先发展地

[①] 曹蕾.俄罗斯重视《OECD教学与学习国际调查》结果[J].比较教育研究,2014(9):108.

位。其次,注重国家与政府的宏观指导与调控,体现了政府对教育较多的关注。俄罗斯强调并规定国家教育主管部门应对教育领域实施监督,构建促进教育质量发展的保障制度。

在教育质量监测方式方面,第一,注重形成广泛统一的监测范围。比如,俄罗斯进行国家教育统一考试与全俄测试,在全国范围内开展教育质量监测,形成了广泛且集中的监测范围。这既能够为提高学生学业质量提供框架性的参考依据,规范学生的毕业质量,又能够促进教育质量监测方式的普及。第二,注重保障监测机构的权威性。比如,以普通学校鉴定与国家认证制度对学校办学质量进行监测,将国家鉴定服务机构或地方自治机关纳入监测方式体系之中,发挥国家与政府的监督作用,提高了监测方式的权威性。第三,注重采用国际化的监测工具。通过让学生参与国际测评、教师参与教师教学国际调查,扩展教育的国际视野,提供全面的教育质量参照,从而在对比与反思中提高本国教育质量,提高本国教育成绩在国际测评中的排名。

第六节　日本高中教育质量监测制度与方式

日本的高中教育属于非义务教育阶段,具体分为全日制、定时制与函授制三种。日本根据本国政治、经济发展现状与存在的社会问题,修订政策文本,完善教育质量监测制度,形成规范的教育质量监测体系,提高教育质量,从而解决现实问题,满足社会需要。

一、日本高中教育质量监测背景

日本注重中央集权与领导,注重政府对国家教育的领导与控制。[1]日本的教

---

[1] 李立国.国家治理视野下的中央教育行政机构职能分析[J].清华大学教育研究,2014(6):11-21.

育组织管理模式属于中央集权与地方自治交融。其中,文部科学省是日本最高的中央教育行政机构,根据《文部科学省设置法》分为内局、外局和附属机构等三个部分。①2006年修订的《教育基本法》中规定:"中央政府……必须综合制定实施教育政策;地方政府……必须综合制定教育政策。"这表明日本注重加强国家对地方教育行政的控制,加强外部监测机构对地方教育行政的参与。

进入21世纪,随着国际环境的变化、日本自身国家发展的需要,教育领域需要作出相应转型。首先,要培养学生的国家意识,强调教育为国家服务,应确立与贯彻"国家"教育目的,注重涵养学生的公共精神。其次,为了推进日本的可持续发展,着重处理物质能量循环和人类活动的关系着眼的"人类的生存基础的重新构建"、人类社会的信息循环的方式着眼的"人类"和人类的关系重新构筑的"人类与科学技术的关系的重新构建"及"知识的重新构建"四个方面的问题。最后,科学知识、科学技术日益受到重视,发展"为和平的科学、为可持续发展的科学、为社会的科学"②日益重要,同时需要建立新科学的制度和体制。

二、日本高中教育质量监测制度

日本根据自身国情与提高教育质量监测法制化的需要,修订与颁布了一系列的政策法规,为高中教育质量监测的实施提供了保障。

(一)修订《学校教育法实施条例》

日本通过修订《学校教育法实施条例》,以实现促进高中生的能力与兴趣的多样化的目标。除了参考学生在高中的校内学习成果外,允许学生在校外场所进行更广泛的体验活动,并以学分作为高中学业学习成果的认定方式。修订后的《学校教育法实施条例》提出了如下方面的内容:第一,提倡校际合作。通过学

---

① 王小明.普通高中学生综合素质评价机制的现状及启示——基于美、英、日、韩等四国的比较研究[J].教育探索,2017(1):114-121.
② 有本建男.21世紀科学の新しい規範と制度の確立に向けて[J].学術の動向,2003,8:40.

校之间的协商合作,学生可以参加本校没有的专业科目和其他科目,以及其他学校设置的科目的学习,扩大学生的选择范围。第二,完善与知识和技能审查有关的学分认证。校长可将学生的知识和技能审查视为高中课程学分的组成部分。审查在全国范围内每年至少进行一次,审查应适当和公平,获得足够的社会信誉。第三,实行高中毕业程度认证考试合格科目的学分认证。校长可将学生在校期间或入学前通过高中毕业考试相关课程的学分作为该科目的学分。第四,实行高中课程学分认证。校长可根据《高中学习指南》的规定,针对学生在校期间或入学前学习的另一门高中课程科目,可认定并给予该科目的学分。

《学校教育法实施条例》为日本高中教育教学质量的稳固提供了保障,同时,由于注重校长在学生学分认证、学业考试中的重要作用,完善了校长的教育职能,丰富了高中教育质量监测主体的形象与能力。

(二)修订《教育公务员特例法》

日本长期实施教师培训制度,实现培训制度法制化,不断根据社会与教育的要求来修订与调整相关法案,即《教育公务员特例法》。2016年,日本在对《教育公务员特例法》的修订中,强调形成时代所需要的资质、能力,以及形成这些资质的教师应有的状态与素质。日本通过教育立法保障教师待遇,保障教师享有较高社会地位,保障教育公务员制度的稳固发展。日本以"提高每个教师的素质能力"为目的,制定教师培养指标。[①]教师培养指标由有任命权者以及包括大学相关人员在内的协议会决定,原则上要公开,要保证评价项目的公正性和透明性。

日本修订《教育公务员特例法》,能够适应时代发展需要保障教师的优厚待遇,为教育发展与教育质量的提高提供优质且充沛的师资,保障高质量的教育供给。这又为高素质人才的培养提供了人力资源基础。

---

① 大畠菜穂子.教育公務員特例法改正にみる教員研修と人事評価[J].日本教育行政学会年報,2017,43:63,69.

(三)新时代高中教育制度改革

为了实现建立"日本式学校教育"、发挥所有儿童的潜力、鼓励个人最佳学习和合作学习的目标,日本中央教育委员会于2021年(令和三年)提出"新时代高中教育制度改革",要求创办有吸引力的高中教育,增强学生与社会之间的联系。具体内容包括:重视高中教育的特色化建设,重新定义高中的社会作用,力求激发学生的学习热情,最大限度地开发能够激发学生潜力、增强学生能力的教育活动;确保培养共性能力,使所有高中生共同掌握在社会上生存所必需的能力;能够应对多样化需要,根据每个学生的前途发展多样的可能性;在所有的高中生养成资质、能力的基础上,培养其能力、特长、兴趣,实现其内在的学习动机和自我理解能力的推进与形成,使其对自身职业生涯形成理性的规划。

在高中的办学方针方面,提出以培养资质、能力为目标,教育课程的编制和实施以及入学人员的接收三方面方针。日本强调高中的普通学校改革应注重"以普通教育为主"、注重弹性化建设;保障高中通信教育的质量,促进函授制课程中教育课程的编制和实施的适当化;应对多样化的学习需求——学校教育法施行规则、高中学分制教育规程等的部分修改,提出扩大校际合作对象、公布学分制课程中的教育课程信息等措施。在课程设置上,通过对跨学科领域相关的学科,与社区相关的学科,其他有特色、有魅力、有重点的学科进行改革,以满足高中教育制度改革需要。

新时代高中教育制度改革立足于信息化社会发展现实,注重教育方法、技术的灵活运用,课程设置注重立足社会背景,同时结合学生个性化培养需要,在个性与社会性结合中落实对学生的培养。可见,新时代高中教育制度改革为日本的教育制度完善,进而为其高中教育质量的监测提供了政策性指导。

三、日本高中教育质量监测方式

在高中教育质量监测方式层面,日本强调制度化与规范化建设,既成立了相关的教育质量监测机构,又充分尊重地方自主办学的需要,形成自我评估与外部评估互促互补的局面。

(一)学生学业质量监测

日本对学生学业质量的监测主要通过成立咨询机构、完善考试机构、要求学生参与考试等方式进行。

1. 高中教育委员会(ERC)

日本成立高中教育委员会和新时代高中教育工作小组,用以实现对学生学业质量的监测。针对学生多样化、学生基础学习能力不足与学习兴趣低下、大学入学选拔功能下降等问题,高中教育委员会采取了相应措施:通过促进学校学科和教育课程的多样化,确保高中教育教学能够应对学生多样化、个性化发展规划的要求;通过建立公共制度和机制以确保和提高教育质量;整备各学校的教育条件,保障与改善学校的运营;自主采取措施确保和提高教育质量;对地方公共团体进行学力调查。

2. 全国高考中心(National Center for University Entrance Examinations, Daigaku Nyushi Senta)

全国高考中心借助成绩测试的形式,衡量学生在完成高中教育最后一年时的成绩水平,以及学生进行自主多样的合作学习的能力。全国高考中心根据日本文部科学省确定的"学习能力的三要素"——知识、技能,思考能力、判断能力、表达能力,在高中阶段主动学习的能力——培养学生形成必要的能力,培养其终身持续学习的能力,并鼓励其服务社会;形成高中教育、大学教育、大学入学选拔者三方一体的改革,推进"高连接大改革"的做法。针对因各种原因高中不能顺利毕业的人,组织高中毕业程度认定考试,作为认定具有与高中毕业的人同等以上的学力的考试。

3.招生办考试(Admissions Office Test,简称"AO考试")

招生办考试是日本重要的一种考试方式,旨在让成绩优异的学生申请而不必参加入学考试。[①]国立大学和公立大学自2000年起开始应用招生办考试方法,且这种方法迅速普及。2019年与2020年,日本推出了评估大学入学申请人学习能力的测试和高中基本学习技能测试,其中高中基本学习技能测试旨在评估一至三年级高中生的基本学业成绩,起到监测学习和教学质量的作用。[②]

(二)学校办学质量监测

日本高中学校办学质量监测主要通过学校自我评估与外部评估相结合的方式进行。这种自我评估与外部评估相结合的方式体现了日本高中学校办学质量监测的体系化、完整性特点。

1.学校自我评估

学校自我评估是确立学校的自主性和自律性的重要途径与主要主题。调查结果显示,2004年(平成十六年),实施自我评估的学校为42 274所,占总体的96.5%。高中学校自我评估的实际实施率为95.9%。学校自我评估能够确立并增强学校的自主性,对于其明确经营责任和说明责任、实现自我改善具有重要意义。

2.学校外部评估:教育委员会制度

教育委员会是一个由县、市等机构管理的合议制执行机构,在所有县、市设立,作为负责当地学校教育、社会教育、文化、体育等事务的机构,决定教育行政部门的重要事项和基本政策。教育主任和教育委员会成员由地方政府负责人根据议会同意任命。教育主任任期三年,教育委员会成员任期四年,可连任。教育

[①] Dennis Riches. The practices of university admissions and entrance examinations: Their impact on learning and educational programs[J]. 社会イノベーション研究, 2010, 5(1): 14.

[②] Naoki Kuramoto & Rie Koizumi. Current issues in large-scale educational assessment in Japan: Focus on national assessment of academic ability and university entrance examinations[J]. Assessment in education: principles.*Policy & Practice*, 2018, 16(3): 415-433.

委员会在学校管理、教职员工人事培训、学生入学和学校组织安排、与教科书和其他教材有关的文书工作以及校舍和其他设施的维护等方面均发挥重要作用。

教育委员会制度具有如下特点:第一,作为行政委员会之一,通过建立独立的机构并负责教育行政,确保中立和专业的行政管理;第二,实行合议制,由具有不同属性的多个成员进行合议,汇集各种意见和立场,以中立的方式做出决策;第三,由居民决策,由居民和专业行政官员组成的秘书处进行监督,使教育管理能够广泛反映当地居民的意图,而不是仅依靠专家的判断。教育委员会制度对学校评估发挥了重要作用。2005年,有51.5%的公立学校实行了由教育评估委员会进行的外部评价。[1]

(三)教师执照续用制度(TCRS)

根据《学校教育法》规定,在大学和高等专科学校以外的学校担任教师,必须具备的条件是具有教师资格证。2002年(平成十四年),日本发布了关于今后教师执照制度的存在方式的答复,提出了教师执照制度的新的存在方式,教师执照的综合化、弹性化增强,教师执照更新的方式更加多样,特别执照的运用更加灵活。2007年(平成十九年)修订的《教育职员执照法》通过后,日本于2009年(平成二十一年)实施教师执照续用制度。这一制度的目的是让拥有多种专业知识和经验的人参与课程学习,以应对学校教育的多样化和灵活化。有相当资格证书的人不能作为班主任时,校内其他学科的教师资格证拥有者可以担任许可外的课程的班主任。教师许可证续用制度旨在通过定期获得最新的知识技能,使教师能够自信和自豪地站在讲台上,赢得社会的尊重和信任,同时保证教师的素质。

---

[1] 臧佩红.日本近现代教育史[M].北京:世界知识出版社,2010:382.

四、日本高中教育质量监测特点

在监测制度方面,日本高中教育质量监测强调监测体制的权威性与法制化。日本通过在学生学业、教师教学与学校管理方面形成文本规定,形成权威性、客观化的标准,规范教育质量监测方式的施行,为监测体系提供法制化的保障。监测制度为监测方式体系的稳定运转奠定了基础,这也形成了日本教育质量监测体系的特色。

在监测方式方面,强调制度化与规范化建设。比如,成立教育委员会以评价与监测学校办学质量;形成稳定可靠、长久有效的监测程序;采用教师执照更新制度对教师教学质量进行监测;保障教师质量的稳定;成立高中教育委员会和新时代高中教育工作小组以监测学生学业水平,改善学生学业存在的问题,保障学生学业质量的整体水平,并促进其稳定提升。

第七节 审思与启示

外国的高中教育质量监测制度与方式注重坚持理性的监测理念与多样的监测方式,能够为我国的高中教育质量监测提供宝贵的借鉴意义。同时,对各国教育质量监测过程中存在的问题进行深入分析,能够为我国高中教育质量监测的完善提供启示。

一、外国高中教育质量监测的经验

外国在监测高中教育质量的过程中,既通过制定政策文本来保证监测实施的价值导向、提供监测需要达到的目标与理应解决的问题,又通过规范合理的实施程序,采用多种途径、多种方式,对多种教育教学主体实施监测,从而保证监测范围的全面化、监测结果的科学化。具体来看,外国高中教育质量监测为我国提供了以下经验。

(一)注重贯彻育人为本、服务社会的理念

教育理念指导着监测制度的形成与监测方式的运用。通过对美国、英国、法国、德国、俄罗斯与日本的高中教育质量监测分析得出,各国在监测过程中既注重立足于学生的立场,满足学生的需要,又注重发挥教育对稳定社会发展、缓解社会矛盾的作用。

1.注重教育的育人功效的发挥

各国在进行教育质量监测的过程中,充分发挥教育的育人功效与作用;尊重学生的主体性与个性化;尊重每个学生的多样性,接纳每个学生的差异,提高教育的育人效用;注重发展学生的社会性;注重对学生的职业技能进行培训,将其作为教育质量的衡量指标,提高学生的社会参与能力。

2.注重以教育维持与促进社会运转

从各国出台的政策文本来看,对教育质量进行监测的主要目标是解决社会问题、满足社会需要。各国均在立足于本国国情与世界发展趋势的基础上,通过规范与引导教育发展的方向,制定出衡量教育质量的重要参考标准以及教育实施的主要指标与依据,人为控制教育实施的方向,来完善教育服务于社会的职能。具体分析这一过程,其一,监测文本的出台即以社会需要、社会问题的解决为基础。在扎根于本国国情、立足于现实问题的基础上,有针对性地提出政策建议。比如,针对种族问题、移民问题,着重强调教育质量均衡与教育机会公平;针对毕业生社会技能不足、与社会的衔接不畅问题,着重强调学生职业技能的培养;针对生态环境问题,着重进行可持续发展教育。这些都体现了社会问题的解决是监测的来源与基础。其二,监测方式的实施既以社会场域为参照背景,又以社会人员为实施要素。比如,在对学校办学质量进行监测的过程中强调地方政府的考量与把控,即将学校放置于社会环境中,强调教育与其他要素的统筹协

调。教育质量监测强调第三方参与,能够提供多样化的参考视角。

(二)保障监测主体的权威性与法制化

外国高中教育质量监测主体具备权威性,能够保障监测结果的真实性与广泛适用性。这种权威性主要是通过各个国家将教育交由国家部门管理与负责,并制定政策文本、提出实施意见、指导实施过程的优化更新而体现出的。

1.政府监测具有权威性

政府作为国家政策与方针制定的权威性机构,对国家宏观层面的建设起着领导与把控作用。在教育领域,政府的方针政策、意见要求是教育实施与发展的指挥棒。外国政府对教育质量的监测具有权威性,主要体现在以下几个方面:第一,指导监测的意见文本具有权威性,是一切相关实践的纲要,政府通过法规文本来规范与引导实施过程;第二,监测的实施过程具有权威性,由相关专家成员组成研究小组,通过商讨制定实施规划,严格遵循程序进行监测,以使监测结果具有代表性与说服力;第三,监测的方式方法具有权威性,以求客观公正地呈现监测结果。政府监测的范围与方向主要分为两种:一是国际层面各国之间的监测借鉴与分享;二是选取代表性样本以了解整个国家的总体水平。

2.第三方数据监测由国家授权实施

国外教育质量监测注重利用第三方数据监测,采用大数据的方式,客观描述与呈现教育教学的实施结果、学生学习成果,从而为进一步从不同视角分析问题、解决问题提供必要材料。第三方数据监测理应由国家授权实施,以确保数据收集的质量与代表性,能够起到补充其他宏观监测效果的作用,真实反映国家范围内的教育情况与问题。同时,由于第三方数据监测具有操作性强、公开公正的特点,可作为各国教育相互交流与反思的平台,从而为促进教育质量在全球范围内的均衡提供技术支持。例如,国际成人能力评估计划履行了多国参与测评,通过测评结果反思自身教育发展的缺陷与问题以实施改进方案的责任,为全人类教育事业发展做出了贡献。

3.自我评估有政策保障

教育质量监测不仅需要依靠政府宏观层面的指导,还需要学校有针对性地、自主自觉地评估自身办学质量,从而形成外部评估与内部评估齐头并进、共同保障教育质量的评估网络。然而,没有政策指导的自我评估会陷入乱评、漏评的僵局,无法显示出自我评估应有的价值。因此,国外进行学校质量监测、学校进行自我评估都有政策的支撑与引导,能够保障自我评估的高效性与规范性,以及评估结果的权威性。自我评估有政策支持表现在:自我评估的目标趋近政策要求,自我评估的最终目的是实现国家教育目标。自我评估的程序与实施办法由政策文本规定,接受政府指导监督,力求保障实施程序公平正义。

(三)保障监测对象的广泛性

诸多国家在进行教育监测时涉及学生、学校与校长、教师等多个主体,从而形成了广泛的监测网络,有利于监测的全面实施,从多个角度保障教育质量的提高。

1.关注学生学业质量

外国教育质量监测的最终目标是保障学生的利益,尤其注重保障高质量学生学业水平,并采取诸多措施、从多个方面来实现这一目标。

第一,注重学生知识掌握水平与关键能力的发展情况。外国教育质量监测通过测试毕业年级学生的知识学习情况,了解并监测毕业生的质量,进而为学校进一步发展与改善提供借鉴;注重为学生学业成绩提供证明,有利于学生的升学规划;注重对学生的技能训练,尤其注重学生参与工作能力的培养,为学生的职业生涯发展奠定基础,有利于学生未来从事职业、适应职业需要。

第二,注重建立学校与社会的联系,从而促进学生的社会化。这表现在倡导学生参加实习、鼓励学生将实习经验与学习经验相结合的举措上,也表现在提倡学生参与社会,从而培养公民意识与公民素质的建议中。这是尊重学生的主体地位与多样发展、给予学生更多选择空间的表现,也是促进学生全面发展而非片面发展,培养社会实际需要的人才的表现。可见,各个国家在监测学生学业质量的背后是对学生全面发展与未来人生的周密考虑。

2.关注学校办学质量

学校是教育教学的主要实施场所,能够为教师教学与学生学习提供良好的环境。外国在教育质量监测过程中注重对学校管理与办学质量的监测,比如地方当局组织管理委员会监督学校发展;监测学校领导者和管理人员的素质与能力,从而为学校发展提供人才支持。监测注重学校办学质量具有如下优势:第一,便于学校之间基于监测结果与共同的监测目标进行相互借鉴与协调,减少发展差异,促进教育质量的均衡发展;第二,便于学校更好地了解自身优缺点,从而为进一步自我完善与改革指明方向;第三,有利于教育领导者、教学管理人员相互交流与借鉴,增强合作意识与集体意识,形成完善学校、促进学生发展的合力;第四,有利于充分发挥高中学校的特点,发挥中介作用,充当连接基础教育阶段与升学就业的媒介。

3.关心教师质量与专业发展

教师与学生直接相关,高素质的教师能够为学生发展提供模范力量与保障。外国注重提高教师教学质量与专业发展能力,通过要求教师接受培训获取资格证书、参与国家调查了解教师群体的现状等方式与途径,保障教师群体的质量,进而提高其专业素养,为学生学习与发展提供人力条件与支持。注重教师质量有以下积极影响:保障教学活动顺利、有序且高效的开展,提高教学过程的质量;沟通学生与国家、学校与社会人才培养需要,作为中间点从而协调主体间的对话与融合;为学生提供隐性教育影响,塑造学生精神,完善学生形象。

(四)注重形成标准化的监测内容

国外的高中教育质量监测,在明确的监测目标、多元权威的监测主体与标准化的监测方式的基础上,形成了标准化的监测内容。比如,美国在对教师教学质量进行监测时制定了详细的教育领导政策标准,且不断进行调整与更新,形成了可靠的监测内容;英国制定并形成了教师初始培训的核心内容框架,有利于明确培训目标与培训需要。这些均展现了标准化监测内容的重要作用。

国外的教育质量监测注重形成标准化的监测内容,监测内容的标准化来源于内容的制定与内容的呈现标准化。其一,监测内容的制定经由权威机构严谨考量。标准化的监测内容能够发挥规范作用,权威人士、权威机构制定内容能够对其规范作用的发挥提供保障。其二,监测内容是监测方式的载体,标准化的监测方式也促使监测内容的标准化。

(五)注重独立性与非独立性监测机构协调运作

监测机构不是相互割裂与独自运行的,只有相互协作才能将监测效果最大化。国外的各个国家在进行监测的过程中,坚持以独立性监测机构引导监测过程实施,同时非独立性监测机构起辅助与补充的作用,从而使整个监测过程更加全面完整。

1.政府督导与第三方数据监测协作进行

各个国家的监测制度与方式均体现了督导与第三方数据监测的协作实施。例如,法国的国家教育监察总局、学院—区域教育督察评估,与参与国际测评共同进行,兼顾学校办学质量与学生学业质量的共同监测;英国实施地方当局进行学校治理的同时,进行普通中等教育证书和A水平学业测试,也为全面进行教育质量监测提供了广泛可行的途径。这种结合具有以下优势:第一,能够实现对多教育主体的全方位监测,二者优势互补,具有权威性、强制性与客观科学性,根据不同主体特点采用不同监测方式,保障教育监测的普及性与适用性,实现教育质量的优化与提升。第二,能够建构系统性的监测评估体系,促进监测系统自身的完整与改善,以更好地服务于教育质量监测实践,也实现了教育质量监测体系的推广与普及。第三,能够保障国家宏观教育标准的落实,从而实现高质量与切合性人才培养目标;同时,政府在督导过程中能够了解实施过程中存在的问题,了解规划存在的问题以及与现实条件之间的差距,总结数据监测体现的现状,将监测结果反馈于政策制定过程中,从而指导与完善进一步的教育政策制定,确保建立实用性与科学性兼备的指导方针。

2. 自评与他评合作实施

教育质量监测不仅要注重政府与第三方数据监测机构对教育教学主体的监测职责，教育教学主体还应进行有针对性的自我测评。学校应该结合国家政策要求与方针导向、自身特色与实际情况，进行自我整体办学水平的把控；教师同样应该根据需要进行自我调整与自我监督，实现对学生发展的外部条件的优化与保障。自评与他评合作实施应该注意以下几点：第一，保证二者目标一致，达成共识，以统一的方针政策为导向，以促进学生发展与教育水平提高为前提与出发点，最终实现监测的"殊途同归"。第二，保证二者相互尊重与合作，他评应该尊重自评，并将自评数据作为一手资料来源加以重视；同时，自评应该接受他评的指导，借鉴他评的先进方式，总结评估结果反映的问题，从而指导自身改进。第三，实现自评与互评结合，在交流合作中实现教育质量的均衡发展。

（六）注重形成多样化的监测形式

外国在进行教育质量监测时注重采取多种方式、利用多种途径，保证监测结果的科学性与代表性。综合来看，监测方式大致有政府督导、第三方数据监测以及教学主体自我监测与评估三种类型。

1. 政府督导

政府督导具有权威性、引导力以及强制性的特点，是重要的监测方式。政府督导主要用来监测学校办学质量、学校的管理情况，以及清晰了解政策执行情况，实现政策自上而下的落实。同时，政府督导的过程就是规范实践的过程，提高了政策执行的效率与质量；在落实过程中发现的问题可以反馈于进一步的教育教学改革中。法国采取国家教育监察总局评估以及学院—区域教育督察的形式，通过调查学校课程与教育政策的执行情况、教学领导人员的素质与专业水平来了解、规范与保障学校办学质量，是国家集中管理、中央对地方进行教育治理的重要途径。也正因此，政府督导在实施过程中应该与学校自我监测与评估联系起来，避免造成对教育的控制，束缚学校自身个性化与灵活的管理和治理。

2. 第三方数据监测

第三方数据监测是进行学生学业质量、教师教学质量监测的重要途径,能够提供一手数据,保证结果的客观公正、直观可视与公开化。通过数据监测,实现了质量成果的可比性,在相互比较中反思自身优劣势,找出并解决问题。

诸多国家采用了第三方数据监测的方式。例如,美国通过实施国际成人能力评估计划、学术能力评估测试的方式,测量学生的学业质量与水平;通过制定中小学校长评估标准、组织教师教学与学习国际调查,测量校长与教师的专业水平,保证教育质量外部环境的可靠性。英国通过制定学校绩效评估指标,结合与补充政府督导,从而确保测量结果的公正与可靠。法国通过制定高中成绩指标来为学生学业水平提供参考依据。俄罗斯组织全俄测试,分析学生的成绩数据,以此反映教学实施效果。可见,对数据结果的多种处理,能够从多个角度解释结果所反映的问题,确保进行全面性分析。

3. 自我监测与评估

实施与倡导自我监测与评估,能够充分尊重教学主体的自主性与能动性,保障教学主体根据自身现实问题与情况,灵活实施宏观政策,形成特色化的发展计划与框架。例如,英国国家教育标准局注重学校的自我评估,鼓励学校根据自身存在与面临的问题,进行自我评价与反思,制定相应的改进策略,并且通过地方当局参与学校治理,协助学校进行自我监测。自我监测与评估能够缓解政府督导带来的集权化问题,从而实现中央与地方的分工合作、相互协作,以更好地促进教育教学质量的提高;同时,自我监测与评估应该接受国家政策指导与政府督查督导,以避免对主要教育理念与目标的偏离。

(七)注重保障监测工具的科学化

监测工具要保证监测结果的代表性、客观性以及说服力,这就要求其必须科学。国外各个国家在监测过程中,注重采用实用科学的监测工具与规范合理的监测程序,确保结果的真实性。总体来看,主要有制定监测指标与进行监测结果数据分析两类监测途径。

1. 以评估指标为监测实施依据

制定公开的评估指标能够为监测过程提供具体指导标准。评估指标是国家政策文本的简化要义,能为评估提供系统全面的框架,指导评估的实施。第三方数据监测、学校自我评估与监测、监测工具的使用、监测结果的分析与处理均需要以评估指标为凭证和依据。同时,评估指标是对监测过程进行规范的方式,能够保证监测实施处于正常运行状态。

国外诸多国家注重通过制定监测指标来确保监测结果的可测性与可比性。例如,美国通过制定教育领导政策标准,以及更新标准,制定2015年中小学校长评估标准的方式,为学校领导者的发展方向与具体要求提供规范,有利于教育领导者群体质量的均衡发展。法国制定了高中成绩指标,为高中学生学业要求、毕业生的质量要求提供具体依据,同时为符合标准的学生提供证明。德国制定统一的教育标准,确保联邦内各地区教育质量均衡发展。

2. 监测结果依托数据分析

数据收集与处理是重要的信息处理方式,通过将监测结果转换成数据,并进行进一步分析与处理,反映问题本质,有利于采取切实可靠的针对性政策。借助数据分析,监测结果的作用被放大,节省了监测过程中不必要的步骤,从而兼顾提高监测效率与保证监测质量双重维度。外国在监测教育质量的过程中,通过生成数据、分析数据,对学生成绩进行分析。例如,美国通过学术能力评估测试、国家教育进步评估,专门收集与分析学生的测试成绩。法国、德国参与国际测评,测评结果以数据形式呈现,通过分析数据了解本国学生与他国学生的差距。俄罗斯采用国家教育统一考试,了解各个地区的教育教学质量,保障教育整体水平的稳定。

二、外国高中教育质量监测存在的问题

外国诸多国家结合自身特色与发展经验,根据现实需要建立了一系列教育质量监测制度与方法,保障对学生学业、教师教学与学校办学的监测与评估,保障教育质量的稳固发展。然而,基于已有的研究资料与各国监测的经验可见,在监测主体、监测内容、监测工具与监测方式方面仍然存在需要改进与优化之处。

(一)监测主体方面,未建立连贯、明确的中央与地方的衔接体系

外国诸多国家根据本国政治体制与教育体制的特点,建立了适合本国国情的中央教育监测机构与地方教育监测机构。然而,具体分析中央教育监测机构与地方教育监测机构的统筹衔接方面,对于二者之间的关系、职权划分与工作任务的分配,未能进行明确恰当的处理,从而导致了中央教育监测机构与地方教育监测机构的统筹连贯性不强。从二者各自的职责与任务方面分析,由于中央的宏观统筹与控制作用的发挥,地方相应地接受中央的管辖与治理,如此形成自上而下连贯的监测实施体系。中央监测与地方监测应各司其职,发挥各自监测的特色。然而,全国范围内的监测与各地区范围内的监测的维度雷同,势必造成监测内容的遗漏或交叉重复。比如,在对毕业生的质量进行监测时,由于着力进行学术与就业两方面的能力监测,对学生的成就感、身体健康素质等鲜有关注,形成了监测内容方面的疏漏;监测方式的采用没有结合监测主体的特色,中央监测约同于权威性的第三方数据监测。比如,美国进行的教育质量监测主要为全国范围内的数据监测,俄罗斯进行的全国范围内的教育质量监测主要为国家教育统一考试与全俄教育测试,中央发挥的统筹与控制作用未得以彰显,也未形成对地方教育质量监测的任务分配。这些均体现了外国高中教育质量监测未契合中央集中与地方自治的特色,未形成关系明确、实施严谨的监测网络。

(二)监测内容方面,未对监测对象的潜在特质进行分析与监测

分析国外的高中教育质量监测,在监测内容方面,主要对学生学业成绩、教师教学能力、学校办学绩效进行监测,未形成对监测对象的全面监测,未注重对监测对象的潜在特质进行监测,容易导致监测的片面性,局限了衡量教育发展水平的角度与分析处理教育问题的视角。具体来看,首先,在学生学业质量的监测方面,考核内容主要为学生习得的知识,缺少对学生的人格、情感方面的监测。美国对高中学生的监测主要聚焦于计算、读写能力方面。英国、德国对高中学生的监测主要聚焦于学科学习与掌握水平、职业技能的培养方面。法国对学生的监测主要聚焦于毕业年级学生的知识掌握水平。然而,学生的道德品格、情感培养没有受到足够重视,未考虑到对作为人的学生的关照。其次,在对教师教学质量的监测方面,监测内容主要为教师的职业技能、职业素养,并针对教师的职业技能提升要求设置培训。教师的性格、人格较少受到关注,教师内化形成的隐性知识未得到重视。再次,在对学校办学质量的监测方面,着重进行的是对学校自我治理水平以及学校的整体发展水平的评估,目的是保证地方教育质量的均衡发展,完善自身的监测体系。比如,法国主要通过学院—区域教育督察对办学质量进行监测,俄罗斯通过普通学校鉴定与国家认证制度对办学质量进行监测。然而,监测过程中缺少对学校的底蕴与特色、学校形成的独特的文化环境与氛围的关注,这便导致了监测的形式化,难以发挥监测的真实反馈作用。

(三)未形成对监测工具的检验制度与检验体系

各国对高中教育质量的监测主要借助于一系列的监测工具与监测形式来实现。监测工具的全面推广与使用以对其标准程度与适用程度的默认为前提。这也表明监测工具的使用过程缺少程序上的严谨性,缺少对监测工具的可信度的证明及实体性的保障,同时也缺少对监测工具的实体化检验制度,政策文本与法律法规由发挥价值层面的引导作用转变为发挥规范作用,势必造成价值规范

的混乱无序,以及借由监测工具的普及实现的对教育质量监测的垄断。各国未形成对教育质量监测工具的检验制度,体现为缺少对监测工具本身的评价,缺少对监测工具的定位分析。除此之外,还体现为缺少对监测工具的标准性与适用性的检验,未形成对监测工具投入使用的整个过程的检验与评价制度,缺少对监测人员进行考核的标准与文件。由于未形成对监测工具的检验制度,监测工具投入使用及其在使用过程中容易出现偏差与失误。

三、外国高中教育质量监测的启示

外国在高中教育阶段进行质量监测的诸多制度与方式能够为我国教育质量监测提供借鉴与启示,能够指导我国高中教育的进一步发展与教育质量的提升。

(一)完善政策法规,提供宏观的价值导向与理念支持

政策法规为监测实施提供了文本支撑与依托,规范了监测实施的过程与程序,同时作为监测目标的解释者,能防止实施过程对目标的偏离,因此,应完善政策法规文本,为监测实施提供价值导向与制度支持。外国的教育质量监测有政策法规支撑,保障了监测过程的顺利进行,也规范了监测的实施,这为我国高中教育质量监测提供了借鉴经验与启示意义。

1.完善教育质量监测政策体系

只有完善教育质量监测政策体系,才能为进一步的监测落实提供宏观导向,因此,应该提高对教育质量监测的重视程度,加强政策体系建设;应针对当前教育质量监测实践中存在的问题,提出进一步革新举措,从而形成切实有效的政策目标;要完善对政策制定过程的监测,保障政策公平公正,保障政策文本的权威性。首先,要有针对教育质量监测的完整框架与全面架构,确保政策的体系化;其次,要明确监测目标,为监测体系实施提供导向;再次,要注重多方参与,健全政策体系保障机制;最后,要及时根据社会与教育的需要,联结日常实践,更新政策内容,提高实际效用。

2.颁布教育质量监测实施法规

监测实施法规的颁布能够保证教育质量监测的合法性与规范性,既为教育质量监测的正当性提供依据,也是监测过程应该遵守的原则性要求。要明确监测实施法规的目标定位,坚持法规为监测实施服务,提高高中阶段教育质量监测的重要性,从而提高其地位。应明确监测实施法规的规范性,以保证监测实践的顺利推进。法规内容切合实际需要,扎根现实,结合监测实施过程,赋予其现实意义。监测实施法规的实施要与其他条例结合起来,最大限度地发挥法规的作用,为监测实践提供最大价值。

3.制定教育质量评估实施办法

教育质量评估过程不是杂乱无序的,而应该形成一定的程序、步骤以及要求。制定教育质量评估实施办法,对监测过程中需要注意的问题、需要考虑的因素、实施与监测过程自身质量检验的途径作出文本性规定,能够确保监测途径的公正,保证其具有广泛适用性。实施办法的制定应该有教育专家参与,共同讨论与提出最佳实施途径;应咨询监测人员的意见和建议,保障实施办法切实可行。实施办法应讲求多元化、普适性,提高实际效用。实施办法以文本的形式呈现,从而作为对实施途径的权威性规范章程。

(二)监测主体方面,注重中央与地方的协调合作

国家监测在整个监测体系中处于指导调控的位置,不论是对政策制定与价值导向,还是对实施规范与实践调查,都具有重要意义。保障国家监测的统筹协调作用,是政府督导式联结第三方监测与自我监测,从而实现集中与多元、整体与特色的相互尊重与共同发展。

1.以政府督导为主要途径

政府督导能够保证教育质量监测的价值导向性与目标的完成度。外国注重采用政府督导来监测学生学业、学校办学与教师教学质量,这为我国的教育质量监测

提供了思路。因此,在高中教育质量监测过程中,应将政府督导作为主要实施方式。

政府督导首先要明确质量监测目标,秉持育人理念,保证监测评价的目标导向与目标切合度,保证监测为教育质量服务,为育人服务。其次,政府督导是教育质量监测的主要实施方式,其他监测应辅助与补充政府督导。政府督导在监测过程中占据主导地位就是发挥其规范调节作用,用以保障监测的基本方向明确,以及基础性监测内容的完成。最后,在监测结果呈现上,政府督导可以以报告的形式呈现结果与建议,也可以借助数据分析,保证结果的科学与可靠。

2. 协同第三方共同监测

第三方数据监测对政府督导起协助作用,是教育监测体系的重要补充,能够促进监测实施途径的多样化建构,是多主体参与教育质量监测的重要表现,进而能够促进教育质量监测的公开化、民主化与科学化。

教育质量监测协同第三方,就是做到让其参与监测全程,将其纳入整个监测体系,通过动态化的监督,从数据角度对教育现状予以把握。第三方数据监测要协助开展监测对象的数据信息收集与筛选,建立数据库,实现教育信息共享;进行监测结果分析,拓宽监测途径,提高监测效率。

3. 支持与监管学校自我监测

学校自我监测是重要的监测途径,学校能够根据自身办学条件与办学特色,采取恰当的监测思路与监测方式,制定切合学校的监测框架,真正实现帮助学校在原有基础上得以改进、获得发展。我们应该支持学校进行自我监测;学校应在政府督导、第三方数据监测的基础上制定个性化方案,实现监测网络的构建。首先,我们应帮助学校明确自身监测的目标与任务,避免出现重复监测、漏测的情况;其次,我们应支持学校自主研发合适的监测工具,召集相关专业人员相互交流,共同为个性化监测的实现献策;最后,学校自我监测应遵守监测法规,学校领导者与管理人员应签订监测协议,承诺监测工具的科学化与监测途径的正当性和合法性,保障监测的顺利实施。

(三)监测内容方面,注重全方位与精准化协调、社会化与个性化统一

综合来看,在外国对教育质量的监测经验中,注重对学校、教师与学生多主体实施监测值得借鉴。然而,监测不应仅局限于学生学业质量、教师教学质量以及学校办学水平上,还应关注学生的整体素养、教师的全面发展,以及学校的办学特色与管理水平。

1.评估学生的素养发展状况

学生的学业质量、就业与生存能力固然重要,学生的精神内涵、品格修养同样需要得到质量保证,因此,教育质量监测还应注重对学生的全面发展给予衡量。评估学生素养的首要前提是监测学生身心健康,以培养健康的人。在此基础上,要评估学生的精神内涵。我们可以通过灵活的形式,如海选式竞赛、专题大赛、鼓励科研发现与专利申请,来评估学生的水平;同时,通过构建场景要求学生参与回答问题,了解学生的价值观念与思想品德。

2.评估教师的全面发展质量

其一,要注重对教师的全面发展情况进行评估。要对教师的职业素养进行评估,不仅要评估教师的教育教学知识与技能掌握情况,还要灵活进行教师教育精神、教育情感评估,对教师教育情怀进行基本了解。同时,还要评估教师的教学工作环境与处境,了解教师的工资水平、身心健康、职业压力以及所享受的权利是否得到保障,由此形成对教师职业素养与职业形象的全面评估。其二,教师不仅是职业,还是教育事业的从业者,因此要注重对教师的人格修养、精神面貌以及思想观念形成完整评估,保证教师的人格健全。

在实施途径方面,不仅可以组织教师职业培训,还可以实施问卷调查、访谈与动态跟踪多种途径,协同地方监督与数据监测,从而提高教师群体质量。

3.监测学校的管理水平

其一,要监测学校的办学质量与管理水平,为学生成长提供优良环境。要对学校领导者与管理人员进行监测,了解学校领导者与管理人员的专业能力与素

质,并针对结果反映的问题组织培训强化活动。其二,应完善学校管理机制,健全学校管理程序,促进管理体系的监测完整;同时,应制定相关管理文本,规范管理过程,并为管理过程的监管提供依据。

(四)注重监测工具的科学化与制度化

综合国外诸多国家的监测经验来看,既要灵活运用科学多样的监测工具,又要规范监测工具的使用,保障监测的准确性与真实性。我们应注重以标准化测试作为监测学生学业质量、学校办学质量的重要途径,提高质量的均衡性,努力保证教育公平;同时,还应建立地方教育监测机制,形成制度化的宏微观监测体系。

1.进行全国统一标准化测试

全国统一标准化测试能够确定学生的学习成绩是否符合基本水平,是监测学生学业质量的基本途径。在高中阶段实施全国统一标准化测试,就是在参与普通高等学校招生全国统一考试之余,设置多种测验考试形式,为学生提供多样途径满足个性发展的需求。实施全国统一标准化测试应该注意:首先,要以全国课程教学大纲、各学段学生培养目标为编写试题的依据,避免超纲情况;其次,应由教育专家、经验丰富的优秀教师共同参与商讨编写试题;再次,应注重对试题的信效度检验,提前进行试题试测,保障试题质量;最后,测试对象应有代表性,这就要求选取测试对象时采用多种取样方式,随机取样与分层取样相结合以保障样本的广泛代表性。

2.建立与规范省级、地方测试机制

我们应加强地方教育,加强国家与地方之间的联系,注重对地区化特色教育的尊重,同时强化对其的规范。省级测试应由省级政府、教育部门支持同意,确立政府部门在监测的设计与实施中的权威性地位。同时,应坚持政府主导、测试方负责、实施主体协同合作、社会多方参与的测试机制,形成测试的基础性整体架构。测试内容在关注地方学生学习、学校办学与管理、教师教学与身心健康等情况基础上,弘扬地区特色,整合地区文化背景与教育办学特点,形成独特的测试体系。同时,建立测试运行的监督机制,监管测试过程,为施测提供保障。

3. 鼓励并引导学校发展自主测试

发展学校自主测试是对学校办学与管理特色的尊重与倡导。支持学校自主开展测试,能够挖掘学校潜在优势,也能适应学校自身特色。学校在测试的准备、实施及数据分析方面应遵循相关专业规定,以保证测试题的信度与效度。测试应将问卷调查、访谈配合进行,多途径了解学生、家长、教师、学校领导者与管理人员、社区人士的情况以及对测试的意见和态度,为测试的编制提供具体对象与具体内容。测试形式可采用纸笔测试、面试以及总结汇报等,提高测试的灵活性与可操作性。

(五)注重监测形式的多样化与监测实施的规范化

针对国外高中教育质量监测注重形成多样化监测形式的经验,以及在监测过程中未形成对监测工具、监测实施的检验制度与体系的缺陷,我国在进行教育质量监测的过程中,应协调好监测形式多样化与监测实施规范化的关系。

1. 监测形式多样化

教育质量监测应灵活采用多种途径,做到教育质量多方监督、质量监测多方参与,支持多种方式共同监测,发挥团队特色。首先,要形成监测目标共识与监测实施认同,以指导进一步的监测过程;其次,要明确不同主体的责任与角色,实现多主体分工合作,各自履行相应的职责,承担好自己的角色,优化自身监测功能;再次,要提高多主体监测体系的整体效力,增强凝聚力,形成监测系统,发挥系统优势,建构全局性监测体制;最后,不同主体间要共同面对教育的变化,不断进行创新,提高应对环境的能力。

2. 监测实施的规范化

教育质量监测公开化是保障监测民主与监测正义的有效途径。教育质量监测过程接受来自教育系统、家长与社会各方的监督,这成为不同主体参与监测的方式和途径,能够增强家长与社会对教育教学的关心与了解。监测过程接受监督,能够督促监测实施者与管理者自律自觉地遵守监测法规,按照程序实施监测,提高监测的质量,确保监测过程正义。因此,我们应开拓多种途径汇报监测过程,实施监测过程动态评估与跟踪记录,及时更新监测动态,确保学生家长与社会成员了解监测前沿;同时,应规范监督过程,避免他者的监督干扰质量监测的实施。

3.监测周期化与常态化

监测周期化与常态化能够实现教育质量的稳定,确保国家教育方针与教育目标的落实;能够深化教育主体的监测意识,提高监测自觉性。为此,要确保实时监测,适时监测,规定每年相应时间实施固定监测,制定监测周期;要形成固定的监测机制与机构,形成监测的良性循环;不断完善监测内外部环境,完善监测监管体制与法规。

第四章　高中监测指标体系的建构

　　高中教育是我国教育体系中的重要组成部分,延承义务教育发展成果,关涉高等教育发展潜力。2020年,全国共有高中阶段教育学校2.45万所,高中阶段毛入学率为91.2%。[①]预计到2025年,我国高中阶段教育毛入学率将超过92%。[②]经过70余年的发展,我国高中教育走过了扩充规模的外延式发展,正在迈向高质量内涵式发展的征程中。2019年,《中国教育现代化2035》指出:"推动各级教育高水平高质量普及。"《中华人民共和国国民经济和社会发展第十四个五年规划和2035年远景目标纲要》也提出"建设高质量教育体系。"为此,必须采取有效措施大力促进基础教育体系高质量发展,而强化教育监测是其中一项重要举措。

　　当前,我国开展的教育质量监测主要围绕义务教育进行,而高中监测则集中在以下几方面:依据我国教育事业发展目标构建普通高中教育综合发展水平指标体系;[③]从教育满意度层面调查分析家长和学生对高中教育公平感知、教育质量感知和总体满意度;[④]从区域高中发展现状研制普通高中教育发展水平评估监测指标体系。[⑤]这些探讨是有益的,但都是从某一方面探讨高中教育的发展,而未能系统、全面、深入地建构评价高中教育发展的指标体系。基于此,则需建构更加系统全面的高中监测指标体系,以促进高中教育朝着更加规范、更加公平、更为优质的方向发展。

[①] 中华人民共和国教育部.2020年全国教育事业发展统计公报[EB/OL].(2021-08-27)[2022-08-28].http://www.moe.gov.cn/jyb_sjzl/sjzl_fztjgb/202108/t20210827_555004.html.
[②] 张力.建设高质量教育体系——"十四五"时期促进人的全面发展[N].人民日报,2021-04-21(10).
[③] 高丙成,陈如平.我国普通高中教育综合发展水平研究[J].教育研究,2013(9):58-66.
[④] 课题组.基础教育服务对象满意度实证研究[J].教育研究,2019(3):80-89.
[⑤] 程素萍.区域普通高中教育发展水平评估监测指标体系的构建[J].教育导刊:上半月,2020(8):38-43.

第一节 高中监测指标体系建构的依据

高中监测指标体系是根据新时代背景下国家有关高中教育发展的重要指导性文件,深刻考察各省关于高中教育的督导评估方案,立足高中教育的新形势综合建构起来的。

一、以新时代以来国家关于高中教育的政策文件为指引

步入新时代以来,我国教育的主要矛盾也随社会主要矛盾的转化而发生转变,表现为公平与质量问题凸显。[1]党和国家站在时代的发展高度陆续出台了一系列纲领性文件指导高中教育的发展方向,以期推动高中教育朝着高质量、多样化、有特色的方向发展。国家层面出台的指导高中教育发展的纲领性政策文件是高中监测指标体系建构的指南针,高中监测是一项涉及国家、学校、学生等主要价值主体的系统性监测工程,遗漏其中的任何一个,都可能无法系统揭示高中教育的全貌。因此,高中监测指标体系的建构必须深刻理解新时代以来国家层面颁布的关于高中教育的政策文件,把握国家对高中教育提出的新要求,从而确保高中监测指标体系的正当性与科学性。国家层面关涉高中教育的政策文件及相关要求具体如表4-1所示。

表4-1 新时代国家层面关涉高中教育的政策文件

发文时间	发文机构	政策名称	相关要求
2019年2月	中共中央 国务院	《中国教育现代化2035》	提升高中阶段教育普及水平,鼓励普通高中多样化有特色发展
2019年6月	国务院办公厅	《国务院办公厅关于新时代推进普通高中育人方式改革的指导意见》	全面提高普通高中教育质量,基本形成普通高中多样化有特色的发展格局。把构建全面培养体系、优化课程实施、创新教学组织管理、加强学生发展指导、完善考试和招生制度、强化师资和条件保障作为重点任务

---

[1] 钟秉林.改革开放40年 教育迈向新时代[J].中国教育学刊,2018(12):1.

续表

发文时间	发文机构	政策名称	相关要求
2020年2月	中共中央办公厅 国务院办公厅	《关于深化新时代教育督导体制机制改革的意见》	地方政府履行教育职责,不断完善评估监测指标体系,加强对各级各类学校教师队伍建设、办学条件和教育教学质量的评估监测
2020年10月	中共中央 国务院	《深化新时代教育评价改革总体方案》	改革学校评价,推进落实立德树人根本任务;改革教师评价,推进践行教书育人使命;改革学生评价,促进德智体美劳全面发展
2020年12月	教育部	《中国教育监测与评价统计指标体系(2020年版)》	指导各级教育行政部门和学校从教职工、学校校舍、图书资源、信息化建设、安全卫生情况、教育经费等方面监测与评价各级教育事业发展状况

上诉政策文件深刻彰显出在高中教育阶段国家层面、地方政府层面、学校层面、学生层面所扮演的角色与承担的责任。以新时代国家对高中教育的政策文件为指引,从国家层面、地方政府层面、学校层面、学生层面四个行为主体出发,将其作为高中监测一级指标构建的价值主体,进而把"办学哲学、办学条件、办学水平、办学质量"作为高中监测的一级指标,并对上述政策文件的相关要求进行凝练概括,纳入二、三级监测指标之中。

二、以省级层面对高中教育的督导评估文件为参照

教育督导是我国现行的重要教育制度之一,它在规范学校发展、提升教育质量等方面发挥着积极的功效。2012年的《教育督导条例》明确规定,教育督导包括县级以上地方人民政府对本行政区域内的学校和其他教育机构教育教学工作的督导。2014年印发的《深化教育督导改革 转变教育管理方式的意见》赋予教育督导"开展教育质量评估监测"的新使命,规定地方政府(省级层面政府)是高中监测的责任主体。在现实层面,地方普通高中教育的发展更多依赖于地方教育行政部门对高中教育的重视程度。地方政府对高中教育的规范性管理往往依托其出台的教育督导评估等文件。高中监测指标体系的建构需要以省级层面对高中教育的督导评估为参照,尽量避免高中监测指标体系的狭隘性。基于篇幅

限制,本研究挑选东、中、西部各两个省(东部地区为浙江省和海南省,中部地区为湖南省和江西省,西部地区为陕西省和贵州省)关于高中教育督导评估的政策文件,梳理其评估要点,为高中监测指标体系建构提供参照。

表4-2 省级层面关于高中教育的督导评估文件

发文时间	发文单位	文件名称	相关内容
2019年5月	浙江省人民政府教育督导委员会办公室	《浙江省人民政府教育督导委员会办公室关于做好浙江省2018年度县(市、区)教育现代化发展水平监测工作的通知》	从优先发展、育人为本、促进公平、教育质量、社会认可5个方面的10个二级指标(满分100分)动态跟踪全省89个县(市、区)教育现代化(含普通高中教育)各项指标数据变化情况,以抓重点、补短板、促均衡为原则,引导全省各地切实重视和解决教育发展不平衡不充分问题,为加快推进教育现代化服务
2020年5月	海南省教育厅	《海南省普通高中(完全中学)办学水平督导评估方案(2020年修订)》	从基本办学条件、学校管理工作、教育教学工作、学校办学特色4个层面的15个二级维度评估普通高中学校的综合办学水平;根据申报学校各项指标所得分值及总分情况(满分1000分),确定学校的综合办学水平等级;评估认定达到省一级学校标准的学校(省一级甲等学校:总分不低于945分;省一级乙等学校:总分不低于900分),授予"省一级学校"或"省一级乙等学校"称号
2013年10月	湖南省人民政府教育督导室	《湖南省示范性普通高中督导评估方案(试行)》	从领导班子与学校管理、教师队伍与办学条件、办学水平与办学特色、示范效应与引领作用4个层面36个评估要点(满分100分)对省示范性高中进行评估,评为不合格的(60分以下),取消省示范性普通高中资格
2018年5月	江西省人民政府教育督导委员会办公室	《江西省贯彻落实〈加快中西部教育发展工作督导评估监测办法〉实施细则》	从加强薄弱高中建设、提高普通高中办学质量、完善经费投入机制、加大学生资助力度4个层面的8个具体举措加快普及高中阶段教育
2018年5月	陕西省教育厅、陕西省人民政府教育督导委员会办公室	《陕西省教育质量提升督导评估316工程幼儿园小学初中普通高中中等职业学校指标体系》	从办学方向、队伍建设、教育质量与管理、教育信息化、教学保障等7个层面60个二级指标(满分1000分)对普通高中开展A(900分及以上)、B(800~899分)、C(600~799分)、D(600分以下)四个等级评估
2018年11月	贵州省教育厅	《贵州省示范性普通高中评估方案(2018年修订稿)》	从办学理念、学校管理、教师队伍建设、课程与教学、教育质量5个层面的14个二级指标(总分500分)评估示范性普通高中的发展水平。对通过评估的,认定为贵州省示范性普通高中学校。符合相关要求且总分450分以上为一类示范;符合相关要求且总分400分以上为二类示范;符合相关要求且总分350分以上为三类示范

上述省级层面关于高中教育督导评估文件中,江西省从措施上指明高中教育的监测维度,但未深入量化各项监测指标的评判标准;浙江省动态监测高中学校的指标变化情况,补短板、提质量,以期整体推进高中教育的现代化水平;湖南省和贵州省对示范性高中进行考核评估,通过得分总数,确定其是否入选示范性高中。各省级层面关于高中教育的督导评估文件架起了国家政策与高中学校有效沟通的桥梁,对于构筑高中监测的具体指标、明确高中监测的评定标准发挥着理论与实践的双重借鉴功能。一言以蔽之,本研究中高中监测指标体系的建构是以省级层面对高中教育的督导评估文件为参照,在深入剖析其规定的指标体系的基础上,对比分析、综合把控,逐步建构出促进高中教育规范、高质量发展的监测指标体系。

三、以当下高中教育的发展境遇为新形势

立足当下高中教育的发展境况是建构高中监测指标体系的必然遵循,也是彰显高中监测指标体系生命力的关键所在。经过70余年的砥砺奋进,我国高中教育已实现"量"的扩充与"质"的改善,但仍存在以下问题:从整体层面进行审视,我国高中教育存在巨大的不均衡性。这种不均衡性主要体现在高中教育省际的不均衡性和省内的不平等性。省际的不均衡性体现在各省(直辖市、自治区)经济发展存在差异,导致对普通高中教育的资源投入存在明显的差距,经济欠发达地区高中教育资源投入不足,经济发达地区的高中教育资源配置存在投入过剩、效率较低的现象。[1]省内的不平等性体现为省内超级中学凭借生源、师资、经费等优势长期享有优先发展权,牺牲本省份县级中学的发展空间,拉低省内整体教育质量。[2]从引领高中发展的教育制度层面进行审视,管理机制、办学体制、课程改革制度、考试制度、校长评价制度是影响高中教育发展的关键。[3]从

---

[1] 金双华,杨艺.普通高中教育资源配置效率研究[J].现代教育管理,2021(1):53-60.
[2] 郭丛斌,徐柱柱,张首登.超级中学:提高抑或降低各省普通高中的教育质量[J].教育研究,2021(4):37-51.
[3] 张宝歌,韩嵩,焦岚.后普及时代普通高中多样化制约机制及对策思考[J].教育研究,2021(1):83-95.

学校内部进行审视,条件保障不足、教师结构性缺失、教学组织管理机制不顺畅等是抑制高中教育发展的主要因素。[①]基于此,本研究在建构高中监测指标体系的过程中,紧扣当下高中教育的新形势,直面制约高中教育发展的关键因素,把学校规模、经费保障、管理制度、师资队伍、育人方式等纳入二级监测指标,并围之进行具体细化,使得高中监测指标体系与当前高中教育的发展状况紧密结合,从而保证高中监测指标体系的科学性与可行性。

第二节　高中监测指标体系建构的原则

高中监测指标体系的确定还需要遵循一定的原则,即政策性与实践性相统一、历史性与时代性相统一、系统性与科学性相统一、规范性与多样性相统一。

一、政策性与实践性相统一

高中监测需要以相关政策谋划为方向指引,关照高中教育的现实发展状况。脱离相关政策谋划,高中监测的方向性与指引性无法得到保障;违背高中教育的实践状况,高中监测的正当性与可行性更无从谈起。因此,政策性与实践性相统一是建构高中监测指标体系过程中需要遵循的首要原则。具体而言,政策性是建构高中监测指标体系的关键,在建构高中监测指标体系的过程中需要紧紧把握以下两个方面:一是符合国家层面关于高中监测的价值指引。在凝练三级监测指标的过程中紧扣我国的教育方针政策,把"落实立德树人"纳入其中。围绕新时代以来国家出台的关于教师与学生负担的政策,把"教师负担"和"学业负担"纳入三级监测指标。二是与各省级层面关于高中教育督导评估的文件相衔接,保证其连续性,防止发生前后矛盾现象,避免出现"神仙打架,凡人遭遇"的局

---

① 苏娜,刘梅梅.新高考后普通高中育人能力现状调查及对策研究——基于对31省1 256所普通高中的调查[J].中国教育学刊,2021(1):54-59.

面。在建构高中监测具体指标体系及对各项指标体系赋值的过程中,应充分研判省级层面关于高中教育的督导评估文件,借鉴其有益经验,逐个分析高中监测各项指标的合理性与可行性。实践性是确保高中监测指标体系富有解释力和生命力的基础。建构高中监测指标体系的目的是监测高中教育的发展现状,补短板促均衡,进而推动高中教育的高质量发展。因此,各项监测指标必须源于高中教育的实践,有的放矢,指导和服务于高中教育实践。为确保高中监测指标体系的可操作性,在三级监测指标后附有"监测释义"来阐明如何对照指标体系开展高中监测活动。概言之,政策性与实践性相统一原则,从政策和实践层面为高中监测指标体系的形成提供双重指引,使高中监测指标体系更具科学性与可行性。

二、历史性与时代性相统一

高中监测是对当前高中教育水平和质量进行的科学评估、精准检视,进而准确掌握高中教育的发展状况,为发现高中教育问题、提升高中教育质量、促进科学决策提供依据。高中监测指标体系既关涉高中教育的时代发展使命,又连接高中教育的历史发展脉络,所以,高中监测指标体系的建构要遵循历史性与时代性相统一的原则。一方面,高中监测指标体系的建构并不是对以往指标体系的打倒重建,而是在尊重高中教育的发展历史,正视已有的高中监测内容,合理调整已有高中监测指标体系的权重的基础上,确保建构的高中监测指标体系既符合高中教育未来发展诉求,又经得起历史发展实践的检验。另一方面,高中监测指标体系要依据国家对高中教育的新指引、新要求,符合未来高中教育的发展走向。具体而言,在建构高中监测指标体系的过程中应对高中监测内容进行系统梳理,如在二级监测指标"办学方向"层面,延续我国高中教育一以贯之的"坚持党的领导",添加"办人民满意的学校"作为三级监测指标;在二级监测指标"办学理念"层面,延续"以生为本"的理念,根据我国高中教育的现实发展需要及未来发展导向,增添"特色发展、优质均衡"作为三级监测指标。1999年公布的《全国普通高中监测指标》仅从教师学历合格率、生均校舍建筑面积、生均图书三方面进行简单监测。1998年高中教师学历合格率为63.49%,到2020年全国高中阶段学校共有专任教师294.87万人,专任教师学历合格率为98.79%。[①]基于高中教师队伍的发展现状,本研究在构建高中监测指标体系的过程中,未把"教师学历合格率"单独纳入指标体系中。把"师资队伍"作为二级监测指标,根据新时代对教师队伍提出的新要求,把"师德师风、教师结构、教师负担、教师专业素养、教师研修"作为二级监测指标"师资队伍"下的三级监测指标。

三、系统性与科学性相统一

高中监测是对高中教育进行全方位、多层次的诊断与检视,因此,高中监测指标体系的建构需兼顾系统性与科学性。从其具体构成来看,高中监测指标体系建构是一项系统性工程,需要充分考究影响高中教育的各个核心要素,力求监测指标体系的全面系统,避免以偏概全或挂一漏万现象的发生。如高中监测指标体系的二级监测指标涵盖国家层面的"办学方向、办学理念、培养目标",涉及地方政府及学校层面的"学校规模、经费保障、基本设施、管理制度、合作交流"等,兼顾教师和学生层面的"师资队伍、学业质量、健康水平、审美素养"等。此外,高中监测指标体系严格遵循科学性原则,对各级指标进行科学的筛选分类,力求指标体系能够科学有效地评价、揭示高中教育的发展现状。具体而言,表现在以下几个方面:首先,高中监测指标体系建构的价值取向紧扣新时代以来国家层面关于高中教育的重要指导性文件,以期形成规范性和高质量前提下的"多样化有特色"高中教育发展新格局,顺应国家对未来高中教育的布局谋划,因此,从方向性层面保证了高中监测指标体系的正确性;其次,高中监测指标体系的二级监测指标不是对省级教育督导评估文件中具体指标体系的简单罗列,而是通过对收集到的各省级政府层面指定的关于高中监测指标体系的全面了解,在对比

---

① 中华人民共和国教育部.2020年全国教育事业发展统计公报[EB/OL].(2021-08-27)[2022-08-28]. http://www.moe.gov.cn/jyb_sjzl/sjzl_fztjgb/202108/t20210827_555004.html.

分析的基础上,结合高中教育的现实发展境况和未来发展方向,科学地加以分类,慎重地进行优化组合,从而确保二级监测指标的合理性与可靠性;最后,高中监测三级指标体系的划分是在紧扣对应二级监测指标的基础上,立足具体的监测对象,对照国家相关政策文件,进而形成科学合理的三级监测指标。例如:二级监测指标"健康水平"的三级监测指标的建构主要是围绕2020年10月中共中央办公厅、国务院办公厅印发的《关于全面加强和改进新时代学校体育工作的意见》,并结合当前高中生的心理健康状况,把"心理发展"也纳入"健康水平"的三级监测指标之中,由此把"健康水平"划分为"健康知识、体质状况、运动技能、心理发展、健康生活"5个三级监测指标。

四、规范性与多样性相统一

高中监测指标体系既要在方向上与国家关于高中教育的重要纲领性文件中的价值指向保持一致,还需关切各省正在施行的高中教育督导评估方案和高中学校的现实境遇,因此,在建构的过程中需做到多样性与规范性相调适,增强高中监测指标体系的现实性与可操作性。具体而言,一方面,在建构高中监测指标体系的过程中紧扣《中国教育监测与评价统计指标体系(2020年版)》的思想与内容,综合研判各省关于高中教育督导评估的共识性指标,在瞄准高中教育未来发展方向的过程中,打牢高中教育发展基石,因而本研究把"办学哲学、办学条件"这类规约高中教育发展的先决性要素作为高中监测的一级指标,从方向指引和物质支撑方面综合检视高中教育发展状况,为补齐高中教育发展短板、推进高中教育科学决策提供坚实依据。另一方面,尊重各地区、各高中学校的发展差异,充分比较各省高中教育督导评估方案的差异性与各高中学校的现实差距,在二级监测指标"管理制度、师资队伍、育人方式、合作交流"方面充分留白,既为已形成特色的高中学校提供展示现有特色与优势的平台,又为一般高中学校提供方向指引,为改进现有不足提供路径参照。一言以蔽之,高中监测指标体系旨在从整体层面检视高中教育的发展面貌,确保高中教育多样化有特色的新格局是建立在规范性和高质量的基础之上的,因此,在建构指标体系的过程中既要求同存异又要兼收并蓄,遵循规范性与多样性相调适原则,审慎筛选组合高中监测各项指标。

第三节　高中监测指标体系的基本框架

高中监测指标体系的形成最终经历了三个阶段:第一阶段为2020年10月,课题组围绕新时代以来国家关于高中教育的重要指导性文件,参考省级层面的高中教育督导评估方案,立足高中教育的新形势,初步形成关于高中监测指标体系的初级版本(初步形成涵盖一级、二级指标的高中监测指标体系);第二阶段为2021年2月,课题组紧扣高中监测指标体系的建构原则,围绕高中监测指标体系集中进行解释说明和筛选修改,并对各级指标进行权重赋值;第三阶段为2021年7月,课题组组织专家对赋值后的高中监测指标体系进行论证,结合专家提出的改进意见,集中讨论并进行修改完善,最终形成高中监测指标体系,其中包含"办学哲学、办学条件、办学水平、办学质量"4个一级指标,涵盖"办学方向、办学理念、培养目标、学校规模、经费保障、基本设施、管理制度、师资队伍、育人方式、合作交流、思想品德、学业质量、健康水平、审美素养、劳动实践"15个二级指标和56个三级指标(如表4-3)。

表4-3　高中监测指标体系

高中监测指标体系					
一级指标 (权重)	二级指标 (分值)	三级指标 (分值)	监测释义	评分标准
办学哲学 (0.15)	办学方向 (8分)	坚持党的 领导 (3分)	①坚持新时代中国特色社会主义办学方向;②办学思想端正,目标明确;③在校园醒目位置和会议室布置有宣传党的教育方针的内容	某一项达不到要求扣1分

续表

高中监测指标体系					
一级指标（权重）	二级指标（分值）	三级指标（分值）	监测释义	评分标准
办学哲学（0.15)	办学方向（8分）	落实立德树人（3分）	①坚持德育为先，把德育与智育、体育、美育、劳动实践教育有机结合；②德育工作纳入学校发展规划和各项管理制度；③立德树人的实施途径清晰、载体具体、效果良好	某一项达不到要求扣1分
		办人民满意的学校（1分）	①办学能力得到社会各界普遍认可；②享有良好的社会声誉与群众口碑	某一项达不到要求扣0.5分
		依法办学（1分）	①依据政策规定接收适龄残障儿童随班就读；②严格禁止违规补课；③有效防范和遏制校园欺凌现象	某一项达不到要求扣0.4分，扣完为止
	办学理念（4分）	以生为本（2分）	①面向全体学生，关注每一位学生；②顺应时代发展，满足学生发展需求	某一项达不到要求扣1分
		特色发展（1分）	①学校办学理念和整体教育改革思路凸显鲜明的办学特色；②在推进高中新课程新教材实施、现代学校制度建设等方面形成办学特色，在市内外有较大影响；③能够充分发挥示范辐射作用，办学经验在兄弟学校中广泛推广	某一项达不到要求扣0.4分，扣完为止
		优质均衡（1分）	①坚持公平与质量并举，提升教育发展水平；②对每位学生实施全面而有区别的教育，促进学生健全而充分的发展；③制定长远发展目标，追寻内涵式发展道路	某一项达不到要求扣0.4分，扣完为止
	培养目标（3分）	全面发展（2分）	①坚持五育并举教育理念，全面提升学生综合素质；②坚持全方位培养，使学生具有健全的人格和规范的品行	某一项达不到要求扣1分
		个性发展（1分）	①培养音、体、美等特长生获得较好成绩；②每位学生有选择地参与社会实践、社区服务、科技创新等各类课外活动	某一项达不到要求扣0.5分
办学条件（0.25)	学校规模（6分）	校舍建设（2分）	①学校选址、布局符合学校办学基本标准；②校舍无危房	某一项达不到要求扣1分
		班级规模（2分）	①班级数不少于12个；②班额不超过50人	某一项达不到要求扣1分
		人均校舍面积（2分）	①生均校园面积不少于20平方米；②寄宿制学校宿舍铺位满足学生住宿需求，按住宿学生数计算，生均宿舍建筑面积不小于3平方米	某一项达不到要求扣1分
	经费保障（4分）	经费来源（2分）	①生均公共财政预算教育事业费比上一年度增长；②生均公共财政预算公用经费比上一年度增长；③政府能安排适量的预算外经费，满足学校发展需要	某一项达不到要求扣0.7分，扣完为止
	经费保障（4分）	经费使用（2分）	①合理编制学校经费预算并严格执行；②经费使用遵守财务纪律，账目清楚；③上级下拨的学生助学资金等做到专款专用，按时足额发放到位	某一项达不到要求扣0.7分，扣完为止

续表

高中监测指标体系

一级指标（权重）	二级指标（分值）	三级指标（分值）	监测释义	评分标准
办学条件（0.25）	基本设施（15分）	活动场馆（3分）	①学校体育办学条件总体达到国家标准；②有400米跑道的标准运动场；③设有体育馆、体育器材室、体质测试室	某一项达不到要求扣1分
		教学设施（3分）	①有专用的理、化、生仪器室和实验室，教学仪器设备按照国家普通高中教学仪器配备标准配齐配足；②有专用的音乐、美术教室和舞蹈排练厅，音乐、美术教学设备达国家规定标准；③其他各类校内实践教学配套设施齐全	某一项达不到要求扣1分
		图书资源（3分）	①生均藏书35册以上，报纸杂志种类80种以上；②有独立的图书馆，学生阅览室座位不少于学生总数的1/10；③图书资料充分开放，每学期借书、阅览学生总人次达学生总数的3倍以上	某一项达不到要求扣1分
		信息化资源（4分）	①建有校园网，网络带宽能满足正常教学和办公需要；②所有教室具备网络接入条件并配备网络信息终端；③配备计算机教室，满足学校正常教学需要；④校内数字教学资源全面系统，涵盖学科的各个知识点	某一项达不到要求扣1分
		社会资源（2分）	①搭建多样化学生社会参与、社会实践的平台；②充分挖掘和利用社会资源，建立艺术教育等研学基地	某一项达不到要求扣1分
办学水平（0.40）	管理制度（6分）	考试招生制度（1.5分）	①健全考试招生制度及工作机制；②严禁擅自提前招生、超计划招生、违规跨区域"掐尖"招生；③近两年无重大招生考试违纪现象发生	某一项达不到要求扣0.5分
		教师管理制度（1.5分）	①健全教师管理制度及工作机制；②全体教师每学期有工作计划和总结；③按岗位工作目标和职责要求定期对教职工进行考核	某一项达不到要求扣0.5分
		学生管理制度（1.5分）	①健全学生管理制度及工作机制；②结合国家要求建立本校学生日常行为规范，纪律严明，管理到位；③学生入学、转学、借读、休学、复学、退学等手续完备，材料齐全，真实可信	某一项达不到要求扣0.5分
		安全卫生制度（1.5分）	①健全安全卫生制度及工作机制；②学校食堂食品卫生、饮用水卫生等有安全防范措施；③近两年无重大安全卫生事故发生	某一项达不到要求扣0.5分
	师资队伍（16分）	师德师风（3分）	①师德师风建设长效机制健全；②遵纪守法、关爱学生、做"四有"好老师，教师个人无违法违纪行为；③无有偿补课、无校外兼职兼课以及为培训机构组织生源等现象	某一项达不到要求扣1分
		教师结构（3分）	①现有教师按政策规定编制配备达标，任课教师学历合格率100%；②师（专任教师）生比不低于1:15；③教师学科和年龄结构合理；④高、中级职称教师达40%以上	某一项达不到要求扣0.8分，扣完为止

续表

高中监测指标体系				
一级指标（权重）	二级指标（分值）	三级指标（分值）	监测释义	评分标准
办学水平（0.40）	师资队伍（16分）	教师负担（3分）	①不安排中小学教师到与教育教学无关的场所开展相关工作；②切实避免安排中小学教师参加无关培训活动；③清理精简现有督查检查评比考核事项	某一项达不到要求扣1分
		教师专业素质（4分）	①教师专业知识达到教育知识、学科知识、学科教学知识、通识性知识等领域标准；②教师专业能力达到教学设计、教学实施、教育教学评价、沟通与合作等领域标准；③推动教师阅读，提升教师综合素养；④所有教师具备利用信息化设备和资源开展教学的能力	某一项达不到要求扣1分
		教师研修（3分）	①学校已经形成教研训一体的研训机制并有效实施；②教师各类教科研论文在省和县（市、区）评奖中取得良好成绩；③学校教科研成果具有一定学术水平，能在省级以上教研活动中进行交流、公开发表	某一项达不到要求扣1分
	育人方式（13分）	德育渗透（3分）	①德育实践活动主题明确、内容丰富、形式多样、效果良好；②学校的每个年级都有各具特色的鲜明的德育教育主题；③把立德树人融入思想道德教育、文化知识教育、社会实践教育各环节，三全育人得到落实	某一项达不到要求扣1分
		课程实施（4分）	①按课程规划和实施方案，开齐课程，开足课时；②建立学生选课指导机制，引导学生自主选课，满足学生对选修课程的选择权；③加强课程实施监管，建立有学校课程决策、审议和评估制度；④拥有切实可行的特色校本课程开发与实施方案	某一项达不到要求扣1分
		教学管理（3分）	①学校每学期对各层级教学计划的落实情况至少检查2次并有反馈；②定期对教师备课上课、教研活动情况及学生学习情况进行检查并及时反馈；③优化教学资源配置，优化课堂教学模式，形成符合本校实际、务实管用的课堂教学模式	某一项达不到要求扣1分
		学生发展指导（3分）	①学校建立并施行学生发展指导制度；②每学年至少开展2次专题讲座、职业体验等形式的指导活动；③学生能结合个人兴趣、国家需要等选择课程和报考专业，初步确定个人的发展方向	某一项达不到要求扣1分
	合作交流（5分）	家校沟通（2分）	①发挥家长和社会相关方面协同育人作用，建有家长委员会；②与家庭建立良好的沟通与合作渠道	某一项达不到要求扣1分
		校际合作（1.5分）	①有稳定合作的协作学校；②与省内外兄弟学校交流频繁（每学期不少于2次）；③有实际运作的协作项目或交流项目	某一项达不到要求扣0.5分

续表

| \multicolumn{5}{c|}{高中监测指标体系} |
一级指标（权重）	二级指标（分值）	三级指标（分值）	监测释义	评分标准
办学水平（0.40）	合作交流（5分）	国际交流（1.5分）	①有对口交流的境外学校；②近三年有常态化的中外师生交流项目；③学校能够与境外学校之间的交流创造条件,提供经费与物质支撑	某一项达不到要求扣0.5分
办学质量（0.20）	思想品德（4分）	爱党爱国（1分）	①学生具有爱党爱国、爱家乡、爱人民、爱劳动、爱科学的情感；②学生熟知社会主义核心价值观；③学生能够树立正确的价值观、人生观和是非观,能理性地分析、处理个人与国家、个人与集体、个人与他人的关系	某一项达不到要求扣0.4分,扣完为止
		遵纪守法（1分）	①学生熟悉并遵守《中小学生守则》和《中学生日常行为规范》；②学生遵守社会道德规范与法律法规；③学生自觉履行公民义务,依法行使公民权利,在校内外表现出中学生的良好风貌	某一项达不到要求扣0.4分,扣完为止
		诚实守信（1分）	①学生具有诚实、正直、谦让的品质和初步分辨是非的能力；②学生保持言行一致,不说谎,不作弊；③学生借东西及时还,知错就改	某一项达不到要求扣0.4分,扣完为止
		友善待人（1分）	①学生在生活与学习中能与他人友好相处；②学生与伙伴分工协作,互相帮助,出现问题时能客观地分析问题并承担责任；③学生积极参加集体活动,主动为同学及他人服务	某一项达不到要求扣0.4分,扣完为止
	学业质量（4分）	学业水平（2分）	①学生期中、期末考试学科合格率在85%以上；②高二学业水平考试合格率在95%以上	某一项达不到要求扣1分
		学业生涯规划（1分）	①学生对自己的理想、学习、生活、生涯规划等发展有明晰的目标和实现路径；②学生有预习、听课、作业、复习等良好习惯	某一项达不到要求扣0.5分
		学业负担（1分）	①学生每天睡眠8小时以上,有充足的午休时间和课间休息时间；②学生家庭作业总量每天不超过90分钟；③学生有较为充足的自由支配和体育活动时间	某一项达不到要求扣0.4分,扣完为止
	健康水平（4分）	健康知识（0.8分）	①学生能掌握基本的健康知识；②学生能掌握健康的运动方法；③学生形成良好的意志品质,具备承受挫折的能力	某一项达不到要求扣0.3分,扣完为止
		体质状况（0.8分）	①学生体质健康合格率达95%以上；②学生体质健康优良率达65%以上；③毕业生体检合格率98%以上	某一项达不到要求扣0.3分,扣完为止
		运动技能（0.8分）	①绝大部分学生经常参加体育活动并能掌握2~3项体育运动基本技能；②学生个人在县级以上各类体育比赛中取得较好成绩	某一项达不到要求扣0.3分
	健康水平（4分）	心理发展（0.8分）	①学生能掌握基本的心理健康知识、心理调节方法；②学生具有对挫折的耐受能力,拥有良好的心态	某一项达不到要求扣0.3分

续表

高中监测指标体系					
一级指标（权重）	二级指标（分值）	三级指标（分值）	监测释义	评分标准
办学质量（0.20）	健康水平（4分）	健康生活（0.8分）	①学生掌握生活、运动、安全、卫生等基本常识；②学生饮食营养健康，作息规律，睡眠充足；③学生不沉迷网络、不吸烟、不喝酒、不赌博，远离毒品	某一项达不到要求扣0.3分，扣完为止
	审美素养（4分）	艺术感知（1分）	①学生普遍关注艺术对自我发展及未来生活的影响，积极参与舞蹈、戏剧、影视与数字媒体艺术等活动；②学生在音乐、美术等某方面掌握一定的知识，具有浓厚的兴趣爱好	某一项达不到要求扣0.5分
		审美鉴赏（1分）	①学生初步具有辨别美与丑的能力；②学生形成比较正确的对事物审视、品评和批评的态度	某一项达不到要求扣0.5分
		艺术表现（1分）	①学生能在音乐、美术作品和文艺节目表演中表现出一定的水平；②学校各类艺术活动丰富，80%以上的学生不同程度地参与到各类艺术活动中	某一项达不到要求扣0.5分
		创意实践（1分）	①学生有一定数量的作品和节目在校级以上评比、汇展、会演中获奖；②有一定数量的学生参加市级以上艺术活动比赛项目	某一项达不到要求扣0.5分
	劳动实践（4分）	劳动观念（0.8分）	①学生能理解劳动是人类发展和社会进步的根本力量，尊重劳动；②学生能学习和掌握基本劳动知识和技能；③学生认同劳动光荣、劳动伟大的思想观念	某一项达不到要求扣0.3分，扣完为止
		劳动精神（0.8分）	①学生能领会幸福是奋斗出来的意义；②学生能继承和奉行勤俭节约、敬业奉献的精神	某一项达不到要求扣0.4分
		劳动能力（0.8分）	①学生掌握基本的劳动知识和技能，能正确使用常见的劳动工具；②每位学生具备2项及以上劳动技能和团队合作能力；③每周课外活动和家庭生活中劳动时间不少于3小时	某一项达不到要求扣0.3分，扣完为止
		劳动习惯与品质（0.8分）	①学生能够自觉自愿、认真负责、坚持不懈地参加劳动活动；②学生养成合理消费、杜绝浪费的良好习惯；③学生形成吃苦耐劳、不怕艰难的意志品格	某一项达不到要求扣0.3分，扣完为止
		实践创新（0.8分）	①学生具有在社会生活中动手操作、体验的经历，能够参加实践活动（如生产劳动、军事训练、参观学习与社会调查等）并形成调查报告；②拥有一定数量的学生科技小创造、小发明、小论文等作品	某一项达不到要求扣0.4分

说明：

1. 满分100分。90分及以上评估结果为A级，80~89分评估结果为B级，60~79分评估结果为C级，60分以下评估结果为D级。各项得分不出现负数。

2. 监测评估方法可采用如下形式：①随机走访、听课；②召开教职工、学生、家长及社会各界人士的座谈会；③查看相关档案资料；④实地查看办学条件、周边环境；⑤人大代表、政协委员、教职工、学生、家长等问卷；⑥学科测试等。

3. 有重大政治事故或发生重大安全责任事故的，除扣除相应条款分值外，并视情况降低评估等级。

4. 本标准适用于普通高中学校（地方政府举办的高中、国有企业事业单位、高校附属的高中和民办高中）。

第四节 高中监测指标体系的内容

高中监测指标体系的建构旨在促进高中教育朝着更加规范、高质量的方向发展,因此,高中监测指标体系的内容既要紧扣高中教育的未来走向,又需立足高中教育的现实境况;既涵盖国家层面的价值指引,又关注学生的发展需要。

一、办学哲学

办学哲学是一所学校办学所坚守的理想信念,也是一所学校发展的价值遵循与指引,它是"学校成员对学校精神类各文化要素的提炼、概括与升华,是用来指引学校建设、教育教学与管理等活动的最高价值标准,是学校文化的基础、核心和灵魂"[1]。高中监测指标体系中的"办学哲学"由"办学方向、办学理念和培养目标"三个二级指标构成,分别回应"为谁培养人、怎样培养人、培养什么人"的教育根本问题,并进一步细化为9个三级指标(见表4-4)。

表4-4 高中监测指标体系中"办学哲学"指标划分

一级指标	二级指标	三级指标
办学哲学	办学方向	坚持党的领导
		落实立德树人
		办人民满意的学校
		依法办学
	办学理念	以生为本
		特色发展
		优质均衡
	培养目标	全面发展
		个性发展

---

[1] 陈瑜,王远玲.人人教育 优质均衡——重庆九龙坡教育综合改革实验模式[M].北京:教育科学出版社,2016:200.

(一)办学方向

办学方向体现学校办学的根本立场,是对"为谁培养人"的本质回答。坚持社会主义办学方向,落实立德树人根本任务,是习近平总书记对新时代我国社会主义教育事业提出的总方向和根本方针。"坚持社会主义办学方向,就应该掌握学校意识形态工作的领导权、管理权、话语权,扎实推进学校党建工作;强化问题意识、警惕意识、关怀意识,发现和解决学生思想领域的突出矛盾;坚持不懈地传播马克思主义理论,对马克思主义的理论逻辑和时代特色作出科学彻底的阐释,提高理论内容的科学性;将学校教育传统优势与现代信息技术高度融合,做好网络阵地的意识形态工作。"[1]如《北京市普通中小学校全面实施素质教育督导评价方案》(京教督〔2018〕18号)指出,要"坚持社会主义办学方向,落实立德树人根本任务,努力培养德智体美劳全面发展的社会主义建设者和接班人。注重弘扬社会主义核心价值观、优秀传统文化和先进时代精神等;注重办学思想与理念提炼,形成稳定的办学思想体系与实践运行机制"。因此,在坚持社会主义办学方向的指引下,高中学校要坚持扎根中国大地办教育,坚持实事求是的科学精神,以及深沉理性的家国情怀,凸显办学特色。

1.坚持党的领导

坚持党对学校教育工作的全面领导,是坚持社会主义办学方向的根本保障,必须牢牢掌握党对学校教育工作的领导权,确保学校成为党的领导的坚强阵地,以及培养社会主义事业建设者和接班人的坚强阵地。坚持党对学校教育工作的全面领导,引导学生树立坚定的社会主义和共产主义理想信念,是对社会主义办学方向的根本遵循。坚持党对学校教育工作的全面领导,要以马克思主义为指导,净化校园、课堂环境和教材,建立科学的评价导向,树立正确的榜样。[2]在高中监测过程中,坚持党的领导意味着要发挥党组织引领学校教育工作的重要作

---

[1] 丁晓颖.坚持社会主义办学方向的三重逻辑[J].上海党史与党建,2020(6):15-19.
[2] 刘书林.坚持社会主义办学方向 办好人民满意的教育——学习习近平总书记在全国教育大会上的重要讲话[J].思想理论教育导刊,2018(11):14-20.

用,发挥其政治核心功能,形成健全良好发展的政治生态。如《北京市普通中小学校全面实施素质教育督导评价指标体系》指出,要充分发挥党组织政治核心和战斗堡垒作用。加强和改进党建工作,落实常态政治理论学习制度;积极践行社会主义核心价值观,加强教职工思想政治教育;定期开展教职工思想状态调研,创新工作方法;党员发挥先锋模范作用。建立党政领导参与决策和监督机制,落实"三重一大"制度;健全党政领导沟通协调机制等。

2.落实立德树人

立德树人是教育的根本任务,落实立德树人根本任务要体现针对性、实效性,全面推进新时代素质教育。高中学校在落实立德树人的教育根本任务中,其立德树人的措施与办法要具有可操作性与实效性,尤其是德育工作方面,要能够做到实施方案具体化、实施途径清晰化等,将立德树人融入思想品德教育、文化知识教育、社会实践教育等各个环节。落实立德树人根本任务,需以整体的、联系的、协同的思维方式统筹谋划,遵循教育主导、文化助推、制度保障和生活渗透的"四位一体"的实践逻辑体系。[①]高中学校落实立德树人根本任务,要发挥学校教育教学工作的主导作用、学校文化精神的涵养作用、学校各项制度的育人作用、学校生活的潜移默化作用,使高中学校的立德树人工作能够成为大中小学教育一体化的有机衔接部分。

3.办人民满意的学校

办人民满意的学校意味着办学水平得到社会各界普遍认可,享有良好的社会声誉与群众口碑。当前,我国的主要矛盾是人民日益增长的美好生活需要和不平衡不充分的发展之间的矛盾。习近平总书记曾说,我们的人民热爱生活,期盼有更好的教育,期盼着孩子们能成长得更好、工作得更好、生活得更好。[②]学校要坚持以人民为中心发展教育,不辜负人民群众对学校办学高质量的期待。人

---

① 张铭凯,靳玉乐.论立德树人的实践逻辑与推进机制[J].中国电化教育,2020(8):7-13.
② 习近平:人民对美好生活的向往就是我们的奋斗目标[EB/OL].(2012-11-15)[2022-10-12].http://www.xinhuanet.com/18cpcnc/2012-11/15/c_123957816.htm.

民群众是历史的创造者,是推动社会发展的根本力量。办学要从全体人民的根本利益出发,自觉站在人民立场做决策,处理好眼前利益和长远利益的关系,解决好个人需要和社会需要的关系,紧紧抓住人民最关心、最直接、最现实的教育问题,不断满足人民对更好教育的期待,保障人民有更多教育获得感,促进教育成果更多更公平惠及全体人民,以教育公平促进社会公平正义。如《陕西省教育质量提升督导评估316工程指标体系(普通高中)》中的"办学成效"下的"学校声誉"一项要求:"公众对学校提高教育质量工作成效的满意度85%以上(对辖区部分人大代表和政协委员、社区代表、学生家长等进行问卷,其中学生家长占50%以上)。"《海南省普通高中(完全中学)办学水平督导评估方案(2020年修订)》(琼教督〔2020〕9号)中的"社会影响"指标,就指出学校的办学水平要得到社会各界普遍认可,享有良好的社会声誉,并主动服务社区,担当社会责任,使学校在社区建设中的文化引领作用得到充分发挥。[1]

4. 依法办学

依法办学要求学校贯彻国家法律法规,依法办学、规范办学,具有规范的学校章程,各项规章制度健全;要求学校切实保障学生受教育权利,加强现代学校制度建设等。依法办学指"学校在正确办学思想引导下,依据法律法规和政策开展办学活动,提供公共服务,维护学校和全体师生合法权益的行为",直接体现为在办学实践中严格执行、有效落实国家教育法律法规和教育政策,是外部法律约束和内部自律约束的双重力量。[2]按照《教育部关于当前加强中小学管理规范办学行为的指导意见》,依法办学要求学校依法治校,学校内部管理要科学规范,形成自我约束的发展机制,主要包括要依法落实校长负责制,坚持育人为本、德育为先,认真贯彻《中小学教师职业道德规范》,强化教师教书育人职责和岗位要

---

[1] 海南省教育厅关于印发《海南省普通高中(完全中学)办学水平督导评估方案(2020年修订)》的通知[EB/OL].(2020-05-19)[2022-10-13].http://edu.sanya.gov.cn/jyjsite/bmwjxx/202005/63b20189e64945c8ba6d3e447dbdfe09/files/b1ff97418f3d443d978139477009c466.doc.
[2] 袁贵仁.中小学校管理评价[M].北京:人民教育出版社,2014:2.

求,加强学校财务管理和资产管理等。[①]在高中监测过程中,依法办学要求高中学校坚持依法治校,建立规范的学校章程,制度健全,权责明确。例如:山东省教育厅印发的《山东省普通中小学办学基本规范》(鲁教基发〔2021〕2号)指出,要提高思想认识、纳入评价体系、落实工作责任、严查违规行为、形成工作合力。

(二)办学理念

办学理念是指导学校教育教学改革的重要指南,是基于办学实践过程对"怎样培养人"的逐步积累所形成的一种文化自觉。办学理念要能够对学校管理和师生思想起到统领作用,做到贯穿学校教育教学全过程。一个好的办学理念,其来源要遵循教育规律,符合学校学生实际;其形成要基于系统思考,逻辑清晰自洽;其表达要易诵易记,有独特性。[②]高中办学要具有科学合理的思想,符合素质教育要求,具有体现学校特色的办学目标与发展规划。湖南省教育厅发布的《湖南省示范性普通高中督导评估方案(试行)》(湘政教督〔2013〕3号)指出,办学理念的评估要点为:符合教育发展思想、教育方针政策和改革方向及学校历史传承和发展实际;师生家长和社区对办学理念的知晓、理解和认同程序;办学理念与学校发展规划相统一,办学目标明确,有落实措施,措施到位。[③]

1.以生为本

以生为本的办学理念意味着学校办学要面向全体学生,促进其全面发展,关注每位学生接受教育机会的公平性,满足每位学生接受教育的个性化需要。高中办学要以生为本,关注真实的学生、具体的学生、完整的学生,促进学生的德智体美劳全面发展。

---

① 中华人民共和国中央人民政府.教育部关于当前加强中小学管理规范办学行为的指导意见[EB/OL].(2009-04-22)[2022-10-13].http://www.gov.cn/gongbao/content/2009/content_1399843.htm.
② 徐志勇,高敏,赵志红.让学校诗意地栖居:办学理念的需求场景与凝练策略[J].中小学管理,2020(4):51-54.
③ 湖南省教育厅.关于印发《湖南省示范性普通高中督导评估方案(试行)》的通知[EB/OL].(2008-09-27)[2022-10-13].http://jyt.hunan.gov.cn/jyt/sjyt/xxgk/zcfg/gfxwj/200809/t20080927_3990513.html.

2.特色发展

特色发展旨在促进学校结合自身特色实现异质性、多元化的发展,使学校具有明显的优势与特色。办学特色是学校在物质设施、教育思想、管理运行、教育教学活动,以及校风、教风、学风等多方面综合体现出来的稳定的特点与风格,是在长期办学实践中逐步形成、积累、调整、充实和发展的。[1]在高中监测过程中,特色发展意味着学校在全面贯彻教育方针的前提下形成相对稳定的办学风格特征,包括独特定位的办学模式、校本课程设置与开发、教学教研、学校管理特色等。高中学校应具有个性鲜明的办学经验,能够突出学校的强项或优势,在课程建设、学科教学、学生素养等方面形成显著稳定的办学特色。例如,《陕西省教育质量提升督导评估316工程幼儿园小学初中普通高中中等职业学校指标体系》中的"办学特色"一项指出,学校要多样化发展、特色化建设,成效显著,社会声誉良好;形成独特的办学理念、管理模式、学校文化;在办学模式、培养模式、教学模式、管理机制、队伍建设、教育科研、德育工作、美育教学、学校体育、评价体系、校园文化、信息化建设等方面特色明显,独特稳定。

3.优质均衡

优质均衡的办学理念要求学校办学兼顾优质与均衡的内涵式发展,让每一位学生成为更好的自己,拥有更美好的未来。优质均衡不仅体现在教育资源分配上,也体现在教育质量和教育特色上。从教育资源分配的角度来看,优质均衡意味着公平、合理的教育资源分配,使得年级之间、班级之间、生生之间能够形成相互协调与促进的发展模式。从教育质量和教育特色的角度来看,优质均衡是在满足基本教育质量的标准上追求更优的质量。总之,高中办学理念的优质均衡意味着能够公平公正地配置教育教学资源,为每位学生提供适切的教育,保证每位学生都能够获得高质量的学校生活,促进高中生全面个性发展。

---

[1] 袁贵仁.中小学校管理评价[M].北京:人民教育出版社,2014:35-36.

(三)培养目标

学校的培养目标是基于学校自身实际情况对"培养什么人"的实践回应,即培养德智体美劳全面发展的社会主义建设者和接班人,以及担当民族复兴大任的时代新人。办学理念中的培养目标,要坚持全面发展与个性发展的辩证统一。

1.全面发展

培养全面发展的人是我国教育目的的理论基础。全面发展着眼于学生在德智体美劳等方面全面自由和谐地发展,指向人完整地、和谐地发展,在各个方面得以充分和自由的发展等。刘铁芳、罗明指出,人的全面发展具有三重内涵:一是基于个体自身诸种素质的展开;二是基于置身自然历史进程赋予人的各种潜能的展开;三是基于人与社会的交往实践。[①]我国在新时期提倡的五育并举,就是全面发展的人这一培养目标的综合体现。

2.个性发展

个性发展主要表现在促进个体形成在相应领域的特殊技能或能力,为学生个体所具有的先天生理优势创造条件,激发个体的需求并提高需求的层次,尊重和培养个体的兴趣,努力创造良好的环境,充分发挥个体的能力,引导个体在尊重并遵守人类共同的基本价值规范、遵守国家宪法和法律的基础上进行多元价值选择等。[②]高中学校办学理念的培养目标追求学生的个性发展,意味着要尊重学生的志趣和才能,实现学生多样化发展。如《海南省普通高中(完全中学)办学水平督导评估方案(2020年修订)》(琼教督〔2020〕9号)指出,要帮助学生树立正确理想信念、正确认识自我,提高学生自主选择课程、规划未来发展方向的能力。

---

① 刘铁芳,罗明.人的全面发展之社会性及其培育[J].教育发展研究,2020(8):1-6.
② 文新华.论人的全面发展与个性发展——兼论创新人才的培养[J].华东师范大学学报(教育科学版),2004(1):7-13.

二、办学条件

2019年,《国务院办公厅关于新时代推进普通高中育人方式改革的指导意见》中的改革目标方面强调,要让办学条件得到有效保障。2020年,教育部等八部门发布《关于进一步激发中小学办学活力的若干意见》,再次指出要提升办学支撑保障能力,注重加强条件保障。办学条件作为高中监测指标体系的重要构成,是学校教育教学的资源保障,是支持学校教育发展的基础条件,是提高办学质量的重要物质支撑。基于此,课题组把握时代变化,提取政策要点,考虑实际情况,拟定了包括3个二级指标、10个三级指标在内的高中办学条件监测指标体系(见表4-5)。

表4-5 高中监测指标体系中"办学条件"指标划分

一级指标	二级指标	三级指标
办学条件	学校规模	校舍建设
		班级规模
		人均校舍面积
	经费保障	经费来源
		经费使用
	基本设施	活动场馆
		教学设施
		图书资源
		信息化资源
		社会资源

(一)学校规模

学校规模指学校具有一定数量的教学班,场地空间符合学校可持续发展与教育教学需要,布局协调、规划合理,包括校舍建设、班级规模、人均校舍面积几个方面。

1. 校舍建设

校舍建设包括教学用房、专用教室等建设。校舍建设应与办学目标、课程规划等相协调,满足学校教育教学工作开展的需要。校舍设计与建筑质量要符合国家有关标准,功能完善,环境优美,为推动学校教育质量提升与学生发展提供重要场所。校舍建设要考虑组成学校的各个部分的功能,建设适应学生发展的功能齐全的校舍,符合《中小学校设计规范》等。校舍建设还要考虑周边因素,如学校应地处安全区域,周边没有安全隐患;学校场地应独立完整,产权合法(民办学校需产权明晰),无土地纠纷;租赁的场地、校舍等应符合法律法规要求等。

2. 班级规模

班级规模是衡量学校规模的指标之一,意味着学校需结合自身办学实际情况设置班级数量和班级人员的多少,保障学校教育教学资源得以合理利用。规范合理的班级规模既是学校办学规范化和标准化的保障,也是对学校中每一位学生受教育权利的保障。如《广东省普通高中督导评估方案》指出,省一级学校标准:高中规模36个班1 800人以上,且高中学生数必须占在校生总数的2/3以上。市一级学校标准:高中规模36个班1 800人以上(已普及高中阶段教育的地区,高中规模可适当降低)。县一级学校标准:高中规模18个班900人以上。

3. 人均校舍面积

人均校舍面积作为学校规模的衡量指标之一,为学校师生提供教育教学、工作生活的物理空间,是学校师生教育教学的权益保障。如《海南省普通高中(完全中学)办学水平督导评估方案(2020年修订)》指出,高级中学生均占地面积不低于25平方米,完全中学生均占地面积不低于20平方米。《湖南省示范性普通高中督导评估方案(试行)》指出,生均教学用房面积不低于8平方米,要逐步消除大班额现象,班额控制在55人以内(含55人)。《晋中市普通高中学校考核评估办法》对生均校园面积的要求为:城市不少于25平方米,农村不少于30平方米;有300平方米以上的生物园地;运动场地达到《山西省普通高中教育技术建设标准(试行)》(晋教基〔2008〕20号)的基本要求;生均建筑(不含教工宿舍)面积在6.4平方米以上;学生宿舍人均居住面积不低于3平方米等。

(二)经费保障

教育经费是学校优质办学的物质保障,主要包括经费来源与经费使用两部分。2012年,财政部、教育部印发的《中小学财务制度》指出,要提高资金使用效益,促进教育事业健康发展,主要任务有:"合理编制学校预算,严格预算执行,完整、准确编制学校决算,真实反映学校财务状况;依法筹集教育经费,努力节约支出;建立健全财务制度,加强经济核算,实施绩效评价,提高资金使用效益;加强资产管理,合理配置和有效利用资产,防止资产流失;加强对学校经济活动的财务控制和监督,防范财务风险。"

1.经费来源

学校有途径、有权利获取能够保障学校发展的充足经费,如政府拨款、社会融资等。教育部等八部门发布的《关于进一步激发中小学办学活力的若干意见》指出,要注重拓展社会资源,要"通过政府投入、政策支持、社会参与等多种方式,按照国家有关规定多渠道筹措经费"。《晋中市普通高中学校考核评估办法》指出,本级政府逐年加大对普通高中教育的财政拨款,生均公用经费和预算内生均公用经费逐年增长;财政部门设立了新课改实验、师训、信息化建设等专项经费,为学校教育教学改革和开展教科研活动提供财力保障;政府能安排适量的预算外经费,满足学校发展需要;学校基础建设造成的债务由当地政府承担,并逐年偿还。此外,《浙江省2018年教育现代化监测》中将社会力量作为经费保障的来源,要求全社会教育投入(不含公共教育经费)比上一年度有所增长。

2.经费使用

学校要合理规划、使用经费,具有规范公开的财务制度,各项经费使用需要规范合理,专款专用,无违规违纪现象。科学合理的经费使用制度是学校各个系统有效运转的保障。

(三)基本设施

基本设施指学校合理规划校园并进行建设的一系列投入使用的物质资源，主要包括活动场馆、教学设施、图书资源、信息化资源、社会资源几个方面。

1.活动场馆

活动场馆是学校师生进行教育教学、综合实践等活动的重要场所。学校根据实际情况建设地理、生物、科技、劳动等场馆为学生提供学习实践场地，以及体育馆、游泳池等活动场馆。2017年，教育部印发的《中小学综合实践活动课程指导纲要》指出："学校要为综合实践活动的实施提供配套硬件资源与耗材，并积极争取校外活动场所支持，建立课程资源的协调与共享机制，充分发挥实验室、专用教室及各类教学设施在综合实践活动课程实施过程中的作用，提高使用效益，避免资源闲置与浪费。有条件的学校可以建设专用活动室或实践基地，如创客空间等。"

2.教学设施

完善的教学设施是调动学生学习积极性、提高教育教学质量的重要保障。教学设施指的是高中学校要配备相应的仪器设施、实验器材等，包括通用教学设备和专用教学设备。通用教学设备指师生教学所需的常规教学设备、校园环境通用设备等，主要包括学生桌椅、教学工具仪器、多媒体电教设备、教学环境与安全等设施设备。专用教学设备需要结合各个学科的独立性与学科间的综合性，主要包括文科教学设备，如挂图、视听资料等；理科教学设备，如实验仪器材料、安全防护用具等；艺术教学设备，如音乐、美术设施设备等。中华人民共和国住房和城乡建设部发布的《中小学校设计规范》要求，应配置的主要教学用房有普通教室，科学教室，化学、物理实验室，解剖实验室，显微镜观察实验室，综合实验室，演示实验室，史地教室，计算机教室，语言教室，美术教室，书法教室，现代艺术课教室，音乐教室，舞蹈教室，风雨操场，合班教室，阶梯教室，阅览室，视听阅览室,体质测试室,心理咨询室,德育展览室,教师办公室等。[1]

3.图书资源

图书资源是办学条件的基本设施中不可或缺的重要组成部分,是教育教学和教育科学研究的关键资源,是学校课程建设与文化建设的重要载体,对促进学生自主学习与教师专业发展有重要意义。图书馆、阅览室等基本设施是学生自主学习与教师自我提升的重要资源,包括图书馆设备配置和图书配置。图书馆设备配置主要包括藏书室、借书处、阅览室、书架桌椅、计算机设备等。图书配置主要是根据师生教育教学发展需要购置的图书资料。高中学校需要有相应的图书馆及充足馆藏,有相关电子图书资源,主要包括适合高中生学习知识与自我发展的参考书籍,并能够实现定期更新。按照《中小学图书馆(室)规程》的要求,高级中学图书馆藏书量需要按照在校学生数人均藏书45册,报刊120种,工具书、教学参考书250种,并且要建立完善增新剔旧制度,每年生均新增或更新纸质图书应不少于一本,图书复本量应当根据实际需要合理确定。

4.信息化资源

加强学校的信息化建设,是推动信息技术与教育教学深度融合的过程,是教育信息化支撑教育现代化的关键环节。教育部印发的《教育信息化2.0行动计划》(教技〔2018〕6号)指出,要让"宽带网络校校通"实现提速增智,所有学校全部接入互联网,带宽满足信息化教学需求,无线校园和智能设备应用逐步普及。教育资源公共服务平台和教育管理公共服务平台实现融合发展。实现信息化教与学应用覆盖全体教师和全体适龄学生,数字校园建设覆盖各级各类学校。持续推动信息技术与教育深度融合,构建一体化的"互联网+教育"大平台。

5.社会资源

办学条件中的社会资源是对政府单一供给的供给侧渠道多元化补充,即积极吸引社会力量投资兴办教育,加强政府、学校、市场和社会力量的深度融合。

---

[1] 中华人民共和国住房和城乡建设部.中小学校设计规范[M].北京:中国建筑工业出版社,2011:12-13.

有学者指出,这种办学主体和融资渠道的拓展,反映了一种教育生产关系的调整,其目的就在于进一步激发和解放教育生产力。[①]高中学校办学条件中的社会资源,就是指学校拥有一批支持学校教育教学建设的校外资源与合作关系等,如家长、社区、大学、科研机构、企业等,并能充分、合理利用,形成相对稳定且有效的运转机制,支持学校教育教学高质量发展。

三、办学水平

办学水平作为评价一所学校办学实力和综合实力的重要指标,其衡量标准对学校发展有重要意义。明晰办学水平的内涵是厘清办学水平衡量标准的重要前提,但是目前学术界对"办学水平"这一概念并没有统一的认识和明确的界定。我们希望通过对"办学水平"这一核心概念进行讨论,厘定其核心要素,继而构建其二级指标。已有研究有的从整体角度对办学水平下概念性定义,如袁振国就提出:学校的办学水平作为一种综合性评价,它是指教育行政部门或专门的评价机构根据国家和社会赋予学校的教育目标和任务,运用科学的评价理论和技术,对学校的水平进行总体的价值判断。[②]也有研究从评估的要素的角度出发,对办学水平进行可测量的操作性定义,如符宗胤将办学水平的内涵界定为一所学校在一定的办学条件下,学校教育教学质量、科研能力和水平、思想政治教育工作、师资队伍建设、学校管理水平、办学能力和效益、校园建设等各个办学环节的综合体现。[③]以上是较为普遍的对于办学水平的定义。

查阅文献还发现,办学水平评价大多针对高校,而我国高校办学水平评价呈现品质性评价较少、评价标准僵化、评价一致性不足、学术性评价独占鳌头等特点。[④]对于普通高中而言,办学水平评价机制缺失,而普通高中阶段的学生身心

---

① 周海涛,朱玉成.教育领域供给侧改革的几个关系[J].教育研究,2016(12):30-34.
② 袁振国.当代教育学(第4版)[M].北京:教育科学出版社.2010:235-236.
③ 王庆如.民办高校提升办学水平的研究与思考[M].福州:福建教育出版社,2014:15.
④ 周青梅.应用型本科高校办学水平和教育质量评价机制比较研究[J].教育评论,2017(8):67-71.

发展和学校教育目标都与基础教育阶段和高等教育阶段有一定差异,普通高中办学水平评价有其独特性,并且普通高中教育是基础教育和高等教育的黏合剂,也是基础教育和高等教育沟通的重要桥梁和通道,因此,其办学水平评价有其必要性,普通高中办学水平评价指标体系亟待建构。

目前,学术界、政府及社会团体对于办学水平的衡量标准有自己独有的界定方式。学术界中有人提出办学水平的高低应从办学理论、办学规范、学科结构、师资发展、条件利用等方面进行衡量和评价[1];政府则侧重从学校的教师队伍、教学条件、教学效果、教学管理、学生指导等方面进行办学水平的衡量和评价;社会团体更偏向从人才培养、办学设施、综合声誉等方面对办学水平进行评价。根据学术界、政府和社会团体的需求,在结合相关政策文件并厘清思路后,课题组将办学水平划分为四个维度:管理制度、师资队伍、育人方式和合作交流。其中,教育管理制度是国家根据有关法规和政策建立起来的管理教育事业的制度体系的集合,包括各级教育机构的设置、功能作用的规定、相互间隶属关系的界定以及权限的分配与划定等诸多元素和要件。[2]学校领域的管理制度是依据社会需要和学校实际发展情况而建立的保障学校正常且有秩序运转的各种基本制度的集合。师资队伍是学校现有的所有培养学生的教育教学工作者组成的班子,对师资队伍的评价包括对队伍的现状和未来的发展两方面的评价。育人方式指培养人的各种方式方法,学校领域内的育人方式即学校或教师根据社会需求培养学生的种种方式的集合。合作交流则是立足于全球化和信息化时代,为了促进学生国际视野和全局思维的培养,保证学校、家庭、社区均参与学生教育过程中而催生的各式各样的交流合作形式。在进一步查阅相关文献后,课题组将4个二级指标进一步划分为16个三级指标(见表4-6)。

---

[1] 别敦荣,孟凡.民办本科院校办学水平评估的导向及内容[J].教育发展研究,2008(12):57-59.
[2] 张惠娟.关于我国中小学管理体制改革的方向性思考[J].教学与管理,2011(4):9-11.

表4-6 高中监测指标体系中"办学水平"指标划分

一级指标	二级指标	三级指标
办学水平	管理制度	考试招生制度
		教师管理制度
		学生管理制度
		安全卫生制度
	师资队伍	师德师风
		教师结构
		教师负担
		教师专业素质
		教师研修
	育人方式	德育渗透
		课程实施
		教学管理
		学生发展指导
	合作交流	家校沟通
		校际合作
		国际交流

（一）管理制度

就管理制度而言，《山东省普通高中素质教育督导评估办法》将管理制度划分为岗位责任制度、自评制度、评价制度、安全制度与卫生制度；《四川省高级中学素质教育督导评估细则（讨论稿）》将制度建设划分为行政管理、安全工作、卫生工作与评估机制；《江西省中小学实施素质教育工作督导评估指导方案（试行）》将学校管理划分为行政管理、教学管理、学习管理、财务管理与安全管理；《贵州省示范性普通高中评估方案（2018年修订稿）》则将制度建设划分为制度建设和制度落实。结合以上各省的评估体系，把握最新政策亮点，适应当今时代的需求，课题组将管理制度划分为考试招生制度、教师管理制度、学生管理制度和安全卫生制度。

1. 考试招生制度

考试招生制度是国家的基本教育制度,也是普通高中管理制度中最重要的制度之一,包括高中入学选拔制度、学生平时测验和期末成绩管理制度、高中学生综合素质评价制度、高考考试招生制度等。《国务院关于深化考试招生制度改革的实施意见》指出,现行考试招生制度中存在唯分数论影响学生身心发展,一考定终身和千军万马过独木桥等现象加重学生学业压力,城乡二元机制导致教育资源分配不均,择校热和名校热使得教育公平难以实现,加分造假和违规招生屡禁不止等现象和问题。面对以上复杂多变的社会问题,普通高中学校在建设考试招生制度时必须保证:一是在建设考试招生制度之初,就要坚持育人为本,遵循教育规律的基本原则,适应学生身心发展规律。学校的办学理念决定了学校采用什么样的方式方法开展学生的培养工作,而完善考试招生制度的基本原则就是遵循教育规律,严禁"唯分数论",杜绝应试教育的导向。考试招生制度作为学生发展的重要指南针,必须能够适应学生全面发展的需要。二是要健全考试招生体制机制。普通高中学校应着力建设一套从入学到升学的完备的高中考试招生制度,力求做到教育起点、过程、结果公平,并完善高中学业水平考试,保障教育教学质量。三是要保障考试招生制度的公平运转,杜绝违规招生和加分造假等现象,减少和规范考试加分,大幅减少、严格控制考试加分项目。四是要规范高中学生综合素质评价,保障学生全面发展。结合《关于加强和改进普通高中学生综合素质评价的意见》建立规范的学生综合素质档案,客观记录学生成长过程中的突出表现,注重学生社会责任感、创新精神和实践能力的考核和评价。五是要加强与政府沟通,完善政府监管机制,确保学校考试招生工作高效、有序实施。六是要建立考试招生制度评价反馈机制,以评促改,确保考试招生制度切合学生、学校和社会的实际需求。

2. 教师管理制度

教师管理制度是学校管理制度体系中的核心制度,主要包括教师准入和招聘制度、教师职称和考核评价制度、教师培养制度、教师激励制度、教师待遇保障机制等。当前,中学的教师管理制度存在人文关怀理念缺失、忽视教师权利、教师自主管理意识薄弱等问题。[①]因此,普通高中学校的教师管理制度不仅要通过理性化的制度来规范教师的行为,而且要体现人文关怀,激发教师自主管理活力,达到以情化人、以情动人的地步,情理两手抓。[②]据此,普通高中学校在建设教师管理制度时,一方面应立足制度层面追求效率,健全教师管理制度,如应建立教职工全员聘任制、完善教师待遇保障机制、实行岗位责任制,确保教师管理工作顺利有序进行;完善教师职称评聘机制,在职务评聘制度中实施教师分类管理评价,普通高中教师所教科目不同,评价方法和方式也应有所区别,理应据此建立在教师评价基础上的教师职称评聘制度和晋升制度。另一方面应立足文化层面追求互惠,坚持以人为本的管理理念,尊重教师权利,保障教师需求,完善教师自主管理,普通高中学校应有健全的教师发展制度与教师发展支持服务体系。

3.学生管理制度

学生管理制度是为了让学生能够更好地在校学习与生活而制定的重要行为规范制度,为实现学校的教育教学目标服务。[③]学生管理制度包括学生的权利与义务、学生行为准则、学生管理等方面的内容,普通高中学校应做到以下几点:一是要建立一套科学严密的学生管理制度体系来保障学生管理工作的正常运行,保障学生健康成长,结合国家要求建立本校学生日常行为规范,完善学生评优奖励制度和违纪处分制度,坚持正面教育,加强心理疏导;二是要支持和指导学校团委以及学生会、学生社团等学生组织积极开展活动,充分发挥学生组织自我教育、自主管理的作用;三是在制定学生管理制度时要把握度,不可违背伦理和法律,尊重学生人格,不讽刺、挖苦、歧视学生,不体罚或变相体罚学生;四是要建立制度评价反馈机制,确保学生管理制度真正落到实处。

---

① 刘思伽.以人为本理念在中小学教师管理制度建设中的践行[J].教学与管理,2019(15):53-55.
② 韩影.创新教师管理制度 推进高等教育内涵式发展[J].现代教育管理,2018(7):68-72.
③ 梁浩,王英杰.高校学生管理制度的价值取向、主体缺位与救济之道——基于学生主体的视角[J].现代教育管理,2016(2):120-123.

4.安全卫生制度

安全卫生制度是学校管理制度中的基础制度,是保障学校师生卫生安全的重要制度,也是保障学校工作正常运转的重要制度,还是学校的重要后勤保障制度。普通高中学校应有一套系统完备的安全卫生制度,并定期进行自我检查。卫生制度使学校平时能够维持良好的教学环境,保证师生的身体健康;安全制度使师生在面对重大突发事件时具备一定的缓冲时间和应急处理能力。两者能够保证学校安全健康运行。因此,普通高中学校一是要建立一套完善的安全卫生制度,认真做好安全工作,遵守安全规定,并制定相应安全应急预案,以便能够正确应对和妥善处置学校突发事件;二是要定期对师生进行安全教育、生命教育等;三是要定期实施安全演练和医疗应急技能训练,帮助师生熟练掌握相关医疗急救和安全措施,提高师生的安全防范和自救自护能力;四是必须配备校医室或保健室,按要求配备专兼职医护人员,落实日常卫生保健制度,重视常见病、传染病的预防工作,每年组织学生体检一次,并建立健全学生健康档案;五是相关证件和资格齐全,食堂食品卫生、饮用水卫生等应有安全防范措施。

(二)师资队伍

就师资队伍而言,2018年1月,党中央、国务院颁布了《关于全面深化新时代教师队伍建设改革的意见》(以下简称《意见》),教育部等五部门也配套出台了《教师教育振兴行动计划(2018—2022年)》(以下简称《计划》),这两份文件是我国教师教育建设发展的指路标。课题组基于对《意见》和《计划》的学习思考,结合当前普通高中发展实际情况,试图概括和把握我国教师政策发展的新亮点,以期指导师资队伍的指标体系建立。课题组据此将师资队伍划分为师德师风、教师结构、教师负担、教师专业素质、教师研修五个三级指标。

1.师德师风

师德师风作为师资队伍建设的灵魂,是师资队伍评价和建设的重要部分。师德师风是指从事教师这一专门行业的教育专业工作者应当具备的相关社会公德、理想信念、职业道德以及个人良好的品德和作风。《意见》强调:"把提高教师思想政治素质和职业道德水平摆在首要位置。"《计划》也提出,要"落实师德教育新要求,增强师德教育实效性",从而发挥教师的榜样和示范引领作用。据此可见,普通高中教师的师德师风建设是师资队伍建设不可忽视的重要部分,是师资队伍建设之基础。结合以上文件,对照习近平总书记提出的"四有好老师"的标准,普通高中学校应做到以下几点:一是应建立健全师德师风建设长效机制,完善教师师德师风相关档案,落实师德师风考评;二是要执行《中小学教师职业道德规范》,定期定时考核教师职业道德行为,确保教师职业道德行为过关,能够做一名遵纪守法、关爱学生、教书育人、为人师表的好老师,同时确保教师个人没有有偿补课、家教家养现象以及为培训机构宣传和招收生源等违法违纪行为;三是对全体教师进行师德师风培训与教育,加强教师理想信念教育,提升教师思想政治素质和道德水平。

2. 教师结构

教师结构是指各级各类学校内部师资队伍的构成状况。教师结构主要有教师的性别结构、年龄结构、专业结构、学历结构、职称结构等,合理的教师结构是师资队伍建设的地基。根据相关政策文件,结合普通高中实际情况,课题组对普通高中教师结构提出以下建议:首先,按国家规定的任职资格和省定编制标准配齐专任教师人员,最新核定的高中教职工编制数适应选课走班教学需要;其次,专任教师学历达标率合格,专任高中教师中有一定数量的教师接受过研究生教育;最后,教师的学科结构、年龄结构和职称结构合理,符合课程设置要求,教师之间能够各司其职、紧密合作。

3. 教师负担

教师负担是指专任教师完成学校教育教学工作时需要承担的教育责任、必须履行的义务以及由此产生的压力和付出的代价[①],包括教学负担和非教学负

---

① 付睿.论中小学教师减负[J].河北师范大学学报(教育科学版),2019(2):13-16.

担。2019年,教育部部长陈宝生在全国教育工作会议中提出要大力开展和做好教师减负这一工作。结合相关政策文件,立足社会实际情况和教师需求,普通高中学校在教师负担方面应做到如下几点:第一,在教学层面,学校必须保证教师的教学负担在合理范围内,对于一些不应由教师承担的教学行政工作,应予以精简,让教师有充足的时间与精力开展教育、教学、科研等本职工作,提升自身素养素质,和学校共同进步;第二,在非教学层面,学校的社会支持、教师的社会地位、教师职业的薪酬和福利、教师的角色负载、教师的家庭负担等均会增加教师的负担,这些非教学负担会让教师背上沉重的包袱,所以学校应该尽量予以支持,在必要的地方行方便之门,减轻教师的非教学负担,如学校应保障教师的待遇薪酬合理,对遇到困难的教师进行心理辅导和物质帮助等。

4.教师专业素质

教师专业素质是指教师在教师教育中习得、在教育实践中深化,并最终在教育教学活动中体现出来的能够指导教育过程的教师独有的专业能力、教育智慧和心理品质的总和。叶澜教授提出,教师在新时代应该具备专业精神、教育观念、专业知识、专业能力和教育智慧;林崇德和申继亮教授提出,教师专业素质包括职业理想、知识水平、教育观念、教学监控能力以及教学行为与策略。[1]结合以上论述和新时代对教师的新要求,课题组认为,普通高中学校应对教师专业素质做如下要求:一是教师应有扎实的相关学科基础知识,即教师的知识储备能够帮助教师很好地完成该学科的教学工作;二是教师应具备一定的教育教学相关知识和能力,能够根据课程标准制订相关教学计划,在具体教学实施过程中,能够有效率地完成教学任务;三是教师应有一定的教学智慧,能够根据教学情境的变化有意识地对学生进行个性化的引导,同时应具备一定的教研能力,能够主动发现教学实践中存在的问题并加以深入思考;四是教师应有较高的心理素质和品质,能与学生进行良好的沟通和交流,在面对课堂和校园突发事件时,能冷静对

---

[1] 王卓,杨建云.教师专业素质内涵新诠释[J].教育科学,2004(5):51-53.

待、及时处理；五是教师能够适应信息化时代的需求，具有走班教学管理能力和较强的信息素养，能够很好地消化和适应新课程实施需求，并且能够对学生进行发展指导。

5.教师研修

教师研修是着力于教师未来发展和个人成长的事业。结合当前政策和高中教师发展现状，课题组认为，普通高中学校在教师研修方面应做到以下几点：一是有健全的教师专业发展评价和研修机制，重视教师的个人进步和未来发展；二是构建教研训一体的机制，针对教师在教学过程中发现或者存在的实际问题开展教学研究与培训；三是有完善的教师培养计划，教师专业培训经费和时间有充足保障，教师继续教育学分管理制度健全；四是支持教师总结积累并形成有广泛影响的研究成果，教师培养培训效果显著，各年级、各学科有学科带头人，正高级教师、特级教师、省市名师和骨干教师在本校及区域内发挥作用与影响力的机会多、平台高、效果好；五是积极安排教师参加各级外派培训，如教师国培计划、教师海外研修访学等。

（三）育人方式

育人方式是指教师传授知识的方法。新时代育人方式需要新内涵，结合当前相关政策及普通高中学校发展现状，课题组将育人方式界定为学校或教师培养学生的各种方式方法。为把握当前教育政策重点，课题组仔细研读《国务院办公厅关于新时代推进普通高中育人方式改革的指导意见》（以下简称《指导意见》），并结合高中教育教学现状，将育人方式划分为德育渗透、课程实施、教学管理、学生发展指导四个三级指标。

1.德育渗透

德育渗透意指运用整体性思维，把德育工作与其他教育教学工作融为一体，互相借鉴和支撑。《指导意见》指出，要"把立德树人融入思想道德教育、文化知识教育、社会实践教育各环节"。因此，各普通高中学校，一是要有一套完善的德育制度和德育班子,能够按照德育工作目标制定实施方案,开展全校性德育活动,建立良好的德育环境;二是要突出思政课关键地位,并且充分发挥各学科育人功能,将思政课教学渗透进各学科教学中,帮助学生树立坚定的理想信念,夯实学生的思想品德知识基础;三是加强集体主义教育,帮助学生团结同学,养成良好的个人品德和社会公德;四是积极开展党团组织活动和主题教育、仪式教育、实践教育等活动,充分利用社会教育资源组织学生开展综合实践活动,锻炼学生的思想品德和行为践行能力。

2. 课程实施

关于课程实施的内涵,不同的学者有不同的理解。有学者认为,课程实施是教师把规划好的课程方案付诸实际教学的过程。也有学者提出,课程实施除了学校层面的课堂教学外,还应包括地方层面的课程推广。[1]课题组将课程实施界定为把课程大纲或计划付诸实践以及课程制度化的全过程,包括国家课程和校本课程的实施与建设。《指导意见》提出,要"全面实施新教材新课程",并"完善学校课程管理",因此,普通高中学校在课程实施这一部分,一是结合新课程改革,制定普通高中新课程实施方案,能够在2022年前全面实施新课程、使用新教材;二是根据《普通高中课程方案》开齐和开足课程课时,除语文、数学、外语等主科课程外,信息技术、通用技术、艺术、体育与健康和综合实践活动等课程也不可忽视,且能够按照现行课程标准规定,组织好学科课程和综合实践活动课程的教学;三是在校本课程建设和实施这一块,由学校整体规划,结合学校和附近社区具体实际情况,制定具有地域特色和校本特色的校本课程开发与实施方案;四是强化课程实施监管,建立学校课程决策、审议和评估制度,教师、学生、家长、专家均能有效参与学校课程建设、实施与评价。

3. 教学管理

教学管理是教育行政部门和学校运用管理科学和教学论的原理与方法,充

---

[1] 崔允漷.课程实施的新取向:基于课程标准的教学[J].教育研究,2009(1):74-79,110.

分发挥计划、组织、协调、控制等管理职能,统筹教学过程各要素,使之有序运行并且提高其效能的过程。①学校层面的教学管理主要包括教学常规管理、课堂教学管理、教学质量管理、学籍与学分管理、选课走班制度等部分。《指导意见》也提出要创新教学组织管理,"有序推进选课走班、深化课堂教学改革、优化教学管理"。在普通高中层面,应做到以下几点:一是建立并落实教学常规管理和教学质量保障制度,严格执行教学计划,严禁超课标教学、抢赶教学进度和提前结束课程;二是在教学组织管理方面,结合新时代教育教学发展新形势,有序实施选课走班,建立学生选课指导机制,引导学生自主选课,满足学生对选修课程的选择权;三是优化教学目标,依据课程标准与学生实际选择教学内容充实教学活动;四是在课堂教学管理方面,深化课堂教学管理改革,立足当前飞速发展的信息技术和物联网、大数据等技术,变革教学方式方法,采用基于情境、问题导向的互动式、启发式、探究式、体验式的课堂教学,运用电子设备提高课堂教学效率;五是重视对教育教学质量的分析,考后评价反馈与矫正及时有效,每学期召开一次以上质量分析会,有改进措施,并建立学校教学工作自主监测网络,形成监测信息反馈制度,监测手段多样、合理。

4.学生发展指导

学生发展指导是学校运用一定的专业知识和经验,立足青少年身心发展基本情况,帮助学生了解自己,认识世界,发现并解决问题,从而更好地适应学习和生活,实现最大程度发展的过程。②《指导意见》指出,要"注重指导时效,健全指导机制"。《国家中长期教育改革和发展规划纲要(2010-2020年)》明确指出,要"建立学生发展指导制度"。结合普通高中教育教学实践,普通高中学校应做到以下几方面:一是要建立相应的学生发展指导机制,建立专兼结合的指导教师队伍,通过学科教学渗透、开设指导课程、举办专题讲座、开展职业体验等方式对学生进行指导,并且能够及时对学生发展指导工作进行评估反馈,切实推动学生发展指导;二是在指导目

---

① 陆雄文.管理学大辞典[M].上海:上海辞书出版社,2013:428-429.
② 束晓霞.学生发展指导:普通高中教育变革的新路径[J].教育研究与实验,2014(3):33-37.

标的制定方面,要立足办学理念和育人目标,分析学生的发展特点和需要,制定本校推进学生发展指导的具体目标;三是在指导内容方面,要加强对学生理想、心理、学习、生活、生涯规划等方面的指导;四是在具体推进学生发展指导过程中,既要考虑面向所有学生的发展需求,又要关注不同学生群体的发展差异,对学习有困难的学生有帮扶措施,对学有专长的学生能促进发展。

(四)合作交流

当前世界正处于百年未有之大变局,合作交流是全球化和信息化社会的必然要求。结合相关政策文件和高中教育实践以及社会发展现状,课题组将合作交流分为家校沟通、校际合作和国际交流三个维度。

1. 家校沟通

课题组将家校沟通界定为家长和学校共同参与到育人的全过程。家长和学校作为两个独立的主体,学生是连接它们唯一的脐带,家长和学校站在脐带的两端,手握学生的生命线,肩负着培养学生的重要任务,缺一不可。家校沟通是合作交流的重要环节,也是保证学生接受完整且一致教育的重要前提。因此,普通高中学校应做到以下几点:一是要建立健全家校沟通体制,让家长和学校有沟通的平台和完善的保障制度,能够做到全程沟通、深层沟通、主动参与和双向交流;二是要明晰主体责任,在家校沟通的过程中,学校作为教育主体应给予家长指导,使家长明确自己的角色,保持家校教育的一致性;三是要健全各种支撑机制,设立家校共同体专项建设基金,并以专款专用、严审共督的形式保障款项用到家校共同体建设的最紧要处;四是要建立家校沟通评价反馈机制,以评促改,促进家校沟通健康良好的运行和发展。

2. 校际合作

校际合作通常指学校间的教育和学术交流活动。课题组将新时代下普通高中的校际合作界定为"普通高中之间为了实现共同的教育目标,在相互信任和平等互惠基础上而开展的共担风险、共享利益的长期交流和合作"[①]。当前,普通高中竞争大、择校热、名校效应等甚嚣尘上,教育资源分配不均,校际合作有利于教育资源的共享,因此,开展校际合作势不容缓。普通高中学校应做到以下几点:一是要健全校际合作机制,要有相应的实施途径和保障机制,使校际合作能够正常且有效率地开展;二是能够与一些学校建立相对稳定的校际合作关系,实现校际教育资源共享;三是要健全校际合作反馈评价机制,使校际合作能够可持续发展。

3.国际交流

国际交流是学校之间在跨国的层面上进行的与教育领域相关的交流往来。随着信息化社会的到来,以及科技的日新月异、知识的快速更迭、文化的多元碰撞,国际交流逐渐成为普通高中培养具有国际视野的学生的重要方式之一。当前,加强国际交流是提升普通高中办学实力、实现培养创新型人才的重要手段。普通高中学校应做到以下几点:一是要健全国际交流管理机制,完善国际交流机制,建立公平、公正和公开的选拔制度;二是要完善国际交流经费保障机制,争取社会支持,吸引社会资金设立国际交流的奖学金、助学金,多方位减轻学生的经济负担;三是要加强宣传和引导,帮助学生树立正确的交流观,提高学生对交流工作的认识;四是要健全国际交流评价反馈机制,帮助国际交流工作在未来得到更进一步的发展。

四、办学质量

学校的办学质量关乎中国特色社会主义教育事业的成效。党的十九大明确提出要办"公平而有质量的教育",坚持满足人民日益增长的对高质量教育的需求成为我国教育改革的关键一环,而以学生德智体美劳全面发展为中心的价值旨归是学校建构办学哲学、改善办学条件、提高办学水平的重要落脚点。课题组

[①] 薛海平,孟繁华.中小学校际合作伙伴关系模式研究[J].教育研究,2011(6):36-41.

基于对习近平总书记在2018年全国教育大会上提出的"六个下功夫"、核心素养框架、社会主义核心价值观的分析，以及对我国关于德育、智育、体育、美育、劳动教育等政策文件的梳理，再结合新时代中国高中教育存在的现实问题，提出了由5个二级指标、21个三级指标所构成的高中办学质量监测指标体系（见表4-7）。

高中监测必须从学生发展的角度衡量高中学校的办学质量，必须将学生德智体美劳等方面的发展水平作为高中办学质量监测的理性归宿，构建学生德智体美劳全面发展的办学质量监测新体系。[①]教育目的最终要落实到人的发展上，所以课题组决定将"办学质量"作为"办学哲学、办学条件、办学水平"之后的第四个一级指标，将学生的德智体美劳方面的发展设计为"思想品德、学业质量、健康水平、审美素养、劳动实践"等5个二级指标，占比二级指标数量的29.4%。通过文献分析及政策解读，课题组把5个二级指标具体划分为21个三级指标，即"爱党爱国、遵纪守法、诚实守信、友善待人、学业水平、学业生涯规划、学业负担、健康知识、体质状况、运动技能、心理发展、健康生活、艺术感知、审美鉴赏、艺术表现、创意实践、劳动观念、劳动精神、劳动能力、劳动习惯与品质、实践创新"等，该三级指标数量占比三级指标总数的35.6%。由此可见，办学质量是高中监测指标体系中的重要部分。

表4-7 高中监测指标体系中"办学质量"指标划分

一级指标	二级指标	三级指标
办学质量	思想品德	爱党爱国
		遵纪守法
		诚实守信
		友善待人
	学业质量	学业水平
		学业生涯规划
		学业负担

[①] 赵德成.以学生发展为本的学校办学质量评估体系构建[J].教育研究,2012(6):49-55.

续表

一级指标	二级指标	三级指标
办学质量	健康水平	健康知识
		体质状况
		运动技能
		心理发展
		健康生活
	审美素养	艺术感知
		审美鉴赏
		艺术表现
		创意实践
	劳动实践	劳动观念
		劳动精神
		劳动能力
		劳动习惯与品质
		实践创新

(一)思想品德

"思想品德"二级指标引领思想建设与品德构筑,着眼于当代高中学生的道德品行,突出新时代中国特色社会主义教育以德育为先的基本理念。"高中学校德育工作存在轻重失衡忽视重点,冗杂无序不成体系,新型挑战接连不断等问题,状况令人担忧。"[1]党的十八大首次凝练社会主义核心价值观,即"富强、民主、文明、和谐、自由、平等、公正、法治、爱国、敬业、诚信、友善",并从国家、社会、公民三个层面划分了社会主义核心价值观的维度。"爱国、敬业、诚信、友善"回答培育什么样的公民的重大问题,在一定程度上能够解决高中学校德育现状令人担忧的问题。以社会主义核心价值观为划分维度的标准,参照2014年《教育部关

---

[1] 崔自勤.新时代高中学校德育体系构建的实践探索[J].吉首大学学报(社会科学版),2019(S1):270-274.

于加强和改进普通高中学生综合素质评价的意见》提出的要从爱党爱国、理想信念、诚实守信、仁爱友善、责任义务、遵纪守法等方面考察学生关于思想品德的综合素质,课题组决定将"思想品德"的三级指标定为"爱党爱国、遵纪守法、诚实守信、友善待人"。

1. 爱党爱国

爱党爱国主要指高中学生对中国共产党、中国国情、中国特色社会主义、中华民族、中国文化的认同感、归属感与荣誉感。爱党、爱国与爱社会主义是爱国主义密不可分的重要环节。教育系统的意识形态工作关乎到党和国家的前途命运。由于西方意识形态的侵入,高中学生正处于意识形态容易动摇的敏感阶段,加强爱党爱国的教育监测十分必要。爱党爱国的监测重点是:高中学生参与党团活动、爱国主题活动、党校培训的次数和持续时间;高中学生对党的历史、国家的历史、党的基础理论、中国国情、中国特色社会主义理论体系等知识的掌握程度;高中学生对祖国统一、民族团结、社会责任的理解与看法;高中学生对中华优秀传统文化的自信程度;高中学生对国家安全、国家利益、国际形势的了解程度。基于监测高中学生的爱党爱国意识、爱党爱国行为以及对党和国家理论知识的储备有利于强化地方学校对意识形态教育的重视程度,学校应提高教师对学生进行爱国主义教育的渗透意识,引导高中学生树立正确的政治方向积极投入社会主义事业的伟大建设。

2. 遵纪守法

遵纪守法主要指国家法律、学校规章、班级规约对高中学生的道德意识和道德行为的约束程度。社会主义荣辱观是社会主义接班人融入血肉的道德判断标准,是引领社会主义教育事业的价值导向。高中学生应"以遵纪守法为荣,以违法乱纪为耻"[1],以外在的法律约束内在的道德规范,依据法律规章的规定进行道德选择,坚持正确的价值判断,日常行为符合国家、学校、班级的规章。法律在某

---

[1] 胡锦涛.牢固树立社会主义荣辱观[J].求是,2006(9):3.

种程度上不能使人自由,但法律会教育人类克制自己。[1]高中学生通过对自身行为的控制以成为一个有品德、懂法律、守规范的人。遵纪守法的监测重点是:高中学生知法、懂法、用法的自觉性;高中学生了解并遵守《中小学生守则》《中小学生日常行为规范》等规章准则;高中学生对校规校纪、学校制度、学校赋予的权利与义务的执行;高中学生对班级公约、班级奖惩规定、班级违纪行为的理解;高中学生对网络安全的法律意识与道德品质等方面的了解。基于监测高中学生对法律规章、学校规则以及班级契约等方面的自觉性和内驱力有利于学校坚持依法办学的价值理念,教师应在日常与细节中加强法制教育,预防高中学生的违法乱纪行为,强调学生熟知国家法律的重要性以及对学生行为进行外在约束。

3.诚实守信

诚实守信主要包括诚实和讲信用两方面。有学者提出诚信由诚实、信用、信任和责任心四要素构成,认为诚实守信就是不存在欺骗行为,言行一致,信任他人,富有责任心。[2]课题组认为,高中学生的诚实守信聚焦于承诺的履行、时间的遵守、谎言的避免等方面,诚信首先是严于律己,其次是期待他人。诚实守信是中华民族优秀文化中的重要品德,是学校的教育之重,是学生的学习之基,也是公民的立身之本。诚实守信的监测重点是:高中学校是否定期开展关于诚信教育的主题班会或校园活动;高中学校对于诚实守信行为或失信行为的表彰及惩罚规定;高中学生对诚实守信必要性的理解;高中学生日常言语与行为表现的一致性;高中学生是否存在恶意欺骗行为;高中学生对所作承诺的达成程度;高中学生对失信行为的判断;等等。在高中学校进行诚实守信的监测,有利于学校培养诚实守信、言行一致的中国公民,能在一定程度上避免未来社会上失信违法行为的产生,有利于弘扬中华民族优秀品德,提升国际影响力;有利于教师以身作则,严格要求自身,发挥诚实守信的榜样作用;有利于塑造高中学生诚实守信的品质,对学生的终身发展起到奠基作用。

---

[1] 卢梭.爱弥儿——论教育(下卷)[M].李平沤,译.北京:商务印书馆,1996:729.
[2] 吴继霞,黄希庭.诚信结构初探[J].心理学报,2012(3):354-368.

4.友善待人

友善待人主要指高中学生对他人的尊重、关心、友爱与善良的道德基因。友善待人与我国古代儒家思想一脉相承,"传统文化中尚和合、求大同等思想理念,以及重义乐群、扶正扬善、扶危济困、见义勇为、孝老爱亲等传统美德,也都是友善的重要体现"[1]。友善待人于国家而言是治国兴邦的基石,是构建和谐社会的基础;于个人而言是为人处世的德性标准,是维系人际关系的重要纽带。友善待人的监测重点是:高中学校对友善文化活动的开展;高中学校发挥友善榜样作用的成果;高中隐性课程中友善部分的占比;高中教师在学科教学中融入友善理念的意识;高中教师自身友善行为的评定;高中学生在思想观念上对友善理念的肯定;高中学生在行为方式上对友善内容的判断;高中学生对班级同学友善的自评结果;等等。在高中学校进行友善待人的监测,有利于学校浸润良好的学习氛围,构建和谐文明的校园;有利于教师提高对班级科学管理的效率;有利于学生与他人和谐相处,为学生处理人际关系提供行动指南。

(二)学业质量

"学业质量"二级指标直接反映学生的学业发展水平,其质量高低直接影响新时代学生的核心竞争力。课题组通过多次讨论,决定将学生智育维度的二级监测指标定为"学业质量"。《教育部关于加强和改进普通高中学生综合素质评价的意见》提出,考察学生的学业水平,即"主要考察学生各门课程基础知识、基本技能掌握情况以及运用知识解决问题的能力等"。课题组经过讨论,认为高中学业负担问题是教育监测的重中之重,学业生涯规划关系到高中学生的终身学习和可持续发展,最终,课题组把"学业质量"的三级指标定为"学业水平、学业生涯规划、学业负担"。

1.学业水平

学业水平指高中学生对各门课程的基础知识与学科基本技能的掌握情况。北京市在2017年发布的《北京市教育委员会关于印发北京市普通高中学生综合素质

---

[1] 高国希,凌海青.论作为社会主义核心价值观的"友善"[J].中州学刊,2020(8):108-113.

评价实施办法(试行)的通知》中提出从知识技能、学习能力、学业情感三个方面的情况考察学生的学业成就;广东省在2018年发布的《广东省教育厅关于印发普通高中学业水平考试和学生综合素质评价实施办法的通知》中新增了人文素养和科学精神;核心素养研究课题组认为,中国学生发展核心素养是中国学生应具备的必备品格和关键能力,对于高中学生的发展至关重要,分为文化基础、自主发展、社会参与三个方面,综合表现为人文底蕴、科学精神、学会学习、健康生活、责任担当、实践创新六大素养,其中学会学习包括乐学善学、勤于反思、信息意识等基本要点。①基于此,课题组认为,高中学生学业水平的监测重点是:高中学生对学科基础知识的掌握,对学科基本技能的习得,理论联系实际的能力;高中学生正确的情感态度价值观的养成;高中学生人文素养与科学精神的结合;高中学生的信息检索能力、信息分析能力、信息总结能力等。高中学生是高中学校的重要组成部分,学生的智育生活关系到学生的升学情况、教师教学方法的选择、学校办学的质量与水平。高中学生的学业水平监测应该是高中监测的重点。

2.学业生涯规划

学业生涯规划指引导学生根据自身情况确定个人的学业目标并对未来学习进行合理的规划。学业生涯规划让高中学生提前制订学习目标,明确自我定位,提高学习和生活的效率。学业生涯规划包括学业规划指导和职业生涯指导两部分,提前明确理想职业方向可激发高中学生的学习内驱力和自信心。学业生涯规划的监测重点为:高中学校对高中学生进行学业生涯指导的内容、方式和达成效果;高中教师对高中学生学业生涯成长档案的建立,如从学生入学到毕业不同阶段不同类型的分数曲线跟踪分析;高中学生对职业兴趣的心理倾向;高中学生是否针对目标采取了相应的学习策略以促进学习目标的达成等。针对学业生涯规划对学校、教师和学生进行监测,有利于学生对学习目标作出正确选择,提高学习效率,为职业生涯发展奠定基础。

---

① 核心素养研究课题组.中国学生发展核心素养[J].中国教育学刊,2016(10):1-3.

3.学业负担

学业负担主要指学生在学习过程中所承受的心理与物理压力。教师的教学效能与学生的学习效能的有效提升是改善高中学生学业负担过重的方向与根基。教师通过改善教学技能提高教学效能,避免重复性作业的布置以及僵化式重复式的解题方法,减少学生不必要的练习和纯抄写式的作业,从而减轻学生的学业负担。学业负担的教学效能主要表现在教学理念、教学策略、教学设计、教学评价等方面,学业负担的学习效能主要表现在学习动机、学习期望、学习认知、学习策略、学习环境等方面。[①]学业负担的监测重点是:高中教师是否具有减负的理念意识,是否选择提升效能的教学策略,是否安排连贯有序不重复的教学设计,不额外开展增加学生身体和心理负担的教学评价;高中学生的学习压力是否过大而造成学业负担,外部和内部的学习期望是否超过其本身的学习水平造成心理负担,学习策略是否进行科学选择,学习外部环境的压力过大是否造成学业负担等。学业负担是全面推行素质教育的顽疾,进行缓解高中学生的学业负担监测,有利于教师革新教学观念,提高课堂教学效能;有利于高中学生减轻学习压力,劳逸结合,身心健康发展。

(三)健康水平

学生的健康水平包括学生的身体健康以及心理健康两个方面,两者是相辅相成、不可分割的统一整体。学生的身体健康是心理健康的外在基础,心理健康是身体健康的内在体现。《教育部关于加强和改进普通高中学生综合素质评价的意见》提出,要从"健康生活方式、体育锻炼习惯、身体机能、运动技能和心理素质"等方面考察学生的身心健康水平。健康知识是高中学生身心健康的理论基础,体质状况是高中学生学习和生活的物质载体,运动技能是高中学生进行体育锻炼的必要储备,心理发展是高中学生保持积极乐观的心态保证,健康生活是高中学生合理安排学习和生活的协调中介。基于此,课题组决定将学生的"健康水

---

① 靳玉乐,张铭凯.学业负担探究的新思路[J].教育研究,2016(8):70-76.

平"的三级指标定为"健康知识、体质状况、运动技能、心理发展、健康生活"。

1. 健康知识

健康知识指高中学生掌握关于健康的信息,包括食品安全知识、均衡营养知识、科学饮食知识、健康保健知识、疾病预防知识、科学睡眠知识、体育锻炼知识等。高中学生已经具备一定的自理能力,能够独立运用科学的健康知识管理身体、进行保健,从而获得强健体魄。学生在高中阶段掌握一定的健康知识能够为未来的健康生活做准备,能够促进其理论联系实际,为其未来的健康管理提供理论保证。健康知识的监测重点是:高中学校对相关健康知识普及的活动形式、活动类别、活动内容等;高中教师在学科教学中对相关健康知识的强调意识及渗透程度;高中学生对基本健康知识的了解程度等。在高中阶段普及健康知识,有利于激励高中学校注重学生的健康发展,有利于高中教师加强学科融合以促进学生身心发展,有利于学生在学习之余增加健康知识储备,从而更好地处理学习与身体健康之间的平衡关系。

2. 体质状况

体质状况指高中学生在活动中所表现出来的力量、速度、耐力、灵敏、柔韧等机能。2007年,我国开始在各级各类学校全面实施《国家学生体质健康标准》,该标准规定高中学生的体质健康测试结果列入学生档案,并作为毕业升学的依据。同时,该标准的实施工作也计入教师的教学工作量。高中学生的体质健康与高中学生的毕业、升学、评定三好学生息息相关,同时影响教师的工作绩效。体质状况的监测重点是:高中学校对学生体质健康状况的重视程度;高中学校每学年是否组织对学生进行一次体质健康标准测试;高中学校是否将学生的体质健康评定等级记入"国家学生体质健康标准登记卡";高中学校是否认真做好学生的体检工作,是否对生病学生实行缓测或免测;高中学生的身高、体重、肺活量、体重指数、体育课及课间体育锻炼的缺勤次数;高中学校是否安排在校学生进行课间操和眼保健操的活动;高中学生评定三好学生、奖学金、奖学分等是否参照学生的体质状况结果;高中学生参加体育活动及体育锻炼的次数及持续时间等。监测高中学生的体质状况有利于保证国民健康水平的提高,有利于针对监测结果指导高中学校切实关注学生的身体健康。

3.运动技能

运动技能指高中学生的基本运动技能和专项运动技能。基本运动技能即高中学生在运动中完成基本动作的能力,如移动、稳定、操控的能力;专项运动技能即关于个别专项运动的技能,如进行专门运动所需的力量、速度、耐力、柔韧性、反应、操控能力、灵敏力、爆发力等。专项运动技能与专项运动项目相联系,不同的运动项目要求不同的专项运动技能,如田径项目主要考查学生的灵敏力、耐力、爆发力、速度等方面;健美操项目主要考查学生的柔韧性、力量、灵敏力等方面;乒乓球项目主要考查学生的反应、操控能力、速度等方面。运动技能的监测重点是:高中学生基本运动技能的习得,高中学生特色运动项目的建设成效;体育教师是否因材施教进行专项运动的指导,对个别学生专项运动特长的挖掘与培养;高中学生基本运动技能的达标情况,专项运动技能的培养结果等。对运动技能进行监测,有利于有效把握学生的运动技能强项,有利于学校的校本体育项目建设。

4.心理发展

心理发展指学生的日常心理状况、心理素质、心理压力、心理疏导等情况。高中学生学习强度较大,学习任务增多,心理疏导方式单一而高考压力剧增,如果不能及时调节会造成心理问题。2012年,教育部发布《中小学心理健康教育指导纲要(2012年修订)》,提出心理健康教育的内容应该包括学生自我意识的引导、理想信念的树立、学习策略的掌握、学习潜能的开发、考试压力的疏导、考试焦虑的克服、人际交往的能力培养、应对挫折的意志品质。心理发展的监测重点是:高中学校是否开展心理健康专题教育,如团体辅导、心理训练、问题辨析、情境设计、角色扮演、游戏辅导、心理情景剧、专题讲座等;高中学校是否建立专门的心理辅导室;高中学校配备心理健康教师的师生比;高中学校是否建立学生的心理健康档案袋;高中教师是否在教育教学过程中遵循学生心理发展规律;高中教师是否通过家校沟通追踪学生的心理健康状况;高中学生在面对人际交往、升学就业、情绪调试、自我意识、突发情况等焦虑与压力时的心理调适方法。对心理发展进行监测,有利于学校注重学生的心理发展,有效开展心理健康教育;有利于学科教师根据学生的身心发展规律进行科学的教学设计,并及时跟踪学生的心理健康情况,缓解学生的心理压力;有利于把握高中学生主要的心理问题,从而采取合适的心理疏导方法,解决其心理问题。

5.健康生活

健康生活指关于自我认知、人生规划、身心和谐等方面的表现。中国学生发展核心素养规定了"健康生活主要是学生在认识自我、发展身心、规划人生等方面的综合表现。具体包括珍爱生命、健全人格、自我管理等基本要点"[①]。健康生活是学习生活的保证,是素质教育的护航风帆。"珍爱生命"的教育应贯穿于教育的全部过程,只有理解生命的意义才能珍爱生命,才能发挥高中学生的人生价值;"健全人格"要求高中学生自立自强、调适情绪、艰苦奋斗等,高中学生的人格教育关系到国民素质的高低;"自我管理"要求高中学生认识自我、管理自我、总结自我等,高中学生在一定意义上已经是独立的公民,必须具备自我管理的能力。健康生活的监测重点是高中学生对珍爱生命、健全人格、自我管理等方面的意识与行为。对健康生活的监测有利于把握高中学生对生命意义的理解,自我内在人格的外在表现,对学习和生活管理的自主独立程度。

(四)审美素养

"审美素养"二级指标对应学生的艺术理解与鉴赏、审美创造与表现的能力。2020年,中共中央办公厅、国务院办公厅在《关于全面加强和改进新时代学校美育工作的意见》中提出:"到2022年,学校美育取得突破性进展,美育课程全面开齐开足,教育教学改革成效显著,资源配置不断优化,评价体系逐步健全,管理机制更加

---

① 核心素养研究课题组.中国学生发展核心素养[J].中国教育学刊,2016(10):1-3.

完善,育人成效显著增强,学生审美和人文素养明显提升。到2035年,基本形成全覆盖、多样化、高质量的具有中国特色的现代化学校美育体系。"由此可见,美育工作的开展刻不容缓,高中学校的美育体系要以点带面,点面结合,构建新时代高中美育新格局。课题组经过讨论,认为审美素养与高中学生的审美感知、审美鉴赏、审美表现、审美实践有关,高中学生对美的感知能力能够促进鉴赏方法和鉴赏结果的革新,转变为审美表现,最终融入创新精神和实践能力形成创意实践。基于此,课题组把"审美素养"的三级指标定为"艺术感知、审美鉴赏、艺术表现、创意实践"。

1. 艺术感知

艺术感知指高中学生通过感觉器官对感知内容进行整合从而形成美的认识和判断的过程,处于审美过程的初级阶段。艺术感知调动学生的观察力、领悟力、反应力,从而对审美对象进行美的审视。形成艺术感知必须要提升学生的主观能动性,只有发挥主观能动性才能进行后续的审美鉴赏。在艺术感知阶段,教师必须对学生进行艺术基础知识和基本技能的传授,没有扎实的理论知识无法进行艺术感知。艺术感知的监测重点是:高中学校是否按照国家课程方案和课程标准开设美育课;高中学校是否配备专门的美育教师;高中学生审美感知的外化表现。对艺术感知进行监测,有利于健全面向全体师生的美育育人机制,深化学校的美育改革,强化学生对美的感知能力。

2. 审美鉴赏

审美鉴赏指学生对美的鉴别能力和欣赏能力。高中阶段要在对学生进行艺术感知理论传授和艺术感知氛围熏陶的基础上丰富学生的审美体验,开阔学生的审美视野,帮助学生树立正确的审美鉴赏观。在艺术课程的鉴赏环节,教师必须明确鉴赏目标,选择合适的鉴赏素材,创新教学方法,引导学生进行审美鉴赏。审美鉴赏的监测重点是:高中学校组织学生进行审美鉴赏活动的次数;高中教师引导学生进行审美鉴赏的教育理念、教学资源、教学内容、教学技巧等;高中学生是否能达成审美鉴赏的目标。对审美鉴赏进行监测,有利于丰富高中学生的审美知识和美学积累,提升高中学生的审美素养,从而起到以美育人的作用。

3. 艺术表现

艺术表现指高中学生关于文学、音乐、舞蹈、绘画、雕塑、戏剧、建筑、电影等艺术门类的综合表现。高中阶段必须开设多样化的艺术课程,培养学生多方面、深层次的艺术兴趣,指导学生在综合艺术等方面有出色表现。艺术表现的监测重点是:高中学校举办艺术比赛的次数、内容和形式;高中学校对艺术表现突出的学生的培养方式;高中学校是否设置专门的艺术特长班级;高中学生在艺术方面取得的成就等。对艺术表现进行监测,有利于发扬学校的艺术特色,激励学校重视学生的艺术特长,保证学校取得一定的艺术成就;有利于教师因材施教进行艺术知识的传授;有利于鼓励高中学生进行全面发展,发现自身的艺术特长,从而取得优异的艺术成果。

4. 创意实践

创意实践指学生在实践基础上进行创造性思维和动手实践的能力。高中学生是我国创新型人才的后备军,其创新精神和创意实践成果在我国万众创新的背景下尤为重要。创意实践的监测重点是:高中学校举行艺术展演的形式;高中学校是否建立专门的艺术实践工作坊、艺术工作室或艺术社团等;高中教师是否主动发现并鼓励学生的艺术创意意识;高中教师对学生艺术创意成果的肯定意识与指导方法;高中学生艺术创意的数量及成果。对创意实践进行监测,有利于增加学校的创新成果;有利于鼓励学生的艺术创意;有利于学生发扬创新精神,并通过行动将艺术想法付诸实践。

(五)劳动实践

"劳动实践"二级指标是劳动教育和社会实践的统一整体,主要反映劳动教育的落实效果和学生参与社会的经历与体验。学校教育与生产劳动相结合是我国社会主义教育的特点,是培养社会主义建设者和接班人的首要保证。劳动教育和社会实践的重点是保证学生在完成学校基本的文化知识学习基础上利用课余时间进行生活劳动、生产劳动、社会劳动等,让学生在劳动实践中培养劳动精神并提高劳动技能水平。2020年,《中共中央 国务院关于全面加强新时代大中小学劳动教育的意见》提出:"普通高中要注重围绕丰富职业体验,开展服务性劳动、参加生产劳动,使学生熟练掌握一定劳动技能,理解劳动创造价值,具有劳动自立意识和主动服务他人、服务社会的情怀。"课题组经讨论,决定将"劳动实践"的三级指标定为"劳动观念、劳动精神、劳动能力、劳动习惯与品质、实践创新"。

1. 劳动观念

劳动观念指高中学生对劳动的思想观念。劳动观念影响着高中学生的劳动选择和劳动行为。高中学校要把劳动观念植入日常教学中,培养学生对劳动的正确热情,培养学生尊重劳动、珍惜劳动、投入劳动的自觉性意识观念。劳动观念的监测重点是:高中学校的劳动教育培养目标的达成情况,在课程设置中强调劳动课程的意识;高中教师在劳动教育课堂中是否注重培养学生的劳动意识;高中学生是否具有主动劳动和积极劳动的意识,实施劳动行为之后是否获得自我满足感等。对劳动观念进行监测,有利于高中学校发挥劳动教育的主导作用,落实高中学校承担劳动教育的责任;有利于高中教师在教学中强化劳动意识,鼓励高中学生积极投入劳动;有利于激发高中学生对劳动投入的热情和兴趣,增加劳动行为的次数。

2. 劳动精神

劳动精神主要指勤俭节约、敬业奉献的优良传统,以及开拓创新、砥砺奋进的时代精神。习近平总书记强调,要培育崇尚劳动、热爱劳动、辛勤劳动、诚实劳动的劳动精神。劳动精神是民族精神和时代精神的集中体现,是几千年来中华儿女艰苦奋斗、开拓进取的珍贵遗产。劳动精神的监测重点是:高中学校对具备优秀劳动精神的榜样的表彰形式,对正确劳动精神的价值引领;高中教师发扬劳动精神的模范作用,班级日常管理中对具有劳动精神的同学的表扬意识与表扬次数;高中学生是否具备崇尚劳动、热爱劳动、辛勤劳动、诚实劳动的劳动精神。

对劳动精神进行监测,有利于保证高中学生养成"以辛勤劳动为荣、以好逸恶劳为耻"的劳动精神观念。

3. 劳动能力

劳动能力指学生应具备的基本劳动知识和技能,以及劳动设计、劳动操作及团队合作能力。劳动能力包括体力劳动能力和脑力劳动能力两个方面,是高中学生进行日常生活和生产活动的能力。高中阶段常常注重学生脑力劳动的成果,在一定程度上忽视了学生的体力劳动能力。劳动能力的监测重点主要是:高中学生在劳动过程中习得的劳动技能,在习得劳动技能后能否总结劳动经验指导下一次劳动实践。对劳动能力进行监测,有利于宏观把控高中学生劳动技能的习得,明确劳动教育的教学目标,指导课程设置中劳动教育内容的安排;有利于在一定意义上保证高中学生掌握基本的劳动技能,确保劳动效果。

4. 劳动习惯与品质

劳动习惯与品质包括劳动习惯与劳动品质两方面。劳动习惯贯穿于高中学生的日常生活中,是在劳动意识的指导下自觉养成的习惯。劳动品质考查学生在劳动过程中展现的道德品质,如吃苦耐劳、甘于奉献、坚持不懈、专心致志等。劳动习惯与品质的监测重点是:高中学校对学生劳动习惯与劳动品质的重视程度;高中教师在日常班级管理中对劳动习惯与劳动品质的隐性教育效果;高中学生是否养成劳动习惯及劳动行为中展现出来的具体劳动品质。对劳动习惯与品质进行监测,有利于培养学生的劳动习惯,弘扬优秀的劳动品质,发挥劳动模范的带头作用。

5. 实践创新

实践创新指组织学生参加大型赛事、社区建设、环境保护等社会实践活动。实践创新包括在劳动行为和社会实践中体现出的创新意识、创新理念,形成的创新作品等。实践是在创新理论的基础上进行的,所以必须在掌握基本的劳动知识和社会实践知识的基础上进行创新实践。实践创新的监测重点是:高中学校及高中学生的创新实践项目成果;高中学校是否鼓励学生进行劳动创新和社会实践,是否对优秀创新实践成果进行表彰与宣传。对实践创新进行监测,有利于鼓励高中学校和高中学生进行创新实践;有利于高中教师珍惜学生的创新想法和创新成果;有利于调动高中学生参与劳动实践的热情,使其积极投入劳动创新实践活动中。

第五章　高中监测制度的建构

高中教育作为国民教育体系的重要组成部分,在人才培养过程中起着承上启下的关键作用。建构高中监测制度不仅对推进高中教育教学改革有积极作用,还对促进高中教育的高质量发展具有重要意义。"监测"是对评价的进一步限定,它强调依赖行政数据,将持续不断的信息收集作为管理决策的基础,着眼于描述而非价值判断。[①]通过收集高中教育各方面数据,评估高中教育发展情况,进而促进高中教育更优质、更均衡、更公平的发展,是高中监测的基本立足点。以下将从高中监测制度建构的理论基础、基本设想,以及高中监测制度的基本类型三方面进行探讨。

第一节　高中监测制度建构的理论基础

为高中监测制度建构的研究搭建一个理论分析框架,是一项比较复杂的工作,因为高中监测制度建构并不是一种简单的教育管理活动,而是对与教育管理有关的管理理论、教育理论及制度理论的融合。高中监测制度建构应以全面质量管理理论、第四代评估理论、教育公共治理理论为基本的理论遵循。

---

① 雅普·希尔伦斯,塞斯·格拉斯,萨利·M.托马斯.教育评价与监测——一种系统的方法[M].边玉芳,曾平飞,王烨晖,译.北京:教育科学出版社,2017:7.

一、全面质量管理理论

全面质量管理(Total Quality Management,TQM)是广泛流行于西方国家众多领域的一种理论,该理论在全面质量控制(Total Quality Control,TQC)的基础上发展起来,并成为一种综合、全面的管理理念。全面质量管理理论强调"质量中心",认为企业生产应以最大限度提高产品的质量为重心。

(一)全面质量管理的基本概述

关于"质量",菲根堡姆指出:"质量是由顾客来判断的,而不是由工程师、营销部门或总管理部门来确定。顾客根据他对某种产品或某项服务的实际经验同他的要求(已经表述的或没有表述的要求,意识到的或仅仅是感觉到的要求)对比而作出判断。"[①]戴明认为:"在定义质量时所遭遇的困难在于我们须将使用者的未来需求转化诠释成可以衡量的特性,以便设计产品,订出使用者愿意支付的价格交出去满足他们的需要。"[②]在朱兰等人那里,对质量管理来说最重要的:一个是质量意味着能够满足顾客需要从而使顾客满意的产品特征,这是一种收益导向;再一个是质量意味着免于不良,即没有需要返工或会导致现场失效、顾客不满等差错,这是一种成本导向。[③]基于以上定义可知,"质量"作为产品的固有特性,会根据产品使用者的需求与评价不断变化,旨在最大限度地让使用者感到满意。

菲根堡姆将"全面质量管理"定义为:"为了能够在最经济的水平上并考虑到充分满足顾客要求的条件下进行市场研究、设计、制造和售后服务,把企业内各部门的研制质量、维持质量和提高质量的活动构成为一体的一种有效的体系。"[④]基于市场经济发展的需要,1994年版的ISO9000族标准将"全面质量管理"定义

---

① A.V.菲根堡姆.全面质量管理[M].杨文士,廖永平,等译.北京:机械工业出版社,1991:5.
② W.爱德华兹·戴明.戴明论质量管理[M].钟汉清,戴久永,译.海口:海南出版社,2003:115.
③ 约瑟夫·M.朱兰,A.布兰顿·戈弗雷.朱兰质量手册(第五版)[M].焦叔斌,等译.北京:中国人民大学出版社,2003:8.
④ A.V.菲根堡姆.全面质量管理[M].杨文士,廖永平,等译.北京:机械工业出版社,1991:4.

为:"一个组织以质量为中心,以全员参与为基础,目的在于通过让顾客满意和本组织所有成员及社会收益而达到长期成功的关键途径。"[1]由此确定了质量这一关键要素。在刘易斯那里,全面质量管理被看成一种哲学体系,他认为在此体系上建立起来的管理制度可以直接有效地达到组织目标,在使顾客满意的同时还能让投资人利益最大化。[2]尽管在认识上存在一定分歧,但基本公认的是,全面质量管理是一种体系,即它是一个由不同系统组成的整体,通过全员的参与、全面的管理而不断地改进产品质量,从而提升顾客的满意度。

(二)全面质量管理的关键过程

随着全球竞争的加剧,质量逐渐成为提高竞争力、获取成功的关键性因素。在过去多年里,全面质量管理的三个关键过程对于管理者颇为有用,通过质量计划、质量控制和质量改进来持续提供满足用户需要的产品。[3]

首先,质量计划可以说是管理工作的起点,主要包括三个步骤:第一是项目的设立。一般来说,项目的设立是为了能够根据顾客实际需要去提供新的或改进的产品、服务而必须进行的一项前期工作。这项工作既要有明确的书面指令,还要成立专业的团队,以保证计划能得到有效实施。第二是对顾客进行识别。主要包括生产组织内部的顾客和生产组织之外的顾客。第三是揭示顾客的需要。收集顾客需要是一项复杂又重要的任务,因为这涉及产品的改进与完善。通常说来,顾客真正需要的与其表述的会存在差异,因此,做好收集顾客需要的计划表就成为一件极为重要的事情。

其次,质量控制旨在维持现状,即提供稳定。为了维持这种稳定,质量控制通过采取某些措施去消除实际绩效与目标之间的差异,其主要是通过反馈回路来进行。

---

[1] 谭满红.ISO9000族标准与全面质量管理(TQM)对比研究[J].商品与质量,2012(S1):1-2.
[2] 施晓光.西方高等教育全面质量管理体系及对我国的启示[J].比较教育研究,2002(2):32-37.
[3] 约瑟夫·M.朱兰,A.布兰顿·戈弗雷.朱兰质量手册(第五版)[M].焦叔斌,等译.北京:中国人民大学出版社,2003:408-410.

最后,质量改进是关键。无论是计划,还是控制,最终目的都在于改进产品以及提升服务,进而实现持久的绩效水平。朱兰曾将质量改进的过程描述为针对绩效水平进行的"突破性"变革。换言之,质量改进过程是为进一步突破当前状态,让产品变得更好的一个必然过程。

(三)全面质量管理的基本模式

为了进一步理解全面质量管理理论,在此对戴明的循环模式、朱兰的质量螺旋模型进行简要介绍。

1. 戴明的循环模式

基于"管理是一个过程"的理论,戴明总结出涵盖计划(plan)、实施(do)、检查(check)、处理(action)四个阶段的循环管理模式,简称"戴明循环",又称PDCA环(见图5-1)。计划阶段包括目标的确定以及对活动的制订;实施阶段强调根据设计展开具体运作,以实现计划中的相关内容;检查在整个循环过程中起着控制的作用,其主要是对实施结果的检查,旨在找出实施过程中存在的具体问题;处理阶段的主要任务是对检查结果的处理,包括对成功经验的肯定以及对失败教训的总结。PDCA环的四个阶段构成管理工作的一个完整周期,整个环节强调全员参与。该循环并非一次结束,而是强调通过周而复始的循环,来持续不断地改进、提高服务质量。总体来说,PDCA循环作为基本的质量管理方法,得到了广泛的应用。

图5-1 单次戴明循环

2.朱兰的质量螺旋模型

为了表述产品质量形成的规律性,朱兰提出质量螺旋模型(见图5-2),即产品质量水平发展是在一系列螺旋式任务中得以提升的。在朱兰质量螺旋模型中,产品质量由市场调查、开发、设计、规格、制订制造计划、采购、器具仪表配备、生产、工序控制、检验、测试、销售、服务等一系列环节构成,这些环节相互制约、相互促进,并且不断循环、周而复始。简单来说,要完成产品质量形成的全过程,就必须将上述环节落到实处。有专业人员把这条螺旋线看成一个系统,即一个活动网或各种子系统,这些子系统在经过周密设计和协调后,将成为一个统一系统,并以此实现各种预定的质量目标。①

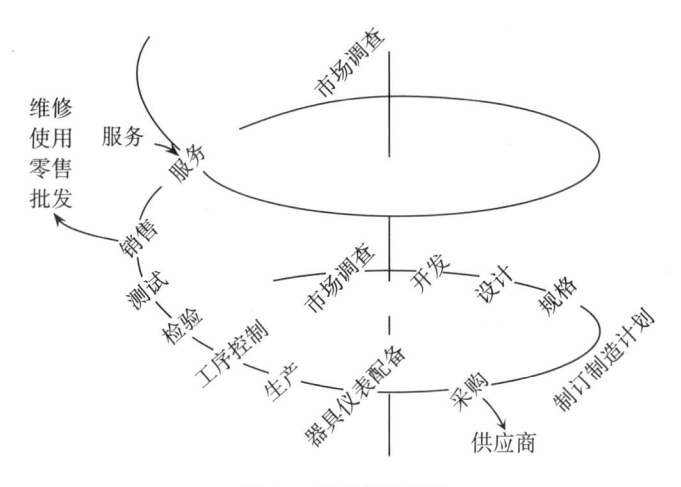

图5-2 质量螺旋模型

(四)全面质量管理理论视野中的高中监测

将全面质量管理移植到教育领域的监测环节,则重点关注人才、教师、教学、环境等方面的全面发展。在全面质量管理理论的视野下,高中监测以推进高中教育的高质量发展为重心,需要对教学、管理、环境等方面进行监测。

首先,对教学层面的监测,主要指以教学目标为依据,对教育教学活动进行监测。具体表现为以下两方面:一是对教学进度的监测。教师教学是否以进度

---
① J.M.朱兰,小弗兰克·M.格里纳.质量计划与分析[M].李本兴,陈豫贤,译.北京:石油工业出版社,1985:4.

计划表为参照,是否依据学生接受水平作出合理调整。二是对教学效度的监测。教学活动多大程度上实现了预期教学目标,教学活动是否在真正意义上促进了学生的发展。

其次,对管理层面的监测。按照全面质量管理理论,对管理层面的监测主要涉及教学质量管理、教学计划管理、教学组织管理等方面。教学质量管理主要是为了保证培养的规格,即教学路线与方法能否培育出新时代人才。教学计划管理的目的是提高教学活动的有效性,通过对学校的教学计划、教研计划的监测,来提高教学活动的活力。对教学组织管理的监测主要是对学校的工作顺序、方法等的监测,目的在于保证教学系统的高效运行。

最后,对环境层面的监测,主要是指对学校物质环境和精神环境两方面的监测。在物质环境方面,主要监测教室、实验室、校舍等是否达到基本标准;在精神环境方面,主要是对校风学风、学习氛围的监测,这些对学生身心发展起着潜移默化的作用。

总体来讲,教学质量是关键,管理质量是重点,环境质量是保障,对这些内容的监测都在于为学生的全面发展服务。

二、第四代评估理论

教育评估理论在第一次世界大战后,经历了测验、描述、判断、建构四个阶段,最终成为一种比较成熟的理论。

(一)第四代评估理论的产生

第一代评估可以追溯至19世纪末期,主要是"测量"技术的应用;第二代评估主要以教学目标为参照,侧重于"描述",其代表人物为泰勒;第三代评估发展于20世纪50年代末至70年代末,"判断"为其主要特征;第四代评估由美国学者古贝和林肯提出,他们将评估定义为:"以利益相关者的主张、焦虑和争议作为组织评估焦点决定所需信息的基础的一种评估形式,它主要用于建构主义调查范式的方法论。"[1]古贝和林肯提出第四代评估理论的出发点在于解决前三代评估存在的缺陷,他们认为评估应建立在"协商"之上,要倡导民主的评估精神。具体而言,前三代评估的缺陷主要有以下几点:[2]

一是管理主义倾向。在这一倾向的评估活动中,管理者的权力最大,评估对象和利益相关者却被排除在外。具体来说,管理主义倾向的评估活动是站在管理者的角度,其评估的目的是让管理者能做出更好的决定,对评估对象工作是否得以改善并不关心。这样一种官僚主义式的评估活动通常会带来不符合需要的结果,比如管理者在评估活动中往往可以免受牵连,以及管理者的权力过大而评估者无权等。

二是忽略价值的多元性。前三代评估方法都忽视了价值差异的问题,它们预设了一个永远正确的价值标准。显然,这是站不住脚的,因为除了存在价值差异之外,我们还不能确定评估中采用的评估方法是科学的,以及这种科学被证实是价值中立的,因此,必须要承认的是,价值中立的观点是不成立的。

三是过分强调调查的科学范式。不可否认的是,科学的评估方法是诱人的,尤其是对于社会科学的实践者来说,自然科学的方法似乎提供了一种更好的研究思路。但需要注意的是,自然是错综复杂的,强调精准数据分析的自然科学方法可能会忽视人文研究中关于人性的、文化的相关因素。若是过于依赖科学方法,可能会产生不幸的结果,比如对定量测量工具的过分依赖,对其他评估方法的否定,以及评估者对科学范式的遵循导致道德责任的缺失等。基于此,古贝和林肯认为需要用"协商"的方式来建立评估者与评估对象之间的关系。

(二)第四代评估理论的特点

为解决前三代评估活动存在的问题,第四代评估在汲取以往理论长处的基

---

[1] 埃贡·G.古贝,伊冯娜·S.林肯.第四代评估[M].秦霖,蒋燕玲,等译.北京:中国人民大学出版社,2008:24.
[2] 埃贡·G.古贝,伊冯娜·S.林肯.第四代评估[M].秦霖,蒋燕玲,等译.北京:中国人民大学出版社,2008:9.

础上,体现出以下具体特点:①第一,强调评估是一个带有社会政治色彩的过程。第四代评估认为,调查过程应充分考虑社会、文化和政治等因素,这些因素本身便是调查的一部分,因此它们只会进一步增强评估活动。第二,评估是一个共同合作的过程。在评估中,各利益相关者的地位是平等的,评估活动主张通过协商的方式来完成,而非过去所强调的由管理者决定。第三,评估是一个教与学的过程。评估过程里的每一个人都扮演着教师与学生双重角色,也就是说,评估者在评估他人的同时,也能从中有所收获。第四,评估是一个连续的、反复的、分歧突出的过程,是一个不断有突发情况出现且不可预料结果的过程。在评估过程中,评估者不可能很精准地预测评估结果,也不能保证重构可以取得共同一致的结果。第五,评估是一个创造现实的过程。总之,相较于传统评估,第四代评估理论正在给实践领域带来新的实践指导,同时也给评估者的角色赋予了新的定义与解释。

(三)第四代评估理论中的评估角色

在前三代评估活动中,评估者作为一般技师、描述者和决策者而活跃于评估活动中。在第四代评估活动中,评估者除了担任以上三种角色外,还被赋予了新的角色。首先,评估者从控制者转变为合作者。第四代评估理论主张评估是一个合作的过程,因此强调评估者在基于平等关系基础之上的重构,也就是说,评估者必须学会共享,要能够为大家提供获得参与的条件。其次,基于评估理论的特点,评估者将担当教与学的角色,而非过去所主张的单一调查者的角色。在评估活动中,评估者在搭建教学平台展开教学之时,还将学习更新的、更高级的评估课程。最后,评估者必须承担领导者角色。在评估活动中,评估者不仅要协助整个评估过程的顺利开展,还要承担相应的责任。换言之,评估者不能像一般参与人员一样逃避结果,反而需要以负责任的精神去对待评估活动。总而言之,

---

① 埃贡·G.古贝,伊冯娜·S.林肯.第四代评估[M].秦霖,蒋燕玲,等译.北京:中国人民大学出版社,2008:186-188.

第四代评估理论认为,评估者的角色将会不断地变化和扩大,评估者不仅需要具备专业的评估技能,还要在人际关系上有所发展与突破,即能够具备开放、耐心、同理等品质。

(四)第四代评估理论视野下的高中监测改革

基于高中教育本身的特征,在第四代评估理论视野下分析高中监测所需进行的变革主要包括以下几点:

第一,高中监测以学校的全面发展为判断标准。学校全面发展包括学生的全面成长、教师的专业成长、管理的全面提升等方面。就学生全面成长来讲,当前的高中监测绝不再局限于学生的学业成绩,社会的不断发展要求对学生的评价由过去单纯重视学业成绩走向包含品德、素养发展的各因素的综合考量,如学生的课外活动、社会生活、人际关系等都应纳入被观察的范围。就教师专业成长而言,涉及教师的专业精神、专业知识、专业伦理等方面。从某种程度上讲,教师的专业能力决定其教学将是促进学生成长还是阻碍学生发展。因此,通过自查、督察等途径开展师德治理,提升教师队伍的专业能力和整体水平,是高中监测的主要目的之一。就管理方面来看,高中监测要注重学校管理的效能,因为学校管理水平将决定学校的教育水平,高效管理以"育人"为目的,将各项工作有效结合起来,进而发挥出整体功效。

第二,高中监测过程是一个动态、开放的过程。在第四代评估理论视野下,监测过程是一个"创造现实"的开放性过程,具体表现为以下几方面:其一,监测内容是开放的。随着高中教育高质量发展所涉及的因素越来越多,监测内容应关涉影响学生发展的各个方面。其二,监测方法是开放的。这要求监测主体具备跨学科视野,多借鉴其他领域诸如测量学、社会学的理念与方法,并根据高中监测自身的特点予以合理利用。其三,监测进程是开放的。在监测过程中,监测者要学会"布白",给各种不同意见以充分表达的机会,随时调整监测的重心与方法。

第三,高中监测要强调"责任共享"原则。以建构主义为方法论的第四代评估,强调各利益相关者的协商与共识,同时决定了评估中"责任共享"的原则,这为我们改善高中监测存在的管理主义倾向提供了可思考的视角。在第四代评估理论视角下,高中教育监测并非只是教育行政部门的责任,各利益相关者都要为教育的发展、学生的成长担负一定职责。因此,在重构的高中监测框架下,教育行政部门、第三方监测机构、学校、教师、家长及学生都是监测的责任主体,监测的过程是各方协作的过程,同时也是各方共同承担责任的过程。

三、教育公共治理理论

教育公共治理理论由公共治理理论发展而来。20世纪90年代,西方社会科学赋予公共治理新的含义,指出其要义在于政府、市场和公民社会在相互依赖中共享权力,发展合作伙伴关系,分担公共治理的责任,实现对公共事务的良善管理。[①]在此意义上,教育公共治理是指政府、社会、个人等主体通过对话、参与等方式,共同参与教育公共事务的管理,并共同承担责任,其目的在于促进教育的优质、均衡发展,以及促进学生的全面成长。

(一)教育公共治理的理论假设

教育公共治理是制度创新的产物,它主要有四种基本假设:[②]

第一,教育是一种混合产品。即使教育作为公共产品,其提供与生产也是可以分离的;各种类型的教育物质产品均可由政府、非政府及个人共同来提供或生产,但教育精神产品则需要在政府宏观指导下由教育部门组织生产。物质产品主要体现的是服务性,而精神产品除了服务性外,还要体现政治性和社会性。

第二,教育治理的主体是人。马斯洛认为,人的需要应分为五层,最基本的需要是生理和安全需要,然后是归属、尊重和自我实现的需要。因此,人是一种

---

① 韩志明.公共治理行动体系的责任结构分析[J].重庆社会科学,2006(2):107-113.
② 宋官东.教育公共治理导论[M].沈阳:东北大学出版社,2012:105-111.

"理性私益人",人不仅追求物质层面的利益,还追求心理层面的满足。教育公共治理主体包括政府、学校、公民等,这些主体能够在合法的范围内追求自身利益。比如,通过"产权"交易,政府官员可能会升迁,学校教师可能会获得更多认可。

第三,教育治理中利益相关主体的关系是"委托—代理"的关系,这是随着生产力大发展和规模化大生产的出现而产生的。其中可能滋生多种委托—代理的问题,因为委托人和代理人存在目标不一致和信息不对称的情况。而科学的机制设计可以在一定程度上规避委托—代理问题的发生。故此,怎样设计一个合理有效的机制,能够使教育公共活动参与者的个人利益和公共利益目标一致,是极其关键的问题。

第四,教育公共治理的目的是优化教育资源的配置。传统的教育资源配置主要有两种模式——政府模式和市场模式,但两种模式都存在一定的狭隘性。而教育公共治理则吸取了这两种模式中有益的经验,并认为政府可以保障教育的均衡、公平,市场可以提供教育发展的动力,保证教育的质量。唯一需要解决的是如何去兼顾二者的平衡,因此公民社会被纳入其中。教育公共治理的基本思想为:政府、市场和公民社会良好合作,并通过制度创新平衡各利益群体的需要,进而达到最优状态。

(二)教育公共治理的主要特征

教育公共治理强调充分调动利益相关者的积极性,以达成教育公共利益的最大化。教育公共治理作为一种多主体合作的善治,具有一定的复杂性,其特征主要有以下三点:

第一,治理主体的多元化。治理理论强调多元主体的参与。在教育治理上,人们提出"更小的政府、更好的服务、更广泛的参与、更公平和更有效的教育"的共同要求。为此,英国政府提出"社会责任"(social accountability)和"家长选择"(parental choice)两个概念,强调通过扩大社会和家长在教育事务上的选择权、监督权、参与权,来促进学校的发展,进而实现教育服务的多样化,以满足公众对教育的需求。同时,政府还鼓励符合资质要求的各方主体提供教育公共服务。总之,政府在学校和学生、家长之间充当着中间人的角色,政府、社会、学校、学生、家长都为了改善公共教育的绩效和质量而努力,由此形成一种国家与公民社会、政府与非政府、公共机构与私人机构、强制与志愿的合作。[①]

第二,治理权力多中心化。治理是政府、企业、社会团体和个人等公共行动者共同处理公共事务的活动。政府对教育的治理实际是对教育权力的转移,通过教育分权,实现权力在不同主体之间的合理分配,形成权力的多中心化。[②]对社会的赋权,促使更多民间机构和公民参与到教育活动中,由此建立起区域、学校、家长及学生之间的联系,并形成一种紧密的伙伴关系。治理权力的多中心化反映了政府教育观念的转变,也显示出民间力量对教育的促进作用。

第三,治理组织体系化。教育公共治理体系是一个纵横交错的结构,这明显体现出多主体共同参与教育治理的特征。横向而言,参与教育公共治理的组织包括政府组织、非政府组织以及公民组织;从纵向上看,教育公共治理组织大都由各级政府行政组织和各教育事业单位组织构成。可以说,教育公共治理运动的扩展表现为一个纵横交错的组织体系的不断发展。

(三)教育公共治理的基本路径

为实现教育均衡发展,有学者认为,我国的教育公共治理路径应包括以下几个方面:[③]

第一,政府主导,多方参与。教育公共治理的主要特征就是多方参与,但其中必须要坚持的是政府主导。通过政府的设计与安排,厘清各方的职责和角色,进而逐步实现我国教育公共治理走向持续发展的轨道。为此,《国家中长期教育改革和发展规划纲要(2010—2020)》指出:"坚持教育公益性原则,健全政府主

---

① 刘孙渊,马超.治理理论视野下的教育公共治理[J].外国教育研究,2008(6):15-19,58.
② 许杰.教育分权:公共教育体制范式的转变[J].教育研究,2004(2):10-15.
③ 宋官东,吴访非.我国教育公共治理的路径探析[J].中国教育学刊,2010(12):19-22.

导、社会参与、办学主体多元、办学形式多样、充满生机活力的办学体制,形成以政府办学为主体、全社会积极参与、公办教育和民办教育共同发展的格局。调动全社会参与的积极性,进一步激发教育活力,满足人民群众多层次、多样化的教育需求。"①

第二,政校分离,自主抉择。随着多元化办学格局的逐步形成,政府对学校的支持不再是传统意义上的直接管理,更多的是一种教育制度和财力的支持。也就是说,学校办学的自主性更强,学校将基于自己的文化理念和发展需要决定其办学方式。《国家中长期教育改革和发展规划纲要(2010—2020年)》也规定:各级政府要"改变直接管理学校的单一方式,综合应用立法、拨款、规划、信息服务、政策指导和必要的行政措施,减少不必要的行政干预。"②可见,我国教育公共治理正在为实现政校分离、自主抉择而努力。

第三,机制设计,激励相容。教育问题说到底是人的问题,而教育公共治理也关乎着人的利益。人性化设计可以说是教育公共治理机制有效运行的关键。所谓"人性化",就是指机制必须考虑个人的目标。从教育公共治理的理论假设可知,教育治理中的委托—代理关系存在目标不一致的问题。为避免这样的问题,可以从机制设计理论出发,来帮助人们达成目标的一致。正如"马斯金定理"所认为的,在一定条件下,人们可以找到实现社会目标的机制,而且该机制的结果一定和社会目标是一致的。③

第四,绩效评价,管教评分离。长期以来,我国政府集教育的管办评于一身,从而难以保证教育评价、监测结果的客观性和公平性。《国家中长期教育改革和发展规划纲要(2010—2020年)》明确指出:"培育专业教育服务机构。完善教育中介组织的准入、资助、监管和行业自律制度。积极发挥行业协会、专业学会、基金会等各类社会组织在教育公共治理中的作用。"④可见,发挥教育中介组织在教

---

① 国家中长期教育改革和发展规划纲要(2010—2020年)[N].人民日报,2010-07-30(013).
② 国家中长期教育改革和发展规划纲要(2010—2020年)[N].人民日报,2010-07-30(013).
③ 朱慧.机制设计理论——2007年诺贝尔经济学奖得主理论评介[J].浙江社会科学,2007(6):188-191.
④ 国家中长期教育改革和发展规划纲要(2010—2020年)[N].人民日报,2010-07-30(013).

育公共治理中的作用,是确保我国教育公共治理工作健康发展的有效方式。

(四)教育公共治理视角下高中监测制度建构的路径

近年来,随着"管办评分离"和"放管服"改革的持续深入,我国教育监测主体日益多元化,现阶段的高中监测主体主要包括政府机构、第三方监测机构及社会公众。教育监测活动不断向现代化迈进,逐渐趋于专业化、信息化、科学化、国际化。但同时,我国的教育监测制度也存在一些问题。比如,监测制度不够完善、监测主体职能混乱、监测机构影响力不足等。如何解决现在面临的一系列问题,走出高中监测制度发展的"瓶颈期",以监测推动高中教育高质量发展,成为当前学界探讨的一个重点话题。基于高中监测制度建构的实然现状与应然方向,结合教育公共治理的相关理论,我们认为可以从以下两方面进行思考。

一方面,内部突破。第一,建立客观的监测体系。在监测过程中,根据被监测对象的不同,确定不同层次和水平的监测指标,结合高中教育发展需要,严格按照前期准备、中期检查、后期总结的监测流程,达到先制定、再反思与评估的客观性。第二,形成专业的监测队伍。监测队伍的专业化是监测结果科学化的前提条件,为此,必须将与监测工作有关的经验和知识作为监测人员的硬性要求;同时,还要为监测人员提供持续学习监测知识的平台与机会。第三,建设完备的监测机制。监测机构需加强对自身的"元评估",通过不断的自我反思与监管来保证监测结果的科学性。

另一方面,外部支持。高中教育的发展不仅仅是学校的事情,更与政府、社会公众及千万家庭紧密相关,因此,外部支持可以说是高中监测制度发展的重要保障。第一,健全有关的法律法规。国家应尽快制定关于高中监测、问责的法律法规,使各级政府能够明晰其在高中教育发展过程中的权利与义务。第二,提供必要的资金保障。高中监测除依靠政府和学校外,还应强调第三方监测机构的作用。要想让第三方监测机构得以持续发展,就有必要为其提供必要的资金保障,以保证其监测工作的良性运行。第三,建立相应的监督体系。为保证监测结果的科学有效,有必要对监测工作和监测流程展开强有力的监督。具体来讲,就是要及时向社会公布监测和评估的结果,接受社会的监督,注重将公众对高中教育优质、均衡发展的满意度作为评估监测机构的重要依据。

第二节　高中监测制度建构的基本设想

新时代背景下,建构高中监测制度面临的最大难题是:这种旨在促进高中教育高质量发展的制度建构何以可能？具体表现在以下四个方面:

第一,高中监测制度建构面临着许多错误认识的羁绊。对高中监测制度的认识水平直接决定其建构的效率与结果。有研究者调研发现,目前仍然存在对高中监测的目的认识不足的情况,比如认为高中监测就是"统考",是对学生的监督,又或是将其作为学校排名的依据。[1]这些都将成为高中监测制度化建构的阻力。

第二,高中监测制度建构面临着价值观念自我超越的困难。促进学生全面发展是高中教育的价值灵魂,而当前仍然以"考"为主的选拔方式催生着高中利益相关者对成绩的"欲望",即使新高考提出"两依据一参考"的综合评价标准,在短时间内也难以帮助人们跨越"唯分数论"的藩篱。有学者指出,新高考试点省市将选考科目等级折算为分数与统考科目原始分加总后排队录取,学考科目、综合素质评价基本上游离在录取标准之外,没有发挥实质性招生选拔的作用,文化课考试分数几乎成为唯一依据,不能全面衡量学生的全面发展情况。[2]在此情形下,将促进学生全面发展的价值观内化为监测者、教师的信仰何以可能？

第三,高中监测制度建构面临着实践操作上的困境。相较于传统考核、评估,高中监测制度建构会涉及更多监测主体和监测内容,如何在更复杂的监测活

---

[1] 范涌峰.新高考背景下普通高中教育质量监测:现实困境与制度框架[J].中国教育学刊,2021(5):53-58.
[2] 张家勇.新高考改革的进展、挑战与政策建议[J].中国教育学刊,2018(8):42-46.

动中较为全面、客观、准确地获取监测结果,并对结果进行处理,是监测制度建构所面临的现实困境。

第四,高中监测制度建构面临着制度化过程中可能存在的教条化风险。制度具有稳定性的特点,制度一旦形成,便可能在较长时间内规范着人们的行为。如何让高中监测制度与时俱进是制度化过程中的一个难题。

基于上述认识,我们认为,高中监测制度建构首先要明确基本的价值取向,掌握制度建构所要遵循的主要原则,然后是对其实践遵循的探讨。

一、高中监测制度建构的价值遵循

当前,高中监测存在"失真"的现象。所谓"失真",即失去其本质意义。新时代背景下,高中监测旨在促进教育公平、优质发展,但目前实践领域的高中监测与理论所要求的存在一定落差。在实践中,高中监测常常被看成新增的"统考""统测",被认为是一种新的排名依据,由此导致高中监测无法为新的教育决策提供客观、可靠的依据。归结来说,其背后的原因是监测制度缺失、僵化、失灵等因素。因此,着力于"制度"是解决高中监测"失真"的有效手段。为体现出高中监测制度与传统评估、督导制度的区别,有必要体现其以下价值取向。

(一)高中监测制度建构追求"育人为本"的价值取向

制度的存在是着眼于人的活动与发展的,"以人为本"是制度价值的出发点。从此意义上看,我们认为"育人为本"应当是高中监测制度价值的出发点。"育人为本"实际上是对"以人为本"的进一步深化。在实践场域,"以人为本"常常被简单地异化为一切以学生发展的需要为本,甚至一味地强调学生的主体地位,忽视了教师、课堂等因素的作用。若将"以人为本"作为高中监测制度价值的出发点,可能会出现刻意关注学生的个性需要,而遮蔽了高中监测制度应以"育人为本"即落实好立德树人的根本任务。如此,必然会模糊高中监测制度的价值取向,引发基本的价值错位。因此,将"育人为本"作为高中监测制度建构的出发点是有效且合理的。高中监测制度作为一种评估手段,强调更大限度地比较分析学生各方面的发展,更客观地揭示学生的发展规律,并进行有针对性的探索。具体表现为以下几个方面:

一是要坚持德育为先。为了实现党的十九大报告提出的坚持立德树人,培养能担当民族复兴大任的时代新人的这一人才培养目标,高中教育需要注重以品格为中心的培养方向,高中监测也需要着重实现目标的转变。这就要求在设计之初,高中监测要确立学生德性发展的价值目标取向,避免因追求短期效果而将学生视为工具。故此,高中监测制度的建构要从当前仍是基于课程标准的测评转向基于学生德性的测评,也就是说,学生德性要成为高中监测的重中之重。此外,相较于传统教育测评,基于信息和智能技术的高中监测能更好地监测到难以"计量"的软性指标,比如学生的社会责任感、道德情操、荣辱观等内容。

二是要坚持以促进学生发展为本。监测数据的获取以及结果的比较、分析和评估,最终目的是帮助学生不断成长。一方面,要继续关注传统教育测评所重视的学业成就。高中监测制度的建构并非要"推翻"传统教育评价所重视的学业指标,学业成绩指标仍然是监测的重点。当前,国际组织的测评内容和方式也在悄然改变,但不是抹掉硬性指标,而是转向在强调学业成绩硬指标的同时,加入社会情绪、学校氛围等软技能和软环境。[①]就是说,高中监测制度的建构需要充分兼顾学业指标和非学业指标。另一方面,还要重点关注学生个性,承认差别。传统教育测评常用抽样调查、访谈等收集数据,这些方式往往只能够粗略了解群体特征,不能及时反映和跟踪群体与个体的发展走势,同时还可能脱离学生具体学习情景、过程和成果。[②]信息技术支持下的高中监测,可以有效避免这类情况的发生,全面关注到每个个体的发展走势,进而帮助学生全面成长。

[①] 辛涛,姜宇.基于核心素养的基础教育评价改革[J].中国教育学刊,2017(4):12-15.
[②] 赵伶俐.以目标与课程为支点的美育质量测评——为了有效实施《国务院办公厅关于全面加强和改进学校美育工作的意见》[J].华东师范大学学报(教育科学版),2017(5):87-99,161.

(二)高中监测制度建构追求"教育正义"的价值取向

教育作为培养儿童健全人格、卓越德行、理性精神的实践活动,是否正义与教育目标的实现息息相关。教育正义是教育制度建构的根本原则,教育正义规导教育制度的建立,并引导教育制度的变革,指导教育实践实现正义所规定的变革方向。[①]教育正义指引教育往更符合善的方向改进,由此意义出发,高中监测制度建构必须以"教育正义"为首要德性,即高中监测制度重在评估每一个受教育者是否都享受到了平等的教育资源和教育机会。

当前,在教育正义问题上,面临着较为严峻的形势。比如,区域发展不均衡,主要表现为东、中、西部地区在教育经费、人力资源、教育质量水平上的差异。当然,这一方面是源于各地本身经济文化发展不均衡的历史格局,另一方面则是受发展战略的影响。再比如,学校之间的不均衡,示范高中的设立实际上也是一种变相的等级划分,是刻意制造的等级差异,显然有悖于教育正义的基本理念。

为了在高中监测制度层面贯穿落实教育正义原则,需要做出的努力主要包括以下几个方面:第一,在区域之间,高中监测制度要重点评估区域间的教育差距。事实上,地域所造成的教育差距并不是问题的要害所在,要害的问题是不同区域的教育制度性落差,即制度安排造成的人为差异。[②]为了缩小这些差异,有必要对相关制度进行重建与创新。第二,在区域内部,高中监测制度要着重关注学校之间的发展差距。学校之间的不均衡主要表现为"重点校"与"非重点校"之间的发展差异。第三,在学校内部,高中监测制度要适用于每一个受教育者,也就是要客观、平等地对待每一个学生,尤其要关注处境不利者,强调对每一个学生发展状态与程度进行有效监测,这不仅是教育正义的现实要求,也是高中监测制度改革的努力方向。总之,为了实现教育正义的目的,高中监测制度要注重公平和质量指标的测度,要对高中教育均衡发展的评估范围、内容与标准、程度与

---

① 金生鈜.教育正义:教育制度建构的奠基性价值[J].陕西师范大学学报(哲学社会科学版),2011(2):157-164.
② 王本陆.教育公正:教育制度伦理的核心原则[J].华南师范大学学报(社会科学版),2005(4):98-104,160.

方法、结果与利用等进行详细的说明和规定,要能为新的教育决策提供可供参考的数据与信息,从而促进高中教育的内涵式发展。

(三)高中监测制度建构追求"创新为上"的价值取向

任何制度都不是一劳永逸的。在教育改革创新的关键时期,由于既有教育制度在新的发展阶段缺少应有的权威性,因而,教育制度必须随之创新。这个创新过程实际上就是两种制度的转换过程。对于高中阶段而言,既有评估制度与对提高人才培养质量提出的新要求可能不相匹配,要破解高中教育发展困境,就必须建立新的监测制度。或者这样说,建立新的监测制度这样一种规范去约束高中监测行为,实际是为了保护学生有价值的学习生活。那么,人作为创新的主要约束力,其素质的高低在很大程度上就决定了制度创新的好坏。因此,提高高中监测相关者的素质,可以说是高中监测制度创新的根本。对于高中监测制度的设计者而言,他们不仅要具备创新意识和创新精神,还要具备相关的科学知识修养,拥有较高的道德素质,能够理解高中监测制度的意蕴,加快高中监测活动的制度化进程。具体而言,追求"创新为上"的高中监测制度在设计时需要注意以下方面的创新:

第一,高中监测主体的创新。随着教育治理主体多元化的日益明确,监测主体也必须遵循这种趋势,即促进高中利益相关者参与高中监测。从利益攸关性分析,高中监测主体主要包括学校自身、政府机构、专业监测机构、社会公众。对这些主体应明确规定其在监测过程中的具体任务和功能,使之共同增强监测的公正性,从而提供监测结果的有效性。

第二,高中监测指标的创新。在技术时代,高中监测愈发强调基于证据和数据的监测结论,主张监测指标的统一性与多元性,即在大的政策框架下,监测指标可基于各地的实际情况进行协商,按照统一制定、分级推进的原则,科学合理地制定可操作、可行的监测标准。

第三,高中监测执行机制的创新,主要是对数据收集机制和共享机制的创新。在数据收集机制方面,既要充分发挥政府、学校的作用,保证数据来源的可靠性和稳定性,也要合理运用社会机构、组织等进一步完善数据的收集。在数据共享机制上,要充分利用大数据来满足不同主体的需要,并建立起开放共享的机制。

第四,高中监测结果运用机制的创新。监测的主要目的是改善,各监测部门和机构要形成长效且稳定的反馈机制,构建一套适合高中阶段的监测数据结果的呈现系统,从而为后续的教育决策服务。

二、高中监测制度建构的原则遵循

就制度而言,尤其是从哲学层面审视制度的时候,只有那些既体现制度本质要求,有利于社会历史进步和人的全面发展,同时又有助于制度持续演进和发展的标准,才是合理、可取的。[①]从尽可能确保所建构的监测制度能真正体现高中教育教学的基本要求出发,高中监测制度建构应遵循的主要原则如下。

(一)体现高中特色

从实践层面来看,高中监测制度不是恒定的,而是历史的,也就是说,高中监测制度的建构在不同时空条件下是存在差异的,而建构什么样的制度需要立足于现实发展的需要。因此,推进高中监测制度的建构,要从高中教育发展的实际需要出发去考虑。高中教育实践表明,高中监测制度建设既要反映高中"升学"和"就业"双重功能,也要体现高中在培养健全人格上的任务。也就是说,高中监测制度的设计要从升学、就业、育人三方面出发。

首先,高中监测制度要为升学服务。长期以来,人们对高中任务比较一致的看法是"升学",在追逐升学率的过程中,忽视了学生身心等各方面的发展。为了促进学生健康成长,除了改革高考制度外,还应创新高中监测制度,将高中监测

[①] 辛鸣.制度论——关于制度哲学的理论建构[M].北京:人民出版社,2005:14.

制度作为新高考制度的补充剂,通过"两翼齐飞"的方式解决学生片面发展的问题,促进教育的良性循环。

其次,高中监测制度要为就业服务。高中教育与其他学段的最大不同在于,它是社会人才分流的第一道闸门。在结束高中教育后,学生可能进入到高等教育,可能选择职业技术教育,也可能离开正规教育系统而直接就业。[1]也就是说,高中监测除了评估升学知识外,还要评测学生的基本素质和能力,考核其是否能成为合格的社会主义建设者。

最后,高中监测制度要为育人服务。高中教育所具有的升学、就业功能,是被大家所公认的价值定位,然而,很少有人从学生在高中阶段的发展特征来界定它的教育功能。实际上,高中阶段正是学生人生观、世界观、价值观形成的重要阶段,也是学生个性发展的关键阶段。也就是说,高中教育除了既有的双重功能外,还应具有"育人"的功效。故此,高中监测要关注学生的个性与人格。

(二)凸显素养本位

制度是人交往活动的产物,其主要源于人生存和发展的需要。因此,制度须依据人的发展状况与趋势,以及所面临的具体问题来建构。换句话说,制度的建构必须指向人。在此意义上,高中监测制度要以学生发展为中心进行设计,要以促进学生成长为其根本目的。高中监测制度建构的基本原理就是一切制度安排都要以提升学生综合素质为核心,这就要求遵循学生发展的逻辑,赋予学生成长的空间和环境,保障学生个性发展的权利。进一步讲,高中监测制度建构并不能单纯为了当前高中教育发展矛盾的解决,不能纯粹为了社会发展需要,而要着眼于人本身,基于现实的人的发展状况和趋势创造空间。当前,对学生发展起决定性作用的不单是学业成就,有研究者指出,个人要成功应对情境的内在先决条件

---

[1] 廖军和,李志勇.从精英到大众:我国普通高中教育定位之思考[J].教育科学研究,2011(2):20-22.

为:个人知识、能力、态度之整合与情境间的因应互动体系。①也就是说,情感态度价值观,即德性才是学生发展的决定性条件。

基于上述认识,我们认为,高中监测制度的创新要以发展核心素养为基本价值取向。高中监测要由重点关注学生的学业成就转向更加重视测评学生核心素养的达成情况,充分兼顾非学业性指标和表现性指标,尤其是对个体兴趣、品格、态度、能力、价值观等软性指标的测评。②当前高中监测制度建设面临最突出的问题是功利化色彩太重,就现阶段来说,分数仍然是考量学生、教师和学校最重要的指标。对于多数学校利益相关者而言,他们遵循"分数第一、资源第一"的基本原则,尤其是对于高中阶段而言,在很大程度上,分数即获取教育资源的筹码,也可以说分数即资源,这也是考试文化愈演愈烈的根本原因所在。③为此,新时代高中监测制度的架构首先要确立一个基本前提,即作为一项活动,高中监测必须凸显素养本位,以促进学生在真正意义上发展为前提。

(三)彰显诊断功能

诊断的内容是与时俱进的,它应该是社会需要、人的需要的反映。如果说传统考试诊断的是学生的知识、技能水平,那么,新时代背景下的高中监测则是为了促进学生的全面发展,这意味着高中监测制度的诊断标准是在演变的。

高中监测并不是额外的"统考",与传统评价相比,高中监测的根本目的在于诊断和改进。具体表现在它所依据的理论和技术上,借助诸如矩阵抽样技术、项目反应理论、认知诊断模型等现代测量理论与技术,改变了基于经典测验理论的考试技术,在更大限度上实现了对包含学业成就在内的学生各方面综合发展信

---

① 柳夕浪.从"素质"到"核心素养"——关于"培养什么样的人"的进一步追问[J].教育科学研究,2014(3):5-11.
② 檀慧玲.新时代我国基础教育质量监测的向度转变[J].教育研究,2018(6):98-104.
③ 范涌峰,张辉蓉.学校特色发展:新时期城乡义务教育一体化的内生路径与发展策略[J].教育研究与实验,2019(5):70-75.

息更多维、多层的比较分析,并对差异原因进行针对性挖掘和探索。[①]可见,高中监测是有别于其他评价方式的大尺度评估,其技术性相较于传统考试而言更加突出。在现代理论、技术的支持下,高中监测制度建构重在诊断后的改进。从国家层面来看,高中监测有利于科学诊断整体的教育质量,发现存在的问题,为后续决策提供咨询服务;从区域层面来看,高中监测基于实际发展需要,为提升区域教育质量提供新的方案;从学校层面来看,对教学的监测能为教师的教、学生的学提供改进方案。

总之,建构高中监测制度是一个需要探索的过程,必须以审慎的态度、专业的技能为支撑,旨在通过一系列的制度建设,调动各种力量围绕人才培养的根本任务,诊断当前教育存在的现实问题,为教育决策提供依据,从而促进高中教育的不断革新,促进学生的不断发展。

(四)坚持系统性思维

高中监测制度建构不仅事关学校教育事业发展,更关乎整个社会的发展,因此,它是一项复杂的社会工程,这就要求在制度设计上依据系统性的思维原则来思考高中监测制度。

第一,注重理性与价值的统一。高中监测制度既是理性的诉求,又是一种价值期待。说它是理性诉求,是因为高中学校本身是有计划、有组织地对受教育者进行系统教育活动的组织机构,其持续存在需要相关制度的支撑,而高中监测制度就是其中一种必要制度;而之所以说它是一种价值期待,是因为与其他社会组织相比,高中学校有着极其重要的价值使命,它应当有的信念与追求是坚守教育初心,不忘育人使命。高中学校需要一种能保障这种价值使命的制度,即高中监测制度。从这种意义上说,高中监测制度是理性与价值的统一,是保护高中教育使命得以完成的制度。

[①] 李凌艳,陈慧娟.推进我国基础教育质量监测制度建设的基本战略与体系保障[J].中国教育学刊,2020(3):68-73.

第二,注重形式与内容的统一。高中监测制度从形式方面看,就是一种行为规范或者说是一种规范体系,它是作为协调高中利益相关者之间关系的一种"工具性存在"。但从本质上来讲,这种规范是以服务高中教育、保障高中教育教学质量为主要目的的。高中监测制度建构的关键不是制度本身,而是作为制度思想基础的高中教育理念,因为高中教育理念决定了监测制度的指标体系与具体内容。所以,在进行高中监测制度建构之前,要先明确高中教育的根本理念,否则,高中监测制度的建构极有可能是权宜性的。

(五)坚持适应性与超越性相统一

高中监测制度要坚持适应性与超越性的统一。说其具有适应性,是因为高中监测制度不是凭空生成的,而是在继承传统、适应现实的基础上建构起来的。一方面,高中监测制度虽然区别于传统的考试评价,但从本质上讲,它仍是一种评价手段,是一种在传统评价方式基础上发展起来的新评价手段;另一方面,高中监测的价值内核在于通过掌握能够反映高中教育质量的客观数据,系统分析高中教育存在的普遍问题,进行科学预测,并提出改进的有效方案,从而促进高中教育公平而又高质量发展,由此体现了高中监测制度对现实的适应。说其具有超越性,是指高中监测制度要不断创新与发展。任何制度都不是永恒的,虽然人的精神性使得人总有一种形而上的追求,希望能建构终极的、不变的、永恒的理想制度,试图一劳永逸地解决所有问题。然而,现实条件的限制使得这样的理想图景不可能实现。[1]随着新时代对高中教育的重新定位,即高中教育要以培养每一个高中生的自由个性、促进每一个高中教师的专业成长为根本目的,要不断提高其适应性和开放性,以帮助学生完成大学准备、职业准备和社会生活准备。[2]为此,高中监测制度必然要不断超越既有制度,才能适应新的时代要求。

---

[1] 何艳.实践科学发展观的制度建构研究[M].昆明:云南人民出版社,2012:125.
[2] 张华.论我国普通高中教育的性质与价值定位[J].教育研究,2013(9):67-71.

三、高中监测制度建构的实践遵循

自党的十八大提出要加强中国特色社会主义"道路自信、理论自信、制度自信"后,关于现代化发展道路的"中国模式"成为理论界探索的一个热点问题。在新时代背景下,高中教育在为高等学校和社会输送合格人才的同时,还承担了新的任务,即"品格教育"。过去的高中教育在相当程度上忽视了对学生内在品格的培养,过度强调为升入高等学校做准备。基于新的历史任务,高中监测制度建构要体现出一种独特的实践逻辑,即要从实践问题出发,在实践中形成新的制度,再反诸实践,进行修正。由此分析高中监测制度的建构,发现高中监测制度建构过程中的独特特征,这对认识高中教育发展道路具有重要意义。

(一)以"提升教育质量"为根本

制度作为一种规则,显然是非中性的,这就意味着制度具有一定的偏好和取向。在新时代背景下,随着我国高中阶段教育毛入学率的逐渐提升,加快普通高中发展、提高普通高中的教育质量开始成为我国普通高中教育发展的基本主题。[1]基于该主题,"提升教育质量"成为高中监测制度建构的根本。

2017年,教育部等四部门印发了《高中阶段教育普及攻坚计划(2017—2020年)》,其中强调"到2020年,全国普及高中阶段教育,适应初中毕业生接受良好高中阶段教育的需求",以及"全国、各省(区、市)毛入学率均达到90%以上,中西部贫困地区毛入学率显著提升"。一方面,高中教育的全面普及使人们逐渐转向对高中教育内涵式发展的关注,全面提升高中教育教学质量成为新时代高中教育的关键任务。在此情况下,对高中教育教学质量的科学诊断,以及基于监测提出高中教育改进路径成为高中利益相关者的内在诉求,同时也为其参与高中监测提供了内在动力。另一方面,高中教育的多样化发展以及高等教育毛入学率的不

---

[1] 祁占勇.数量与质量的权衡:普通高中教育战略目标的价值确认与路径抉择[J].现代教育管理,2012(7):29-32.

断提高,使高中阶段教育的"唯分数"倾向相对缓解,这为高中监测提供了可操作的空间。总之,伴随着高中教育领域均衡发展程度的不断深化,提高高中教育质量和水平,保障每个学生能够接受优质教育,成为这一时期乃至今后一段时间内高中监测制度的根本所在。

(二)以"国家发展需要"为导向

"按照结构功能主义理论,制度体系和结构应具备一定的功能以满足社会发展和国家运行的需要,这些功能既是制度生存与发展的前提依据,也是国家治理实践的动力源泉。"[①]从该理论出发,高中监测制度需要具备一定的功能以满足国家发展需要,这些功能是高中监测制度创新的前提,也是国家治理高中监测的动力源泉。具体来看,高中监测制度一般要具备合力、善治、改进等功能。首先,高中监测制度能有效聚集高中利益相关者,充分发挥其在监测活动中的作用,由此昭示出社会各界在推进高中教育高质量发展过程中共生共荣的局面。其次,高中监测制度既代表一种约束,也意味着激励。对于高中监测而言,科学的制度有助于减缓监测过程中的阻力,增强监测动能。最后,高中监测制度的改进效能体现在它能够为教育决策咨询提供科学依据。

总而言之,高中监测制度要定位于服务国家发展的现实需要。在高考恢复初期,国家处于"恢复社会经济发展"现实需要的阶段,高中教育以培养合格的现代化建设人才为主,由此决定高中监测对"学业成绩"的重视。新世纪初期,实现全面建设小康社会和中华民族伟大复兴的宏伟目标对高中监测提出了新的要求,高中监测重点关注教育的公平与均衡状况。新时代背景下,实现中国梦的目标又对高中教育提出了"普及·优质"发展的基本需求。高中教育定位于"社会主义教育事业"的一部分,被明确规定人才培养目标是"培养德智体美劳全面发展的社会主义事业的建设者和接班人",由此决定了高中监测的主要任务。可以说,高中监测的方向、内容、模式等都是与国家不同阶段的发展需要息息相关的。

---

① 韩慧,臧秀玲.中国新型政党制度与国家治理的互动逻辑[J].社会主义研究,2020(4):7-14.

(三)以"督导评估制度"为蓝本

2019年,《国务院办公厅关于新时代推进普通高中育人方式改革的指导意见》(以下简称《指导意见》)要求国家制定普通高中办学质量评价标准,完善质量监测办法;要求把推进普通高中教育改革发展作为对省级人民政府履行教育职责督导评估的重要内容,同时还要把督导检查结果作为评价政府履职行为的重要依据,要对发现的问题强化问责、限期整改。为贯彻落实《指导意见》的基本精神,理应在高中监测制度上作出创新与优化。从实践层面来看,高中监测活动主要是以督导评估的形式展开的,同时,我国督导评估制度在新中国成立后随教育体系的建立而得以建立,目前已形成具有中国特色的教育督导评估制度架构体系。鉴于此,高中监测制度可以充分参照督导评估制度,以其为蓝本建立具有中国话语形式的监测制度体系。

首先,《中华人民共和国教育法》明确将督导评估制度确立为国家的一项基本教育制度,由此极大地提升了教育督导评估的法制地位。教育督导评估是教育督导部门的行政督导行为,针对高中教育发展的督导评估工作主要侧重于督政的职能,即对下级人民政府、教育行政部门、学校及其他教育机构在推进高中教育高质量发展的努力程度上进行监督、评估和认定。

其次,自改革开放以来,我国教育督导队伍的持续壮大,督政、督学、监测"三位一体"督导体系的形成,使督导评估制度逐渐完善。若以此为蓝本设计高中监测制度体系,将主要依托各级教育督导部门的行政人员开展监测活动,通过监测及时把握高中教育发展差异,对未来变化趋势作出预测,引导和推动科学决策。

最后,教育督导评估制度是一种自上而下的督导、考核,强调既定目标的实现。以此为参考,高中监测制度在设计之时,便要说明标准与目标的问题,以利于监测活动的顺利进行。

(四)以"结果运用机制"为保障

高中监测制度是否有效落实,需要回归于监测结果的运用之上。高中监测制度与直接服务于人才选拔的高考制度的区别在于:高中监测制度是为教育决策服务的,是指向学校教育改进与优化的。因此,高中监测制度在设计之时必须重视结果运用机制,要强调监测结果和数据的透明性,使教育实践者能通过监测结果发现教育实践中的问题,使教育决策者能通过监测结果提出更好的改进方案与对策,使教育理论者能基于监测结果对监测制度作出进一步完善。为充分运用好高中监测结果,需要在以下方面做出努力:

第一,提供人才保障。高中监测结果的运用需要专业的引领和指导。为了更好地发挥监测结果应用的决策、组织、指导和服务作用,必须组建监测结果应用的核心团队,要求团队成员能基于监测数据,有针对性地关注问题,分析、查找问题产生的原因,并"对症下药"。

第二,建立公告机制。各级政府应建立公示公告机制,通过网络平台定期发布监测报告,及时公开监测结果相关信息,接受公众监督。公告机制的建议有助于促进评价结果快速有效地运用到教育行政部门、学校管理者和其他利益相关者的工作整改中,形成政府、学校、社会等共同参与的舆论氛围。

第三,建立复查机制。首先是国家层面必须明确形成复查机制,规定一定期限内的复查活动,以及时发现问题并改进。然后是省级层面要建立高中教育均衡发展的数据库,并定期更新,为复查提供支撑。最后是学校要形成健全的复查制度,以目标为依据,严格审核监测结果。

第四,建立落实整改机制。这是高中监测结果运用的关键环节,主要包括制订整改计划、落实整改活动以及完成整改报告等内容。总之,建立高中监测结果的运用机制是完善高中监测制度的重要环节,是促进高中监测真正发挥实效的关键所在。

第三节 高中监测制度的基本类型

诺斯指出,制度"正式地说是人类设计的、构建人们相互行为的约束条件。它们由正式规则(成文法、普通法、规章)、非正式规则(习俗、行为准则和自我约束的行为规范),以及两者的执行特征组成"[1]。由此构成了学界对制度讨论的框架。基于此分类,本文将高中监测制度分为正式制度和非正式制度。

一、高中监测的正式制度

正式制度是人们有意识地对社会行为确定的规范,具有一定的强制性,一旦确立就会形成制度刚性对行为产生深刻的影响。[2]正式制度通常以权力机构为后盾,主要包括政策、法律、法规及规章等。在此基础上,高中监测的正式制度主要是指有意识地创造一系列与高中监测有关的政策法则,这些政策法则共同约束着人们的监测行为。通过对高中监测制度变迁历程的研究发现,高中监测的正式制度可以从国家层面、省级层面和学校层面来深入探讨。

(一)国家层面的政策文件

改革开放以来,中国社会发生了翻天覆地的变化,同时也让教育领域迎来了新的发展机遇。在这个深刻变革的时代,我国教育始终围绕着"推进国家现代化进程"的目标,展开了一系列开创性的改革,教育宏观决策也发生了诸多变迁。通常来讲,教育决策能够集中体现不同历史时期的价值期待。而教育政策的好坏成败,对一个国家的现代化进程也有着举足轻重的意义。[3]

通过对有关高中监测政策文本的梳理,我们发现关于高中监测的直接文本虽缺乏,但涉及评价、考核内容的文本却不少。比如:1978年《全日制中学暂行

---

[1] 道格拉斯·诺斯.新制度经济学及其发展[J].路平,何玮,编译.经济社会体制比较,2002(5):5-10.
[2] 黄毅.对我国地方政府社会管理创新的理论考察[J].武汉科技大学学报(社会科学版),2012(6):613-617.
[3] 袁振国.教育政策学[M].南京:江苏教育出版社,2001:2.

工作条例（试行草案）》强调着重考查学生的知识掌握情况，反映出该时期监测的重点任务。1993年，为迎合社会发展对高素质人才的需求，《中国教育改革和发展纲要》明确规定"中小学要由'应试教育'转向全面提高国民素质的轨道"。由此，我国教育督导与评估工作开始为促进素质教育的全面实施服务。新世纪初期，国务院批转教育部发布的《2003—2007年教育振兴行动计划》，明确要求建立国家和省两级新课程的跟踪、监测、评估、反馈机制，为高中监测的发展提供了依据。在新时代背景下，随着义务教育监测的不断完善，高中监测开始成为理论与实践领域关注的重点问题。《国务院办公厅关于新时代推进普通高中育人方式改革的指导意见》提出要完善综合素质评价，减少高中统考统测和日常考试，加强考试数据的分析，认真做好反馈，引导教学改革等问题。由此明确了高中监测改革和发展的方向。

国家层面的政策文件作为一种正式规范，对高中监测始终发挥着重要作用，具体包括以下方面：

第一，国家政策是高中监测发展的指南。这一核心作用是由国家政策的权威性所决定的，这种权威性表现为其他层面的政策必须服从于国家政策。在突破传统监测模式的过程中，既要面对沉积于人们观念中的影响，又要面对现实中的阻碍，无不增加了高中监测的复杂性和艰巨性，这就需要正确的国家政治作指导。从现实情况看，国家教育政策的指南地位体现在：首先，新时代，高中监测内容的转变都是以国家政策变化为开端的，比如，高中监测正式转向素养本位的测评是以实行新高考制度为发端的；其次，国家政策规定着新时代高中监测发展的方式与路径；最后，国家政策反映了当前高中教育发展的现状，从中可以寻到教育改革的方向。

第二，国家政策是实现高中监测目标的决定性手段。国家的教育政策作为教育行为的准则，比理论更接近于实践，可以说是连接理论与实践的重要桥梁。新时代，高中监测强调从学科本位迈向素养本位，但实践中的高中监测仍大概率被看成监测学生学科知识的手段，学生素养还是一种边缘性的监测对象。另外，学校里不必要的非教学活动也"挤压"了监测活动的时间与空间,从而导致高中监测效果的"缩水"。基于此情形,具有权威性的国家政策能够发挥的作用:一是明确高中监测的目的,规范利益相关者的有关行为;二是为高中监测获取合理、合法的地位。可以说,通过国家政策促进高中监测目标实现十分必要且重要。

第三,国家政策是调动高中监测主体积极性的根本所在。要顺利实现高中监测的不断创新,调动主体的积极性尤其重要。实践中,监测主体因观念滞后、认知不足,或是支撑监测条件不充分等因素而消极对待监测活动。这时,国家政策能积极促进或者"强迫"监测主体投身于监测活动中,包括更新监测观念、提高相关认知、学习监测技能等,通过权威的国家政策调动多元主体的积极性,进而形成多主体协同参与高中监测的良性生态。

(二)省级层面的监测制度

高中教育优质、均衡发展是近年来教育部和各地政府部门积极推进的一项工作,也是人民群众重点关心的问题。为保证高中教育高质量发展,各地积极贯彻国家政策文件精神,先后建立起一系列的评估监测制度。尤其是在教育部制定了《2003—2007年教育振兴行动计划》后,各省市相继成立了基础教育质量监测中心等相关机构,推进了高中监测体系的发展与完善。

在国家政策的引导下,各省市结合其实际情况,颁布了一系列与高中监测相关的政策文件。例如,通过发布一系列的意见、报告、规定等,建立起了一套操作性较强的制度规范。比如,根据《中华人民共和国教育法》和《教育督导条例》的规定,再结合各省市的实际情况,四川省于2018年发布了《四川省教育督导条例》,浙江省于2019年发布了《浙江省教育督导条例》。再比如,为贯彻落实《中共中央办公厅、国务院办公厅关于深化新时代教育督导体制机制改革的意见》和《国务院办公厅关于新时代推进普通高中育人方式改革的指导意见》等文件精神,海南省教育厅于2020年印发了《海南省普通高中(完全中学)办学水平督导评估方案(2020年修订)》。通过对各省市关于高中监测政策文件的梳理,我们发现大多数省市都形成了一套符合其实情的监测制度,进而有力地保障了教育监测工作的有效开展。可以说,省市级监测制度有效推进了省级监测体系的建构,具体反映在以下方面:

第一,工作体系的建立。最重要的是确保高中监测工作体系与教育管理体系的适配。为此,高中监测工作体系的建立应从国家到省(自治区、直辖市)、地市,最后落脚在县(区)一级。[①]同时,为避免监测的重复与无效,要明确区分各级的职责。相对而言,国家、省级监测侧重于对整体状况的掌握,通过监测数据库的建立阶段性地了解整体质量,并定时发布监测报告以引导大众树立科学的教育质量观。对于区县一级来讲,因其支撑力量的不足难以建立科学的数据库,故此,区县的监测工作规模较小,通常是一种督导或指导行为。总之,建立系统的工作体系是有效开展高中监测的首要任务,只有明确了各级监测的重点任务,才能形成互补的工作体系,从而为各级的教育决策提供精准的支持。

第二,保障体系的形成。高中监测与传统的高中评估、评价主要区别在于理念与方式的不同。高中监测作为一种大尺度评估相对于传统评价而言,更依赖于现代教育统计、测量理论,以及一些诊断模型等现代测量技术,这就意味着专业的监测主体将成为高中监测顺利实施的重要保障。针对多元的监测主体,最重要的是确保人员结构搭配的合理性,在学术背景上最好以教育学、统计学、测量学为主,同时要制定监测专家推荐办法。例如,贵州省在结合各方面因素的基础上,首先制定了《贵州省基础教育质量监测专家推荐与实施办法》,同时还成立了基础教育质量监测专家学术指导委员会,建立了质量监测专家库。[②]这为贵州省高中监测提供了智力支撑。

第三,结果发布体系的完善。一方面,结果发布体系的完善有助于规范学校、政府主管教育行政单位的有关行为,在社会各界的监督下,高中监测能得到

---

① 李凌艳,陈慧娟.推进我国基础教育质量监测制度建设的基本战略与体系保障[J].中国教育学刊,2020(3):68-73.
② 向帮华.刍议省级基础教育质量监测体系[J].教育理论与实践,2013(32):18-21.

不断的发展与完善;另一方面,定期的结果发布还有助于激励各利益集团不断提高自身的监测水平与能力,同时也为后续决策效能的提升提供精准的依据。

(三)学校层面的监测体系

随着国家、各省市、县区监测制度的持续完善,越来越多的学校开始尝试建立自身的监测体系。学校作为最基层的监测主体,亦是主要的监测客体。通常说来,学校自评、自测在整个监测体系中占有极其重要的地位。学校的自评、自测一般以评价学生学业成就为主,其结果将成为上级教育行政部门开展监测和评价的重要信息来源。

在国家和省级教育行政部门的指导下,学校的监测工作取得了一系列成效,当然也存在监测任务模糊、监测力量薄弱等问题,但也因地制宜地开展了一些实践探索。比如,清华附中历时三年自主研制开发的学生评价系统,旨在通过全面观察、记录、分析学生发展状况,进而培育学生良好个性与品格。再比如,四川省成都七中基于育人价值追求的"人文滋养,个性成长,责任引导,知行合一",重新定义了七中优秀学生的标准,[①]要求重点关注核心素养落地的状况。随着我国基础教育质量监测从国家到省市、县区工作体系的初步形成,学校要重视自身监测体系的建立与完善,明晰监测体系对提升教学质量的意义。具体来看,学校监测体系建设要把握以下关键环节:

第一,要高度重视监测体系的顶层设计和整体规划。顶层设计理念源于工程设计领域,是一种运用系统论的战略设计。学校监测体系的设计是一项系统化、繁杂化的工作,顶层设计能使设计者通过自上而下的整体谋划来集中有效资源,从而高效地实现既定目标。详细地讲,顶层设计和整体规划所要做的事情包括:明确各主体、各部门在监测中各自应侧重什么,不需要做的是什么;明确监测的具体内容和时间;明确监测结果的发布与运用等。也就是说,要实现不同部门的错位发展,形成各部门互补的监测工作体系,为学校教育决策和管理提供有效

---

① 易国栋.探索核心素养落地的校本之路[J].中国德育,2017(4):50-53.

的支持。简言之,整体上的规划与设计是高中监测顺利开展的重要前提。

第二,要确定高中监测体系设计的基本原则。学校监测体系最主要是坚持导向性原则,以注重高中教育高质量发展为基本导向,基于学校实际情况设计合理的评估指标体系,进一步明确自身办学定位和发展方向。同时,学校监测体系设计还要坚持操作性原则,注重契合学校教育发展现状和评估实际,强调监测体系运行的实效性。此外,还要坚持规范性原则,学校监测体系建设要在相关的法规、政策允许的范围内,突出学校监测体系建设的计划性和规范性。

第三,要坚持把信息发布平台建设作为高中监测体系建设的重要支撑。由于高中监测结果的敏感性,目前学校对于监测信息的发布较为谨慎,因此存在着公布范围有限、公布内容不全面等情况。但随着社会对高中监测结果观念认识的不断提升,向社会公布有关信息与数据将成为大势所趋,也有利于高中监测体系不断优化与完善。在技术时代,学校可通过互联网、论坛、自媒体等多种渠道,有计划地向社会大众发布监测信息,并正面积极地引导公众舆论,提升社会监督的效用,建立健全社会监督问责机制,形成强有力的监督合力。

第四,要建设专业的监测队伍,即要坚持把监测队伍建设作为高中监测体系建设的关键因素。学校要遴选出具有相关学术背景的本校教师和校外专家,共同组成一支高度适应其自身实际的专家团队,负责对学校各项数据的分析与评估,由此保证监测结果的有效性和权威性。总之,充分发挥高中监测体系的评价导向作用,要清楚地回答"谁监测、监测谁、监测什么、如何监测"等问题,这样才能不断提升学校的办学质量和综合实力。

二、高中监测的非正式制度

非正式制度是指人们在长期交往中自发形成并被人们无意识接受的价值道德规范、风俗文化习惯以及意识形态等内在行为规范。[1]换句话说,非正式制度

---

[1] 黄毅.对我国地方政府社会管理创新的理论考察[J].武汉科技大学学报(社会科学版),2012(6):613-617.

是从文化理念中衍生出来的,它形塑着社会的交往规则与惯例等内容,但又不具备强制性。在此意义上,高中监测的非正式制度可以说是一种不具备强制性但又具有持久生命力的行为规范,它形塑着监测活动中的交往规则和行为,影响着高中监测的发展与走向。整体上看,对我国高中监测影响较大的一些价值理念主要有教育公平理念、素质教育理论、成果导向教育理念等。这些理念作为一种非正式制度影响着我国高中监测的发展与完善。

(一)教育公平理念

教育公平理念是社会公平价值理念在教育领域的具体表现,促进教育公平发展,是当前和今后较长一段时间内我国教育发展的重要战略之一。对于教育公平,古今中外的学者虽持有不同理解,但共同强调的有权利、机会和分配的平等。在西方,柏拉图曾在《理想国》中谈及教育公平的问题,他认为教育公平是为了让每个人特有的能力发展出来,这种公平不受地域、背景等外在因素的影响。在我国,《论语》谈到的"有教无类""因材施教"也是教育机会均等和教育平等的一种体现。那么,到底什么是教育公平?从教育本体来看,教育是一种促进人社会化和个性化的活动,教育公平强调科学、合理地对待每一个人,换句话说,教育需要"差别"对待不同的人,根据每个人的实际需要给予一定的教育资源和教育机会。因为个体间的差异决定其目标的不同,而只有"差别"对待才能让学生学有所得,也才能使每个人都得到充分发展。

教育公平与一定的社会基本制度,尤其是教育制度相关,并以此为基准,规定着社会成员的教育基本权利和义务,规定着教育资源与利益在社会群体之间、在社会成员之间的适当安排和合理分配。[1]监测制度作为教育制度的一种,必然受教育公平理念的影响,同时还被规定着监测的基本任务。在高中阶段,教育公平理念对监测活动的规范具体表现在以下方面:

第一,对学生选择权的重视。高中阶段的学生将面临诸多重要选择,教育公

---

[1] 田正平,李江源.教育公平新论[J].清华大学教育研究,2002(1):39-48.

平理念要求高中教育能够尊重每个学生的兴趣、爱好与选择,正如联合国教科文组织所指出的:"应把中等教育设想为每个人生活中的一个十字路口:正是在这里,青年们应根据自己的爱好和能力决定自己的未来;还是在这里,他们能够获得有助于他们成人阶段的生活圆满成功的能力。"[①]为此,高中监测必须评估高中教育是否为学生的多元化发展提供了多样化的选择。在评价内容上,有必要从侧重群体表现转向对个体发展的关注,着重关注个体在成长过程中情感、态度、品格等方面的发展,更要重视学生身心发展过程中的德行、审美、劳动素养等软性指标。在评价重心上,除了对结果的测评,更要重视对过程的测评,也就是关注学生在过程中的选择与体悟。目前,对学生的测评多是一种静态式的评价,即学生对测试问题的反应和表现是其内在思维与心理活动的最终结果,难以反映测验时学生的心理过程。[②]事实上,随着现代科技的迅速发展与普及应用,多维度、多视角的动态监测成为可能,这为了解学生的心理过程以及教育决策提供了依据。

第二,对学校发展权的重视。当前,各省都存在着高中学校发展不均衡的状况,具体表现为:以极高"清北录取率"成为超级中学的学校得到"过度"重视,这些中学往往占据着优质的生源和雄厚的师资,严重破坏了区域的高中教育生态。要想提高高中教育的整体质量,绝不是依赖于少数的几所超级中学,而是要重视所有高中学校的发展权力。《国家中长期教育改革和发展规划纲要(2010—2020年)》(以下简称《规划纲要》)提出,要"促进办学体制多样化,扩大优质资源"。《规划纲要》所提出的高中教育发展方向,实际上也是高中监测的基本方向。为此,高中监测有责任促进高中学校的多样化发展。其中,关键是确保各个高中学校的"底限",以"底限评估"推进高中学校的标准化建设,从而实现高中教育的公平。所谓"底限评估",就是指对每所高中学校应有的经费投入、办学条件等进行监测,评估其

---

① 联合国教科文组织.教育——财富蕴藏其中[M].联合国教科文组织总部中文科,译.北京:教育科学出版社,1996:106.
② 袁建林,刘红云.核心素养测量:理论依据与实践指向[J].教育研究,2017(7):21-28,36.

是否达到标准,是否能够满足学校发展需要。这其实就是对学生发展权利的重视,也是教育公平理念一直以来所强调的核心问题。

(二)素质教育理论

素质教育理论作为高中监测的非正式制度,对高中监测的发展、优化和完善起着潜移默化之功能。"素质教育"这一术语首次出现于《中共中央关于进一步加强和改进学校德育工作的若干意见》中:"增强适应时代发展、社会进步,以及建立社会主义市场经济体制的新要求和迫切需要的素质教育。"由此,素质教育开始成为我国教育政策中的重要指导思想。新世纪初,基础教育改革提出从"应试教育"向"素质教育"转轨的理念。"素质教育"根本上体现的是以实现教育的本体价值为旨趣而做的教育想象,其立足点是学生的个人化整体人格发展,在本质上应是和"应试教育"对立的。[1]但具体到高中教育改革设计中,"高考主义"使得高中教育改革不得不为"应试教育"留出妥协空间。这种转轨本身的合理性,以及新时代对人才提出的新要求,让我们不得不重新思考如何彻底破解"应试主义"和落实"素质教育"的现实问题。可以说,高中实施素质教育的切实需要成为推动高中教育改革的核心动力,其中必然包含高中监测的改革与创新。

素质教育是一种教育思想,不是一种简单的教育模式,提倡素质教育是教育思想上的一大突破。[2]这种突破主要表现为以培养人的全面发展为根本宗旨,以面向全体学生为主要目标。将素质教育理论延伸到高中监测中,一是要求高中监测能够关注学生整体人格的发展水平。在传统教学现实中,量化、统一、甄别性的评价标准使学生处于竞争性的环境与氛围中,从而不可避免地造成了学生身与心、主我与客我、自我与社会的割裂。[3]学生的整体人格遭到割裂。显然,这不符合素质教育的本质要求。素质教育理论对评价的要求启发人们正视高中监

---

[1] 仲建维.我国高中教育改革:国际视野与本土行动[J].全球教育展望,2014(3):30-37.
[2] 周远清.文化素质教育要在"素质"、"思想"上下功夫[J].中国大学教学,2001(1):5.
[3] 张静静,安桂清.学校场域中儿童整体人格的建构:第三代活动理论的视角[J].教育研究与实验,2015(6):17-21.

测的地位:高中监测作为一种基于事实行为的活动,从本质上区别于基于价值的传统评估活动。在现代技术理论支持下,高中监测可以反馈学生在具体情境中所产生的个性化表现。当然,学生在具体情境中的实际表现是难以预估的,高中监测基于学生个性化、多样化呈现出生产性、动态性的监测结果。因此,监测需要结合学生经验的独特性对监测活动进行适时的调整与创新,从而更好地关注学生在学习过程中的创造与生成。从这个意义上讲,高中监测可以作为检验学生人格发展的重要依据,也就是说,高中监测的价值并非体现为具体的结果,而在于学生在活动中的体验,以及学生整体人格的丰盈。

二是要求高中监测面向全体高中学生。"素质教育"这一术语正式提出之前,国家教委就在印发的《关于实施〈现行普通高中教学计划的调整意见〉和〈普通高中毕业会考制度的意见〉》中强调:"把高中教育从应试教育转变为全面提高学生素质的教育,从只面向重点学校和升学有望的学生转变为面向全体学生。"可以说,面向全体学生是素质教育的第一要义。基于素质教育理论,高中监测也必然关注全体学生,包括对学生身心综合素质健全发展、学生发展的进程与状态等方面的测评。事实上,相较于传统教育评价而言,高中监测面向全体学生更可行,在现代监测理念和现代技术的支持下,用数据"说话"的高中监测更加客观、全面、公正。更具体地说,高中监测可以通过高频率甚至实时数据采集的方式形成面向多层次需求的高中教育发展数据库,通过监测平台逐步将数据收集、整理、分析等功能整合起来,并通过开发数据查询功能来准确识别各地高中教育发展的均衡度,以及实施对学生发展过程中即时、动态、多次的评价。

(三)成果导向教育理念

成果导向教育理念作为高中监测的非正式制度,影响着高中监测活动的实施。成果导向教育(outcome-based education,简称OBE)最先是由美国提出的,它的成果主要是指学生最终取得的学习结果,主要有六个特点:第一,成果是学生完成所有学习过程后获得的最终结果;第二,成果不只是学生的感觉、指导或暂时表现,而是学生内化到其心灵深处的过程与历程;第三,成果不仅包括学生所学的知识,还包括学生的实际能力和涉及的价值观、情感因素等内容;第四,成果越是经过长期实践越具有存续性;第五,成果要兼顾生活的重要内容和技能,要注重实用性;第六,"最终成果"并不是不顾学习过程中的结果,学校仍然要分阶段对阶段成果进行评价。[①]总之,成果导向教育理念强调教师通过协同合作来促成学生的顶峰成果,同时,学习成果的确定还要考虑教育利益相关者的需要,包括教师、学生、家长、学校、政府等的需要。

将成果导向教育理念融入高中监测体系中,需要在原来的监测目标、主体、机制等方面做出改进,以此推进高中教育改革发展。第一,制定监测目标导向的教学目标。从某种程度上讲,教学目标是教学的主要导向,教学目标引领着教学内容的选择、组织、评价等各个方面。在成果导向教育理念下,为了实现高中教育教学改革,首先需要从教学目标切入,制定以监测目标为导向的教学目标,充分考虑监测的可操作性。这就要求教学目标具体、明确,只有这样才能有效实现高中监测的可操作性,也有利于通过高中监测来实现促进学生能力发展的价值目标。第二,明确高中监测主体的多元性。成果导向教育理念强调以协作的方式促成最终成果。从利益相关者角度考虑,高中监测主体应当包括政府、专业监测机构和社会公众。政府的作用在于统筹和规划,通过科学制定监测方案和行为细则,来保障监测工作有效开展;专业监测机构应充分发挥其优势,通过专业手段获得客观、有效的监测结果;社会公众的参与不仅有助于对高中教育发展产生一定的舆论作用,还能对高中监测工作起到应有的监督作用。总之,各利益相关者必须明确自身在高中监测过程中应有的具体功能,通过协商、对话的方式参与到高中监测活动中,从而增强高中监测的公正性和客观性。第三,完善监测结果的分析机制。在做监测结果分析之前应先做好数据的统计,通过客观数据从

[①] 李志义,朱泓,刘志军,等.用成果导向教育理念引导高等工程教育教学改革[J].高等工程教育研究,2014(2):29-34,70.

横向、纵向两个维度进行比较,进而发现高中教育教学中存在的实际问题,并有效反馈教学质量和学生发展的状况,通过对监测结果的分析为新的教育决策提供依据,从而促进高中教育教学质量的提升。从某种意义上说,对监测结果分析的意义要远大于监测本身。

第六章　高中监测的层次与方式

2002年,第57届联合国大会宣布"可持续发展教育十年(2005—2014)"行动计划,其中提出"有质量的教育是可持续发展的必要条件,其中首要的就是提高基础教育的发展水平"。[①]高质量的基础教育需要高质量的监测方式予以支持和保障。作为基础教育的最高学段,高中教育监测方式应立足"立德树人"根本任务,以新时代教育评价改革总体方案为指导,将深化高中育人方式变革作为主要目标,从国家、省级、县级和学校层面展开"四位一体"的质量监测。

第一节　高中监测的政策依据

新时代的高中监测应作为保证高中学校教育高质量发展的重要支撑,同时将立德树人作为监测过程的根本导向,将推进高中育人方式变革作为重要任务。

一、追求高质量发展是新时代高中监测的目标导向

党的十九大报告作出了中国特色社会主义进入新时代的重大判断,同时指出新时代中国经济已由高速增长阶段转向高质量发展阶段。与经济发展相对应,我国的教育也进入了高质量发展阶段。陈宝生同志指出,我国经济社会发展进入新阶段,社会主要矛盾发生新变化,在受教育机会得到充分保障、解决了"有

---
① 刘静.基础教育质量监测:世界的趋势与中国的路径[J].当代教育论坛,2014(5):9-16.

没有"的问题后，人民群众对公平优质教育的需求日益强烈，对教育"好不好"的关注更加迫切。①对于高中学校而言，高质量发展就是要稳步推进普通高中标准化建设，促进优质特色发展。

重视教育质量提升是学校教育建设的重要目标，与此同时，教育质量监测也是确保教育质量稳步提升的重要保障。2015年，国务院教育督导委员会办公室印发《国家义务教育质量监测方案》，标志着我国国家义务教育质量监测制度建立，同时也标志着评估监测作为教育督导体系的组成部分开始运行。②2020年，教育部在《中国教育监测与评价统计指标体系（2020年版）》中指出，中小学教育监测应以推进高质量教育体系建设为导向，更加关注促进全员育人、全过程育人、全方位育人和深化教育评价改革的需要，用于指导各级教育行政部门和学校科学开展教育事业发展监测与评价工作。同年，中共中央、国务院印发《深化新时代教育评价改革总体方案》，具体指出了高质量评价的立足点及主要方面，如教育评价应坚持科学有效，改进结果评价，强化过程评价，探索增值评价，健全综合评价，充分利用信息技术，提高教育评价的科学性、专业性、客观性。坚持统筹兼顾，针对不同主体和不同学段、不同类型教育特点，分类设计、稳步推进，增强改革的系统性、整体性、协同性。坚持中国特色，扎根中国、融通中外，立足时代、面向未来，坚定不移走中国特色社会主义教育发展道路。从政策文件的论述中能够发现，新时代高中监测的高质量追求，应立足中国特色社会主义教育实践道路，彰显中国底色，焕发育人活力，在监测中落实以人为本的评价理念，满足学生多元发展的成长需求。

高质量发展是针对发展中存在不平衡、不充分的问题而提出的。习近平总书记在党的十九大报告中指出，我国社会主要矛盾已经转化为人民日益增长的美好生活需要和不平衡不充分的发展之间的矛盾。③破解发展的矛盾问题，唯有

---

① 陈宝生.建设高质量教育体系 加快建成教育强国[J].旗帜，2020(12):8-10.
② 李勉.基础教育评估监测：教育督导体系建设的新领域和新挑战[J].中国考试，2021(5):48-55.
③ 习近平.决胜全面建成小康社会 夺取新时代中国特色社会主义伟大胜利[N].人民日报，2017-10-28(001).

走高质量发展道路。中共中央办公厅、国务院办公厅印发的《加快推进教育现代化实施方案(2018—2022年)》(以下简称《实施方案》)指出,加快高中阶段教育普及攻坚,推动普通高中优质特色发展。积极稳妥推进考试招生制度改革,坚定高考改革方向,完善普通高中学业水平考试制度。《实施方案》紧紧围绕教育发展不平衡、不充分的突出问题,针对当前面临的战略性问题、紧迫性问题和人民群众关心的热点问题进行行动规划,是未来五年推进教育现代化的详细线路图。

高质量发展就要立足新发展阶段,贯彻新发展理念,构建新发展格局,走高质量发展道路。习近平总书记在十八届五中全会上指出,创新、协调、绿色、开放、共享的新发展理念,集中体现了"十三五"乃至更长时期我国的发展思路、发展方向、发展着力点,是管全局、管根本、管长远的导向。《中共中央关于制定国民经济和社会发展第十四个五年规划和二〇三五年远景目标的建议》指出,"十四五"时期经济社会发展必须遵循的原则之一是坚持新发展理念,把新发展理念贯穿发展全过程和各领域,构建新发展格局,切实转变发展方式,推动质量变革、效率变革、动力变革,实现更高质量、更有效率、更加公平、更可持续、更为安全的发展。对于高中阶段的质量监测而言,应将新发展理念作为评估教育发展状况的重要指标。在创新方面,应增强学校教育运行机制的动力,通过理论创新、制度创新、科技创新和文化创新等方式,提升学校教育的发展动力;在协调方面,应形成国家课程、地方课程和校本课程的课程结构一体化设置,通过课程整合实现课程育人功能的最大化;在开放方面,应注重提升学校课程的文化包容性,加强对尊重与理解地方文化和民族文化的正确导引;在共享方面,应创建共享型高中教育发展格局,实现东西部、城乡高中学校的协同发展。

二、落实立德树人是新时代高中监测的价值取向

高中阶段育人功能的根本性发挥在于是否将立德树人根本任务摆在关键位

置。"人无德不立,育人的根本在于立德。"①立德树人是我国教育事业的奋斗目标,是指导新时代教育体系建设的鲜明旗帜。立德树人着眼于人的全面发展,对中华民族振兴而言具有极其重要的战略性意义。立德树人是对"培养什么人,怎样培养人"这一教育根本问题的深刻回答。立德树人,立的是大德、公德和私德,树的是时代新人、民族新人。立德树人,从中国文化语境出发,是培育具有社会主义道德的人才;从世界格局出发,是培育有新思想、新本领、新作为,不断展现新面貌的人才。

立足新中国发展历史,每个历史阶段对"立德新人"的理解与期许不尽相同:在新民主主义革命时期,立德树人是培养具有共产主义信仰的革命者;在社会主义建设时期,立德树人是培育"德智体全面发展的人";在改革开放时期,立德树人是培育有理想、有道德、有文化、有纪律的社会主义建设者和接班人;自党的十八大以来,立德树人是培育能够"堪当民族复兴大任"的一代新人。②不论在哪个时代背景下,立德树人实质上是引导学生对自身德性的感性反思与理智践行,这也是学校教育所应秉持和践行的育人理念。一言以蔽之,以立德树人为根本价值诉求的课程体系目标是使"人之为人"。

康德曾经从哲学的层面提出了四个问题:"我可以找到什么?""我应当做什么?""我可以期望什么?""人是什么?"③这一系列问题说明哲学不仅关涉人与世界的关系问题,又对人的去向作以指引。从哲学的角度来看,立德树人便是一个"认识—行动—反思—再行动—再认识"的循环往复过程。立德树人揭示了道德发展和人的全面发展的辩证关系,强调德性成长是人的全面发展的根本保障。④这也为学校教育建设指明了前进的方向,即学校教育应是引导学生在价值获得中产生价值理解和价值认同,从而在价值实践中体悟价值与传承价值。

高中阶段的课程学习注重培养学生的价值思维与逻辑思维,对学生学习成

---

① 本书编写组.习近平总书记教育重要论述讲义[M].北京:高等教育出版社,2020:46.
② 唐艳群.中国共产党培育时代新人的理念与实践:历史演进与启示[J].重庆社会科学,2020(9):46-55.
③ 康德.逻辑学讲义[M].许景行,译.北京:商务印书馆,1991:15.
④ 教育部课题组.深入学习习近平关于教育的重要论述[M].北京:人民出版社,2019:48.

效的评估也需要整体性、综合性的审视。怀特海在《教育的目的》中说:"教育是教人们掌握如何运用知识的艺术。这是一种很难传授的艺术。"①仅仅强调学生认知水平与知识获得的学校课程是片面的、不利于学生终身学习和长足发展的。怀特海认为,教育的有用之处在于它是使人理解生活的一门学问。换言之,通过系统化的教育过程,人能够独立地追求幸福生活。通过教育获得幸福的生活方式是得道而不是得利,或者说,幸福不是由利而是由道而德(得)。②

高中教育作为塑造学生是非观、价值观的关键阶段,应确立以追求人格独立、生活完满为目的的教育目标,并通过以授"道"而获"德"的课程体系将其实践。党的十八大报告中提出:"要坚持教育优先发展,全面贯彻党的教育方针,坚持教育为社会主义现代化建设服务、为人民服务,把立德树人作为教育的根本任务,培养德智体美全面发展的社会主义建设者和接班人。"这是第一次把立德树人写入党的代表大会的报告。在2018年9月举行的全国教育大会上,习近平总书记对党的十八大以来我国教育事业发展进行了深刻总结,阐述了"九个坚持"的新理念新思想新观点,其中第二个坚持就是"坚持把立德树人作为根本任务",位列"坚持党对教育事业的全面领导"之后,足见立德树人之于教育事业发展的重要地位。对于学校教育贯彻落实立德树人根本任务而言,党中央也曾在政策层面做出指示。2019年,中共中央办公厅、国务院办公厅印发了《关于深化新时代学校思想政治理论课改革创新的若干意见》,分析了当前制约思政课发展的关键问题,指明了未来思政课的主攻方向以及"开门办思政"的推进思路,明确了各学段在课程目标、课程体系、课程内容、教材建设四方面的具体要求和着力点。同年,教育部等五部门发布《关于加强新时代中小学思想政治理论课教师队伍建设的意见》,要求切实加强思政课教师队伍配备管理、全面提升思政课教师素质能力、不断创新思政课教师评价激励机制。另外,高中学校的德育工作应凸显德育的时代性,这意味着学校德育要坚持与时俱进,充分考虑经济发展、社会进步

---

① 怀特海.教育的目的[M].徐汝舟,译.北京:生活·读书·新知三联书店,2002:8.
② 赵汀阳.论可能的生活[M].北京:生活·读书·新知三联书店,1994:16.

乃至信息技术变化带来的新背景、新条件和新影响。所以,是否落实立德树人、如何推进立德树人等一系列问题的实践情况,将作为评估高中学校教育质量的重要依据和标准。

三、推进高中育人方式改革是新时代高中监测的重要任务

全面推进育人方式改革是事关新时代普通高中教育高质量发展的重大任务。2019年6月,《国务院办公厅关于新时代推进普通高中育人方式改革的指导意见》(以下简称《指导意见》)指明了高中育人方式改革应实现从"实施素质教育"到"发展素质教育"的转变,标志着新时代基础教育改革发展方向的重要变化。这意味着普通高中要深化育人关键环节和重点领域改革,从根本上扭转片面应试教育取向,转而为学生适应社会生活、接受高等教育和未来职业发展做好准备。根据《指导意见》,高中育人方式改革应着力推进以下几个方面:

一是建立健全立德树人落实机制,推动五育融合。《指导意见》中明确指出高中育人方式改革的总目标是:"到2022年,德智体美劳全面培养体系进一步完善,立德树人落实机制进一步健全。"[1]从"五育并举"到"五育融合",已经成为新时代中国教育变革与发展的基本趋势。[2]2019年,中共中央、国务院印发了《关于深化教育教学改革 全面提高义务教育质量的意见》,提出"五育并举"的指导方针,要求"突出德育实效""提升智育水平""强化体育锻炼""增强美育熏陶"以及"加强劳动教育"。高中学校的"五育融合"追求的是学校教育的整体价值的实现,是制度育人、文化育人、课程育人、学科育人等方面的整体体现,通过"五育融合"实现学校教育体系的整体变革,重构课程教学体系、管理模式、治理机制,打破"各育"的边界与壁垒,构建一个整全育人的环境。"五育融合"是强化综合素质评价的一种体现,"五育"之间相互促进、相互融合,指向学生综合素质的协调发展。只有协同"五育"发展,将其贯穿于学生发展的全过程,才能更有效地实现培

---

[1] 国务院办公厅关于新时代推进普通高中育人方式改革的指导意见[J].人民教育,2019(Z2):10-13.
[2] 李政涛,文娟."五育融合"与新时代"教育新体系"的构建[J].中国电化教育,2020(3):7-16.

养全面发展的社会主义建设者和接班人的目标。

二是深化高中课程改革,形成高中多样化特色发展格局。课程是人才培养的核心要素,课程质量直接决定人才培养质量,课程的多样化形式深刻影响着学校的教育质量。《指导意见》明确提出:"到2022年,普通高中多样化有特色发展的格局基本形成。"特色发展格局的形成离不开目标的制定与实施。课程目标是一切课程实施要素的指挥棒,简明扼要的课程目标是课程行动开展之必需。《普通高中课程方案(2017年版)》指出,高中课程应培养学生具有理想信念和社会责任感、具有科学文化素养和终身学习能力、具有自主发展能力和沟通合作能力。通过对《普通高中课程标准(2017年版)》的分析,国家对必修课程和选择性必修课程的设置一定程度上满足了学生对某一门学科最基本的学习需要。同时,国家层面也对选修课程的安排提出了要求,即满足学生多样化的学习需求,尤其是拓展性和开放性的知识学习和技能训练的需求。这就为学校基于选修课程的课程开发提供了契机与平台,学校可以根据自身的资源优势和学生特点与需求,设计并研发符合《普通高中课程方案(2017版)》中的课程设置原则、具有针对性的学校课程,包括对国家课程的二次开发与调整、对地方资源的整合与融入以及以校本课程的方式为学生提供多样化的选修课程,从而通过多样化的课程种类来满足不同学习主体的多样化需求。为了优化课程实施,国家层面着力推进新课程新教材的应用。《指导意见》规定,2022年前各地全面实施新课程、使用新教材,此前要适时调整课程安排和教材使用。为确保这一工作平稳有序推进,国家将陆续分类分层进行专项培训,推动开展校长教师挂职交流和跟岗学习,对口帮扶薄弱高中,逐级建设教师研训基地。[1]这些举措汲取了上一轮普通高中课程改革的成功经验,无疑也是新一轮高中课程改革的有效策略。

三是深化课堂教学改革,创新课堂评价方式。《指导意见》从培养学生的核心素养出发,明确指出要按照教学计划循序渐进开展教学,提高课堂教学效率,培

---

[1] 陈如平.以育人方式改革为重点推动普通高中深度变革[J].中国教育学刊,2020(8):31-35.

养学生学习能力,促进学生系统掌握各学科基础知识、基本技能、基本方法,培养适应终身发展和社会发展需要的核心素养。课堂评价应秉持以人为本的价值理念。自2014年《国务院关于深化考试招生制度改革的实施意见》指出新一轮的高考改革应以人的发展为根本指向以来,高考的选拔方式、过程和评价体系已然开始从"技术取向"向"人本取向"转变。"教育的目的在于使人成为他自己,'变成他自己'。"[①]以"人之能为人"为出发点来对学生的高中课程学习进行评价,其内核在于以符合学生全面发展与个性化的发展需求、满足社会日益进步的发展需要以及人与社会、人与自然和谐共处的关系维系与平衡而进行的多维度、多方面和多元化的思索与考量。2020年,中共中央、国务院印发的《深化新时代教育评价改革总体方案》强调,树立科学的评价观念,坚持以德为先、能力为重、全面发展,坚持面向人人、因材施教、知行合一,创新过程性评价办法,完善综合素质评价,促进学生综合发展。总的来说,相关政策文件对课堂教学方式的优化创新提出了三点要求:针对性完成基本教学任务、坚持以学为中心的教学方式以及建设常态化信息化课堂。

四是深化教育评价改革,推进综合素质评价。受高考指挥棒的影响,一些高中学校还存在着严重的片面应试教育倾向、"唯分数""唯升学"问题突出,亟须通过推动育人方式改革来加以破解和应对。《指导意见》就此明确提出,要深化育人关键环节和重要领域的改革,着力扭转片面应试教育倾向。旧模式的打破与新局面的构建需要通过大力推进综合素质评价得以实现。综合素质评价是《国务院关于深化考试招生制度改革的实施意见》的重要内容,是"探索基于统一高考和高中学业水平考试成绩、参考综合素质评价的多元录取机制"新高考国家政策的重要组成。[②]同年12月,教育部专门发布《关于加强和改进普通高中学生综合素质评价的意见》,框定了普通高中综合素质评价的基本内容,确定了基本程序。

---

① 联合国教科文组织国际教育发展委员会.学会生存——教育世界的今天和明天[M].华东师范大学比较教育研究所,译.北京:教育科学出版社,1996:14.
② 国务院关于深化考试招生制度改革的实施意见[J].人民教育,2014(18):16-19.

由此，综合素质评价在全国范围内由试点引领至逐渐铺开。综合素质评价强调学生的多元化发展，为了响应综合素质评价的要求，学校层面便开展基于高考选科的走班制。《指导意见》指出，要有序推进选课走班，满足学生不同发展需要，这既是推进新时代普通高中育人方式改革在课程与教学层面的重要举措，也是与高考选科的有效衔接。选课走班在高中学校的大力推行，一定程度上也促成了对生涯教育任务的落实。学校在对学生进行选科指导时，应该建议学生从自身的兴趣爱好、能力优势、期望报考的专业、心仪的高校甚至是人生规划等多方面进行考虑，选择适合自己并有助于实现生涯规划目标的科目。选科指导实际上也发挥了生涯教育的作用。在新高考改革的背景下，学校为了实现高考改革的目标和要求，就需要开发满足学生多样化发展的学校选修课程。学校在综合素质评价改革方面的举措便可作为其创新育人方式推进力度的有力证据。

第二节 国家层级的任务和方式

对于基础教育阶段的教育质量监测，是从义务教育开始的。国家层面主导的教育质量监测是从2015年开始的。2015年，国务院教育督导委员会印发《国家义务教育质量监测方案》（以下简称《方案》），决定从2015年起在全国开展义务教育质量监测工作。《方案》明确了监测工作以引导树立正确的教育质量观、纠正以升学率作为评价学校和学生的唯一标准为根本目的，确定了以语文、数学、科学、体育、艺术、德育六个学科领域以及影响学业水平的相关因素为主要监测内容，提出国家统筹指导、省级县级政府督导部门组织实施的基本程序，并对监测对象、周期、时间、样本等做出了具体规定。《方案》的印发标志着我国义务教育质量监测制度正式建立。[1]国家层面义务教育监测制度的确立为高中阶段监测

---

[1] 陈慧娟，辛涛.我国基础教育质量监测与评价体系的演进与未来走向[J].华东师范大学学报（教育科学版），2021(4)：42-52.

的方向与走向提供了建设性的思路。在高中监测过程中,国家层面起督导的作用,即从宏观层面对高中教育的全面工作进行规划和指导以及调控整体走向。

一、督导核心:坚持党对高中监测工作的全面领导

党政军民学,东西南北中,党是领导一切的。只有坚持党对教育事业的全面领导,才能在更高水平上实现教育战线思想上的统一、政治上的团结、行动上的一致,才能确保教育事业发展的方向,才能坚定走好中国特色社会主义教育发展道路。党对教育事业的全面领导是具体的,必须体现到教育改革发展的方方面面,确保党的领导全覆盖,确保党的领导更加坚强有力。2018年,在全国教育大会上,习近平总书记提出了教育的"九个坚持"的新理念新思想新观点,"坚持党对教育事业的全面领导"列在首位。

(一)新时代背景下坚持党对教育事业全面领导的新使命

中国共产党领导是中国特色社会主义的本质特征,是中国特色社会主义制度的最大优势。教育是国之大计,党之大计。"我们的教育必须把培养德智体美劳全面发展的社会主义建设者和接班人作为根本任务,培养一代又一代拥护中国共产党领导和我国社会主义制度、立志为中国特色社会主义事业奋斗终身的有用人才。"[①]在全国教育大会上,习近平总书记明确强调,"加强党对教育工作的全面领导,是办好教育的根本保证",并要求"各级党委要把教育改革发展纳入议事日程""各级各类学校党组织要把抓好学校党建工作作为办学治校的基本功"。[②]面临着百年未有之大变局,在党的坚强领导下,各级学校必须要增强"四个意识"、坚定"四个自信"。

首先,增强"四个意识",即增强政治意识、大局意识、核心意识、看齐意识。

---

① 张烁.坚持中国特色社会主义教育发展道路 培养德智体美劳全面发展的社会主义建设者和接班人[N].人民日报,2018-09-11(001).
② 张烁.坚持中国特色社会主义教育发展道路 培养德智体美劳全面发展的社会主义建设者和接班人[N].人民日报,2018-09-11(001).

这就要求自觉在思想上高度认同,在政治上坚决维护,在组织上自觉服从,在行动上紧紧跟随。①具体而言,在思想上高度认同,就是要深刻领会、准确把握习近平新时代中国特色社会主义思想,从历史和现实、理论和实践、国内和国际的结合上对学校改革与发展进行深入思考。在政治上坚决维护,就是要求指导学校教育工作始终坚持正确的政治方向,在政治上信得过、过得硬、靠得住,充分相信党组织、维护党组织。在行动上紧紧跟随,就是要督导各级教育行政部门把"四个意识"落实到学校教育改革发展的方方面面,融入教育教学研究的各个环节,真正解决培养什么人、怎样培养人、为谁培养人这一根本问题。

其次,坚定"四个自信",即坚定中国特色社会主义道路自信、理论自信、制度自信、文化自信。国家层级应引导基层学校充分利用系统优势、历史优势、实践优势、中国优势、政党优势,在弘扬中国特色社会主义制度和国家治理体系优势的实践中不断增强"四个自信"。通过坚定"四个自信",保持理论上的理性认同,对于在行动上增强并落实"四个意识"具有十分重要的作用。

(二)以马克思主义作为党全面指导高中监测工作的方法论依据

马克思主义科学思维与科学方法是坚持党对教育事业全面领导的思维方法。"坚持党对一切工作的领导是马克思主义政党学说的内在要求。"②马克思主义的辩证唯物主义与历史唯物主义是我们坚持党对教育事业全面领导的世界观与方法论。这就要求国家层面要督导高中学校在开展教育教学工作时坚持运用实事求是的方法、坚持运用矛盾分析的方法、坚持运用群众路线的方法。

首先,实事求是的方法。习近平总书记指出:"实事求是,是马克思主义的根本观点,是中国共产党人认识世界、改造世界的根本要求,是我们党的基本思想方法、工作方法、领导方法。"③高中阶段的学校教育应在遵循客观规律的基础上,

---

① 本书编写组.习近平总书记教育重要论述讲义[M].北京:高等教育出版社,2020:20.
② 何锡辉.新时代坚持党领导全面深化改革的逻辑理路[J].中国矿业大学学报(社会科学版),2020(6):1-10.
③ 习近平.在纪念毛泽东同志诞辰120周年座谈会上的讲话[N].人民日报,2013-12-27(002).

顺应时代要求,大胆探索,不断回应时代和实践提出的新的课题。这就要求国家层面应立足于我国发展阶段的新变化、新特征,为高中教育指明新的方向、新的发展思路。另外,还应注重调查研究,准确把握客观规律,为科学布局施策打下坚实的基础。这就要求国家教育督导部门和决策部门,在大量的走访调研和调查研究的基础上,通过循证研究做出规律性的判断,指导高中教育的高质量发展。

其次,矛盾分析法。习近平总书记指出,要善于把认识和化解矛盾作为打开工作局面的突破口,并运用矛盾相辅相成的特性,在解决矛盾的过程中推动事物发展。[①]用矛盾分析法分析高中教育的发展问题,从整体上科学把握学校这一有机系统,深入研究高中阶段的教育矛盾问题,找到解决矛盾的方法和途径,做到重点突破和整体推进相结合,致力于促进学生的全面发展。

最后,群众路线法。习近平总书记指出,要"践行全心全意为人民服务的根本宗旨,把党的群众路线贯彻到治国理政全部活动之中,把人民对美好生活的向往作为奋斗目标,依靠人民创造历史伟业"[②]。"以人民为中心"贯穿于习近平新时代中国特色社会主义思想的各项方针政策中。在对高中教育的督导中,应加强和深化对人民群众需求,尤其是学生发展需求的认识,密切联系基层教师和学生,凝聚基层的力量,发挥学校的主体作用,实现好、维护好、发展好学校、教师和学生的发展权益。

(三)坚持党对高中监测工作的全面性、全方位和全覆盖

党对高中教育的全面领导,要体现到高中育人方式转型的方方面面,确保领导的坚强有力。首先,党的领导在内容上具有全面性。党在学校教育中的领导作用体现在政治、思想、组织等各个方面,是一个系统的整体。在高中教育中党

[①] 坚持运用辩证唯物主义世界观方法论 提高解决我国改革发展基本问题本领[N].人民日报,2015-01-25(001).
[②] 习近平.决胜全面建成小康社会 夺取新时代中国特色社会主义伟大胜利[N].人民日报,2017-10-28(001).

的建设,依然要"全面推进党的政治建设、思想建设、组织建设、作风建设、纪律建设,把制度建设贯穿其中"[①]。"充分考虑各项改革举措之间的关联性、耦合性,努力做到眼前和长远相统筹、全局和局部相配套、渐进和突破相衔接,协调各方利益关系。"[②]其次,党的领导在体系上具有全方位性。党对高中教育的全面领导不是一个标签,而是融入学校改革发展的全方位运行体系中,要体现在办学治校各领域、教育教学各环节、人才培养各方面。比如,在学校治理体系建设上,要不断健全各级各类学校坚持和加强党的全面领导的组织体系、制度体系、工作机制。[③]最后,党的领导在范围上具有全覆盖性。党对高中教育的领导作用体现为:学校在办学方式、组织结构、运行模式上始终坚持正确的政治方向和育人导向。在学校体系的建构上,把党的组织体系建强、把党建工作抓扎实,积极探索党组织发挥政治核心作用的有效途径,确保党的领导、党建和思想政治工作全覆盖。

二、督导重点:加强对高中思想政治教育工作的部署与安排

《国务院办公厅关于新时代推进普通高中育人方式改革的指导意见》明确指出了高中阶段加强学生思想政治教育工作的重要性。思想政治教育高质量发展是深化教育体系改革、建立健全立德树人机制的客观要求,也是培养担当民族复兴大任的时代新人的必然选择。

(一)增强高中思想政治教育工作的张力与活力

新时代高中思想政治教育工作需要打造富有创新活力的思想政治教育发展模式。创新的本质在于除旧布新,对思想政治教育发展的目的、动力、方式、路径等一系列理论和实践问题进行反思、重构和持续完善,以确保思想政治教育能够

---

① 习近平.决胜全面建成小康社会 夺取新时代中国特色社会主义伟大胜利[N].人民日报,2017-10-28(001).
② 本报评论员.改革让中国道路越走越宽广——三论协调推进"四个全面"[N].人民日报,2015-02-27(001).
③ 王炳林.党对教育事业全面领导的科学内涵和基本路径[J].马克思主义理论学科研究,2020(5):29-36.

与时俱进地满足学生成长的需求和期待,并在担当民族复兴大任的时代新人培育中不断提高思想政治教育的发展质量。高中思想政治教育的质量发展必须高度重视创新驱动,打造富有创新活力的思想政治教育发展模式。习近平总书记指出:"创新是引领发展的第一动力。与以往历次工业革命相比,第四次工业革命是以指数级而非线性速度展开。我们必须在创新中寻找出路。"[1]这就要求高中思想政治教育工作建立在新发展理念指导基础上进行系统发展,发展的目的在于强化思想政治教育"为人民服务,为中国共产党治国理政服务,为巩固和发展中国特色社会主义制度服务,为改革开放和社会主义现代化建设服务"的水平和质量,因此要创新思想政治教育发展模式,大力推进新媒体技术和其他科技创新成果在思想政治教育中的应用,充分发挥创新第一动力的独特价值,促使学生在价值引领中自我成长、自觉成长。正如习近平总书记所说:"当今世界正经历百年未有之大变局,科技创新是其中一个关键变量。我们要于危机中育先机、于变局中开新局,必须向科技创新要答案。"[2]

(二)化解高中思想政治教育供给与需求之间的矛盾

需求与供给之间的张力是影响思想政治教育高质量发展的一对重要矛盾。马克思指出:"没有需要,就没有生产。而消费则把需要再生产出来。"[3]马克思的这一论述,实际上表明人们的生产活动和一切社会活动产生的基本动因源于人的需要,需要的"无限性"和"发展性"通过持续不断的社会生产得以满足,这就是社会供给。高中思想政治教育工作的高质量发展,既要始终关注思想政治教育资源的"有效"供给,也要始终关注学生成长的"个性"需求与期待的满足。在思想政治教育实践中,学生成长的需求与期待随着时代和实践的发展而不断得以

---

[1] 习近平.共担时代责任 共促全球发展——在世界经济论坛2017年年会开幕式上的主旨演讲[N].光明日报,2017-01-18(01).

[2] 习近平在中央政治局第二十四次集体学习时强调:深刻认识推进量子科技发展重大意义 加强量子科技发展战略谋划和系统布局[N].人民日报,2020-10-18(001).

[3] 中共中央马克思恩格斯列宁斯大林著作编译局.马克思恩格斯文集(第8卷)[M].北京:人民出版社,2009:15.

丰富,思想政治教育的理论武装与价值引领也要与时俱进,持续增强思想政治教育的思想性、理论性、亲和力和针对性,避免出现资源的"有效"供给严重滞后于学生成长的实际需求和心理期待的状况。这就应着眼于系统缓解思想政治教育的"有效"供给与"个性"需求之间的张力,遵循学生成长的"个性"需求与思想政治教育资源"有效"供给的规律,切实关注思想政治教育实践中需求侧的动态演进与供给侧的"有效"供给,使学生成长的"个性"需求与思想政治教育系统的"有效"供给在担当民族复兴大任的时代新人培育中实现动态平衡,确保学生获得"公平而有质量"的教育。"努力让每个孩子都能享有公平而有质量的教育"是我国新时代高质量教育的宣言,这就需要抓住思想政治学习任务与个性化学习需要之间的矛盾的关键点,对症下药,实现思想政治教育成效的最大化。

(三)构建高中思想政治教育工作协同育人机制

教育首先需要形成教育共同体和整体的教育场域,这就需要通过情感、习惯、记忆以及地缘和精神而形成社会有机体,以课程为核心,以其他环节为补充,形成协同教育场域。[①]立德树人是高中学校教育的根本任务。"德"如何立,"人"如何树,不是一个严谨的逻辑论证或一次完整的科学实验就能给出答案的,要从育人实践中总结经验、发现规律、形成科学认识。其中,思想政治理论课发挥着重要的作用。习近平总书记在学校思想政治理论课教师座谈会上强调:"思想政治理论课是落实立德树人根本任务的关键课程。"思想政治理论课对高中学生进行系统的中华传统美德教育、社会公德教育、职业道德教育、家庭美德教育、个人品德教育,帮助和引导学生形成道德意愿、道德情感、道德判断和道德责任,提高其道德实践能力,使其明大德、守公德、严私德,在高中阶段落实立德树人根本任务中发挥着重要作用。着眼社会主义人才培养目标,在理直气壮办好思想政治理论课、发挥理论教育重要作用的同时,还要加强关注日常思想政治教育的育人功能。使思想政治理论课和日常学生管理工作形成良性互动,在课上与课下的

[①] 史巍.论以"课程思政"实现协同育人的关键点位及有效落实[J].学术论坛,2018(4):168-173.

结合中引导和帮助学生将马克思主义内化于心、外化于行,是高中阶段完成立德树人任务的科学路径。"知行合一""理论与实践相结合"是我国思想政治教育的优良传统和基本经验。因此,国家层面应大力推广思想政治理论教育教学第二课堂,充分发挥校园文化、学团组织、网络、心理健康教育的育人优势,推进思想政治理论课与日常思想政治教育协同联动,整体上增强思想政治教育的渗透性、趣味性、实践性和吸引力。

三、督导评价:建立健全以课程思政为主体的评价机制

课程思政是落实立德树人根本任务、推进教学改革的重大举措,不仅对于高校人才培养而言具有重要作用,对高中阶段育人目标的实现也同样意义深远。2019年,习近平总书记在学校思想政治理论课教师座谈会上特别强调,要"挖掘其他课程和教学方式中蕴含的思想政治教育资源,实现全员全程全方位育人"[①]。随后,中共中央办公厅、国务院办公厅印发《关于深化新时代学校思想政治理论课改革创新的若干意见》,再次强调使各类课程与思政课同向同行,形成协同效应。

(一)课程思政建设是高中学生"全面发展"的内在需求

在唯物史观基础上,马克思建立了人的全面发展学说,该学说科学地揭示了人的本质是具体的、现实的"有生命的个人",人必须充分发挥自身所蕴含的全部人类实践活动的能量,成为对社会发展有贡献的大公无私的人。[②]基于马克思关于人的全面发展学说,新时代的教育改革提出要培养"德智体美劳全面发展的社会主义建设者和接班人",使高中教育改革回归到追求人的全面发展的价值基础上。正如康德所说:"通过对明智的塑造,人成为公民,这样他就取得了一种公共的价值……最

[①] 习近平主持召开学校思想政治理论课教师座谈会 强调用新时代中国特色社会主义思想铸魂育人 贯彻党的教育方针 落实立德树人根本任务[N].人民日报,2019-03-19(001).
[②] 蒋明敏.论马克思主义时代新人学说的四重逻辑[J].学术界,2020(8):115-124.

后,通过道德塑造,他获得了一种对于整个人类的价值。"①高中阶段是学生世界观、人生观、价值观形成的重要时期,在知识传授的基础上理应注重道德的塑造。然而,面对百年未有之大变局的当今世界,多元价值并存所引发的选择焦虑、主体意识觉醒所带来的极端个人主义、工具理性僭越价值理性所衍生的功利主义正在不断侵蚀学生的心灵。②如何帮助学生在学习和生活中定位自我价值以便寻求人生发展之"道",促进学生自由而全面的生命成长,是高中教师的初心与使命。课程思政以追求人的价值塑造为核心追求,使课程的教学思维回归人的主体观照、追求人之全面发展的价值,让学生通过课程学习实现思想启蒙、人性启迪和精神塑造。因此,全面推进课程思政也是实现学生全面发展的内在需要。

(二)建设并利用好思政课堂是评价高中教育质量的重要参考

课堂教学是学校教育的主渠道,课程思政应该最大限度地利用好课堂教学主渠道。习近平总书记指出:"要用好课堂教学这个主渠道,思想政治理论课要坚持在改进中加强,提升思想政治教育亲和力和针对性,满足学生成长发展需求和期待。"③课程思政的总体目标是全面提升人才培养质量,这需要依靠课程思政的全覆盖和课程质量的全面提升,比如在学科课程中融入社会主义核心价值观教育。学科课程和综合实践课程在实施课程思政中,对于思想政治教育资源和元素的挖掘、使用应该各有侧重、各有特色。这就意味着在课程思政落实的过程中要注重教学方法的使用。习近平总书记指出:"人才培养体系涉及学科体系、教学体系、教材体系、管理体系等,而贯通其中的是思想政治工作体系。"④"好的思想政治工作应该像盐,但不能光吃盐,最好的方式是将盐溶解到各种食物中自

---

① 伊曼努尔·康德.论教育学[M].赵鹏,何兆武,译.上海:上海人民出版社,2005:15.
② 刘永林,姚一洁.培育健康心灵秩序:教育回应人生问题的关键[J].贵州师范大学学报(社会科学版),2019(1):49-57.
③ 习近平.把思想政治工作贯穿教育教学全过程 开创我国高等教育事业发展新局面[N].人民日报,2016-12-09(001).
④ 习近平在北京大学考察时强调:抓住培养社会主义建设者和接班人根本任务 努力建设中国特色世界一流大学[N].人民日报,2018-05-03(002).

然而然吸收。"①如果在实施课程思政中单调、生硬地灌输思想政治教育元素和资源,就如同让高中生直接吃盐,极易使其产生反感和抵制。教育尤其是思想政治教育的力量在于说到人心里去。思想政治教育工作是一个释疑解惑、用正确的理论武装学生头脑的过程,要讲究方法和艺术,教育者要具备教育的智慧,即遵循思想政治工作规律、教书育人规律、学生成长规律,使思想政治教育工作给学生以人生启迪、智慧光芒和精神力量,真正做到化于无形、融于细微。只有这样,才能产生较好的教育效果。

(三)学校主体课程思政制度性建设是评价高中教育质量的重要指标

思政课教师是课程思政建设的首要主体,但不应是唯一的责任主体。课程思政本身是一项复杂的系统性工程,需要学校内部思想政治教育相关主体的广泛协作与配合。为了推进课程思政建设的不断深化,高中学校应基于系统运作的思维,通过制度构建来促进相关主体深度参与。具体而言,一是要在思政课教师和学科课程教师之间形成定期协同备课制度,核心要务是在思政课教师和学科课程教师之间形成知识互补效应,通过定期的协同备课,克服学科课程教师在教学实践中由于思想政治教育知识和思想政治教育能力的不足而出现的短板,进而利用思政课教师的资源优势,开阔学科课程教师的教学思路,最终达到提升学科课程教师课程思政教学水平的目标。二是要在学科课程教师和学校思想政治教育工作行政部门之间形成意见反馈制度,核心要务是为学科课程教师提供更加丰富的思想政治教育信息和素材。学校团委、教务处的重要职责就是摸清和掌握学生的思想动态,针对高中学生关心的热点、焦点问题进行教育和引导。推进课程思政建设,学校团委、教务处等有责任将高中学生思想政治教育状况及时向学科课程教师进行反馈,便于学科课程教师全面了解学生的最新思想动态,为更好地在教学中嵌入思想政治教育内容提供帮助。在课程思政建设的评估方

---

① 教育部出台《纲要》对高校课程思政建设作出整体设计和全面部署——如何将思政之盐融入课程大餐[N].中国教育报,2020-06-10(01).

法上,为确保评估过程的科学性,应以开放的姿态和眼光,着力形成多元主体参与评估的发展格局。在实践中,既可以是学校课程思政管理主体开展的"自上而下"的评估,也可以是作为受教育对象的大学生群体进行的"自下而上"的评估。此外,还可以思政课教师作为主体对课程思政的教学过程进行专业性评估,多举措促进学校课程思政建设水平的提升,以提高学校教育质量。

第三节 高中监测的省级层次与任务

《国家中长期教育改革和发展规划纲要(2010—2020年)》(以下简称《规划纲要》)明确指出:建立国家义务教育质量基本标准和监测制度;成立国家教育质量监测、评估机构,定期发布监测评估报告;完善教育质量监测评估体系,定期发布测评结果。为此,应运而生的省级基础教育质量监测中心得到了各省级人民政府教育主管部门的大力支持与高度重视。实践证明,相关省级基础教育质量监测中心的成立,既在与国家层面的教育部基础教育质量监测中心工作对接中发挥了良好作用,又在本省教育政策决策及基础教育质量提高方面起到了重要作用。因此,对省级基础教育质量监测机构相关体系网络加以思考就尤为必要。

《2003—2007年教育振兴行动计划》明确提出:"建立国家和省两级新课程的跟踪、监测、评估、反馈机制,加强对基础教育质量的监测。"自2003年以来,国家及各省、市相继成立或筹建了基础教育质量监测中心等相关机构。各省、市级教育主管部门纷纷根据本省实际成立省级基础教育质量监测机构,或独立设置机构,或挂靠科研院所。比如,2008年4月,江苏省成立的基础教育质量监测中心在江苏省教育科学研究院挂牌;2009年,已经在全国率先成立的重庆市基础教育质量监测中心与重庆市教育评估院合署办公;2011年,贵州省成立贵州省基础教育质量监测中心;受北京市教委委托,北京市教育科学研究院、基础教育科学研究所、北京市基教所也正在筹建"北京市教育质量监控与评价中心"等。可以说,省级层面的基础教育质量监测中心相应机构的成立,为全省范围内的基础教育质量监测工作机构体系的设立打下了良好的基础。

以贵州省为例。贵州省于2011年成立了省级层面的基础教育质量监测机构——贵州省基础教育质量监测中心,这为贵州省教育监测事业打下了坚实基础。之后,由贵州省教育厅牵头、贵州省基础教育质量监测中心作为业务指导部门,由相关市(州)级教育主管部门牵头、市(州)级教研部门协助主管成立市(州)级的基础教育质量监测中心(所)。随后由市(州)级基础教育质量监测中心作为业务指导部门,由相关区(县)级政府教育主管部门牵头、区(县)级教研部门协助主管成立区(县)级的基础教育质量监测中心(站)。最后,由区(县)级政府教育主管部门牵头、区(县)级基础教育质量监测中心(站)作为业务指导部门,由相关乡级(街道)政府教育办公室、片区相关优质学校或者中心校协助成立乡级(街道)的基础教育质量监测中心(点)。四级机构联动,在财力和编制等方面都得到了良好的保证,相关机构可以正式入编,也可以根据区域实际情况挂靠挂牌成立,从而有效推动省级基础教育质量监测工作的开展。[①]就我国行政规划实际来说,省级行政区域内由相关省级教育厅牵头、相关省级教育科学研究院相互协助成立,省级基础教育质量监测中心领导下的四级质量监测机构网络,可以较好地保证基础教育质量监测工作的有效运行;相关机构向上级业务机构和本行政区域主管教育政府部门负责,即四级机构联动,立体监测教育。

一、健全省级政府在高中阶段的监测机制

十八届三中全会通过的《中共中央关于全面深化改革若干重大问题的决定》对深化教育领域综合改革作出重要部署,明确提出要扩大省级政府教育统筹权。强化省级政府教育统筹权的重点就是落实省级政府的教育监测权,以监测结果评价促进统筹,开展省级政府教育统筹发展效果测评,促进省级政府履职尽责。

---

① 向帮华.刍议省级基础教育质量监测体系[J].教育理论与实践,2013(32):18-21.

进一步提升省级政府教育统筹发展效果,必须按照国家关于推进教育综合改革的总体部署,针对影响省级政府教育统筹发展效果的体制机制因素,着眼于基础教育阶段的教育质量监测效果,明晰省级政府的教育职能关系,建立符合新时代高质量教育发展需求的省级政府教育监测机制,推进省域范围内教育治理体系和治理能力的现代化。

(一)强化省级政府的教育监测责任

省级政府作为我国相对独立的区域经济社会单位,相对于中央政府,它是地方政府,具有贴近基层、就近管理的优势;相对于市县级政府,它又是上级政府,具有较强的行政管理权威和统筹协调能力,发挥着上承中央、下启基层的重要作用。基于省级政府这种"承上启下"的位置和作用,扩大省级政府教育监测权、强化省级政府教育监测责任,可以更有效地融合中央顶层设计旨意与基层政府的智慧与创新精神,兼顾中央与地方的权益,推进教育改革的深化;同时,也有助于缓解不同层级政府间权力结构性不对等的矛盾,增强省级政府重视教育质量发展的主动性、积极性与创造性,从而有效突破与解决当前制约我国教育发展的重点、难点问题。可见,扩大省级政府教育监测权、强化省级政府教育监测责任,既是深化教育领域综合改革的必然要求,也是回应与满足广大群众日益增长的教育需求的客观需要。

对于高中教育质量监测而言,增进使命担当、强化责任意识是强化省级政府教育监测责任的重要前提。正确、崇高的使命感是促进省级政府高效、高质地履行其教育监测责任的重要动力和基础。当前,新一轮高考改革正在进行,推进高中育人方式的变革势在必行。为了更好地面对与解决各种挑战与问题,推进高中教育治理体系和治理能力现代化的实现,亟须增进省级政府监测教育发展的使命感和责任感,进而促使省级政府自发、自觉地担负起教育改革与繁荣的重任。省级政府的教育监测责任是自觉履行督导与考核职责,其中重要的是,明确督导考评的内容和方式。将综合督导与专项督导作为教育监测的重要方式,包括对高中教育质量的综合考核、对课程领导与管理的专项考核以及对学校积极推进育人方式改革的重点考核等。

(二)明确省级政府在高中监测中的战略定位

省级政府作为省级教育质量监测的"直接责任人""第一负责人",主管省域范围内的教育事业,是教育监测改革的主导者,是教育监测任务的具体执行者。[①]相对于中央政府而言,省级政府具有贴近公众的优势,更了解省域内高中教育的需求和偏好,更真实地掌握着省域内高中教育质量发展的情况,因此对高中教育发展担负着统筹、调配、整合、执行等责任,承担着统筹省域范围内高中教育均衡发展、整合区域内教育资源优化配置、对教育统筹发展进程进行督导评估等职责,应努力扮演好省域内教育体系的构建者、教育发展的规划者、资源配置的决策者、教育条件的保障者等角色。

同时,为了更好地贯彻落实十八届三中全会关于扩大省级政府教育统筹权的部署,以及《关于进一步扩大省级政府教育统筹权的意见》中关于扩大省级政府教育统筹权提出的系列意见和要求,调整好省级政府与中央政府的关系,还需要中央有关部门简政放权,在对教育行政职权进行研究的基础上,根据权力的性质和种类,把可以下放的权力下放给省级政府、下放给社会和学校等,打破以前中央政府"不愿放""不敢放"的局面;改进中央政府的管理方式,改变对教育统筹发展管得过多过细的局面,减少中央的"越位"行为;加大对省级政府教育监测的支持力度,把由省级政府管理更方便的教育事项一律下放给省级政府管理,让省级政府真正成为教育监测的主要责任主体,通过其统筹、平衡与协调,实现教育综合改革事实利益与价值利益的最大化。

(三)积极拓展省级政府在高中监测中的权限与方式

当前,省级政府教育统筹实践任务艰巨、工程浩大,面临不少问题与困扰。教

---

① 盛明科,朱玉梅.义务教育统筹发展的几点思考[J].理论探索,2015(4):99-102.

育系统内部本体意义上的监测困扰便是其中之一,主要表现为监测主体间协调性不够、监测对象与监测要素类别均衡性差、监测内容系统性不够等。为妥善处理这些问题和困扰,就需要积极拓展省级政府新权限:一方面,拓展省级政府纵向新权限。统筹安排好中央政府下放的权力以及市县级政府适当上移的监测权,通过整合使之成为省级政府的新权限,并健全权力约束机制,避免调整后权力与责任被搁置。通过拓展省级政府纵向新权限,有效解决不同层级政府间"越位""错位"现象,增强监测主体间的协调性。另一方面,积极拓展省级政府横向新权限。积极拓展省级政府教育监测改革新领域,积极拓展省级政府在高考改革、高中综合素质评价和育人方式改革等亟须改革领域的权限以及城乡协调、区域协同发展、外来务工子女异地高考等薄弱领域的权限,结合原有权限进行强化,切实提升高中教育综合改革的综合性、系统性、协调性,推进教育系统内部监测问题的解决。

当前,高中阶段的区域、城乡、校际差距的产生与扩大,无不与各地间政治经济与社会发展的不平衡性相关联。区域间、城乡间经济发展水平、居民收入、教育政策等差异的存在,导致各地教育投入差异明显,进而造成教育差距的产生与扩大化。改变当前区域间、城乡间、学校间教育的失衡发展,不仅需要省级政府统筹好传统的区域、城乡、校际教育均衡发展,也需要积极拓展省级政府在监测教育与经济、社会协调发展方面的新权限,使省级监测不再单纯强调教育的均衡发展,而是要从教育与经济社会发展同步规划、同步实施、同步考核等方面来部署教育发展,促使省级政府"跳出教育看教育",更加注重统筹教育与政治、经济、社会的协调发展,找出教育差距产生的原因,避免新一轮教育差距的产生与扩大。

二、发挥省级政府在高中阶段重点领域的教育监测作用

随着我国经济社会的不断发展和人们教育观念的不断更新,社会对于教育资源特别是优质教育资源的需求越来越高,人们对教育公平问题给予了前所未有的极大关注。与此相适应,教育均衡发展问题日益成为人们关注的热点。教

育均衡发展的提出和引起社会的广泛关注,是目前我国现实教育问题的反映,表达了人们对未来教育发展的美好理想,预示着现代教育发展的新境界。由于历史的、现实的原因,我国教育发展存在着严重的不均衡现象,主要表现在:一是地区差别,东部地区与中西部地区教育发展水平不均衡;二是城乡差别,城市居民与农村中的农民在获得教育设施、教育质量和教育机会上不均衡;三是家庭经济现状不同所造成的教育机会不均等,诸如因家庭经济困难而导致孩子不能上学等;四是弱势群体在教育方面所应该占有的份额还没有得到公平的分配。[①]区域内教育的优质均衡发展不是要求全省范围内的高中教育发展达到同一水平,而是希望全省的高中教育发展在达到底线性标准的基础上进行优质发展、特色发展。

(一)推动区域间高中教育的均衡化发展

教育公平是社会公平的根本诉求,作为教育系统之基的义务教育,实现其区域均衡发展是实现"优质均衡的可持续发展目标"与"社会公平"的必经路径。依据一些影响均衡化的重要因素,如政府的政策保障、管理策略、财政教育经济投入、教育信息化、教师流动政策及机制构建、学习文化及管理建设、校长培训、课堂教学技能等,不难发现校际均衡是核心因素;校内均衡是高中教育均衡发展目标的实现根基;班级均衡发展是校内均衡的先在基础,是实现学生个体均衡的先决和必要条件;学生个体均衡的实现又有赖于学科间、学习时间、学校组织管理以及教师间的均衡发展。校际均衡发展是实现所有均衡目标的基础,有助于学生和教师个体间的均衡发展,是实现"以人为本"教育理念和"以和谐、全面发展为目标"教育价值的最终诉求。

校际均衡的实现必须首先保证"人"和"物"要素的双重均衡。"人"是学校均衡发展的关键,涉及教师与学生生源的素质均衡。然而在师资和生源相同地区仍然呈现不均衡,主要源于学校的管理和办学风气,最终根源于校长的管理能

[①] 翟博.教育均衡发展:现代教育发展的新境界[J].教育研究,2002(2):8-10.

力,故校长的均衡理念教育和管理技能培训是重心。"物"是实现区域高中教育可持续发展的保障:其一,学校设备和教学场地、生均教育经费、学校办公经费、省级教育部门提供经费保障等均衡是物质基础;其二,校长的依法治校是学校走向高位均衡发展的制度基础和动力源泉;其三,省级教育部门针对不同地区和层次学校的差别鼓励政策是学校均衡发展的动力基础。

因此,解决学校间均衡的关键是加强学校办学与管理理念建设,提升校长的办学思想和服务社会的责任意识;根本措施是加强省级政府的办学主体责任、宏观财政政策的实施与落实、教师素质提高工程的有效推进;根本保障是首先实现校内班级的均衡发展,突出学校内涵的培养和建设,提高课堂教学效率和素质教育质量,实现学生个体的差异均衡与和谐发展,更加突出教师素养的提升,这也是实现校际均衡的根基。只有政府宏观调控与地方学校的协同联动、协调发展、合作共赢,才能促进区域高中教育事业均衡发展,最终实现社会教育的真正平。[1]所以,对区域层面的高中监测更应注重从微观层面来研究课堂教学、学科间和教师间的均衡,这样才能实现学生的均衡发展和不断进步,实现区域高中教育从外延式发展走向内涵式发展。

(二)推动城乡高中教育资源均衡化配置

高中教育资源在城乡之间的均衡配置,是实现城乡教育优化发展和提升我国教育水平的基础性保障。[2]义务教育阶段的城乡办学一体化标准可以为城乡高中教育资源均衡化配置提供思考和启发。自教育部印发《关于进一步推进义务教育均衡发展的若干意见》以来,全国各省把推进义务教育阶段学校标准化建设放在更加突出的位置。[3]标准化学校中的"标准"指的是办学条件的标准。此标准以相关法律、法规为依据,是针对省级区域内义务教育阶段中小学校的师资

---

[1] 吴晓英,朱德全.区域义务教育均衡发展研究的现状与展望[J].现代教育管理,2015(3):31-37.
[2] 肖霄.浅谈城乡一体化的义务教育资源均衡配置问题与措施[J].吉林省教育学院学报,2015(5):131-132.
[3] 梁伟国.办学条件标准化成为义务教育均衡发展的关注点[J].人民教育,2005(24):8.

队伍条件和物质条件等方面而制定的相对统一的准则。城乡一体办学标准化建设的目标可以总结为四点:关于教育立法方面,制定城市与农村的办学经费划拨制度;关于教育公平方面,帮助薄弱学校达到最低标准,遏制某些学校的过度超标行为;关于学校自身生存方面,在基本均衡的办学条件下,凸显学校的办学特色,促进学校教学质量的提高;关于教育可持续发展方面,用发展的眼光来构建和完善适时适地的办学标准体系动态调控机制。

为了确保上述目标的实现,省级政府要从以下三个方面做出努力:一要制定省域城乡一体的办学标准。相关部门应对照国家出台的办学条件标准,立足于本省不同地区经济和教育发展状况的实际,对中小学设立的标准进行明确规定,如学校班级数目、学校班额人数、学校建筑面积、学生宿舍面积、教学仪器配备、师资配置、实验器材、图书配备等,在改造薄弱学校和建设新学校时以此为参照,使所有义务教育学校都可以具有较均衡的师资队伍与物质条件,达到大致均等的办学起点,从而形成相对公平的竞争舞台。二要兼顾办学水平。仅仅在办学硬件水平上推行标准化是远远不够的。在关注提升办学硬件(如教学仪器配备、教育经费等)水平时,也要注重提升城乡的教师素质、教学质量和学校内生力等办学软件水平。三要建立办学标准化监测机制。标准的制定是重要的,但标准的执行更为重要。为保证各地学校办学标准的实施,在全省范围内对高中办学情况进行动态监测,对没有达到规定最低标准的地区,通过督导检查,使其尽快达到规定的办学要求。

(三)加快推动区域内农村高中均衡发展

农村教育是关系国家经济发展和社会进步的重大问题。尽管伴随着社会经济的发展和《国家中长期教育改革和发展规划纲要(2010—2020年)》的实施,省级政府越来越重视农村教育事业,然而,由于受长期存在的农村资源环境条件以及城乡二元结构等现实因素的影响,农村教育仍然处于较为落后的局面,在质与量方面都与城市教育存在较大的差距,依然是省级政府教育监测的重点内容。

"求木之长者,必固其根本;欲流之远者,必浚其泉源。"省级政府必须增强加快发展农村教育事业的使命感和责任感,尤其是高度重视农村高中教育发展中面临的短板、劣势,采取切实可行的措施,推动监测实施。

对农村高中教育的监测,应从落实对贫困生、困难家庭的补助开始,从而有效推进对这些学生受教育状况的监测。省级政府一方面要建立贫困生教育经费保障机制。进一步完善贫困生资助政策,构建完善的高中教育阶段的教育资助体系,设置专项经费,同时建立相应的贷、助、勤、奖、补、减等制度来保障贫困生的学费和基本生活费。目前,为了实现"不让一个学生因家庭贫困而辍学"的庄重承诺,广西壮族自治区已初步建立起了以义务教育阶段可免除城乡所有学生的学杂费、家庭经济困难的寄宿生可获得生活补助和给农村学生提供免费教科书为主要内容的从义务教育阶段至高等教育阶段"全程覆盖,无缝对接"的贫困生资助体系。[①]另一方面要建立关爱贫困生教育救助机制。结合农村实际,制定科学客观的享受"两免一补"政策的贫困家庭学生标准,合理确定资助对象;结合学校,建立完善的贫困生档案,并形成跟踪调查机制,全面掌握贫困生的基本情况。

三、形成省级政府在高中阶段质量监测的评价体系

"为加快教育现代化,把我国建设成为教育强国,服务支撑2035年国家基本现代化目标、实现新时代中国特色社会主义发展的战略安排",2019年2月,中共中央、国务院印发了《中国教育现代化2035》,这意味着"加快教育现代化"依旧是我国教育改革发展的基本战略。《中国教育现代化2035》不仅提出了2035年总体实现教育现代化的宏伟目标,还指出了"一地一案、分区推进"的实施路径。从我国推进教育现代化的国家和地方经验来看,区域层面落实国家教育现代化的战略目标,需要一套科学合理的教育现代化监测评价指标体系,充分发挥"以评促建"的引领作用。推进省域范围内的高中教育监测,重点在于统筹教育发展的

---

① 盛明科.公共服务均等化视角下省级政府教育统筹发展效果评价研究[M].北京:中国社会科学出版社,2016:180.

结果和质量。《国家中长期教育改革与发展规划纲要（2010—2020年）》明确提出，"提高质量"是现阶段我国教育领域综合改革发展的核心任务。区域间基础教育差距最终体现为教育质量的差异。统筹区域基础教育均等化发展单纯依靠政府重视和政策改变远远不够，还需要建立完善、科学、合理的教育质量一体化测评体系。构建区域教育质量一体化测评体系，省级政府需着力做好以下工作：

首先，构建科学合理的监测指标体系。判断区域教育质量一体化状况需要一把科学合理、易于测量的"尺子"，也就是监测指标体系的制定要重视区域高中学生的全面发展，重视过程性评价，重视监测的导向作用，监测结果要能进一步促进区域基础教育质量的整体提高。监测中除了要统一标准外，还需要考虑欠发达地区学校的特点，鼓励其发挥特长，并将其当作额外的加分标准。此后，将监测指标体系试行本进行公示，并执行一段时间，在广泛听取各界意见和进行实践检验的基础上完善并最终确定区域高中教育质量一体化测评指标体系。

其次，注重监测主体和方式的多元化。健全监测主体的结构，由于监测主体的性质决定了监测的信度，单一的上级监测主体对监测的质量和可信度会产生一定的影响，可考虑由政府、社会、学校和家长等共同参与监测，或聘请独立的专业测评机构；建立立体监测模式，采取上级监测和下级监测相融合、量化监测和质化监测相结合的测评方式，从客观指标评估与主观感受评估相结合的角度进行立体考察，多向度地问责区域教育相关行政领导与学校校长的教育质量"行为"，体现政府办教育"人民满意"的理念。

最后，制定严格的监测结果奖惩制度。严格具体奖惩制度的制定程序，严格奖惩标准，严格制度的具体操作过程。确定奖惩标准时，数字、条目等要求要具体，奖的力度要达到"动力"的程度，惩的力度要收到"反者道之动"的效果。同时，测评结果若达到一定的标准可考虑给予奖励，否则要受到处罚。具体来说，科学设定一个基本的标准线，达到或超过该标准按成绩高低通过一定形式给予不同程度的奖励，如政绩考核加分、物质奖励、在此后的款项划拨等方面优先安排……只有抓好高中教育质量一体化测评，才能整体提升区域教育质量，更进一步促使区域间基础教育均衡化教育目标的顺利实现。

总之,研制一套科学合理的区域教育现代化监测评价指标体系,既需要有理论的依据,比如参照一些关于现代化和教育现代化的代表性理论;也需要有实践的参照,比如考察现行国家教育现代化的推进战略或路径,不同区域在教育现代化过程中所做出的种种有益尝试和探索;更需要充分考虑理论依据与实践参照之间双向建构、互相支撑的逻辑关系。

第四节 高中监测的县级层次与任务

根据基础教育质量监测在各级教育发展中的功能定位,国家和区域层面的监测工作应各有侧重:国家层面制定监测的统一标准和工作规范,宏观把握全国基础教育质量的总体状况,重在"诊断";而区域监测的定位是服务于教育决策和教学改革,解决区域的实际问题,重在"诊断"后的"治疗",需更关注对监测结果的进一步研究和分析。[1]县级教育监测就是将监测结果应用到教育管理和办学实践的阶段,承担起实施主体的责任。

一、构建县级教育信息化发展水平监测评估框架

教育信息化是实现教育现代化的重要内容,因此,发展教育信息化是推进教育现代化的关键途径。我们应意识到,教育信息化在提升县级高中教育质量过程中的意义重大、作用深远,应构建县级教育信息化发展水平监测评估框架,发挥信息化教育在高中教育质量监测过程中的效能。

---

[1] 李凌艳,任晓琼,江照富.我国区域基础教育质量监测的探索与思考[J].中国教育学刊,2017(12):37-41.

(一)县级教育信息化监测评估框架的构建思路

对于高中教育发展而言,县级教育信息化监测评估框架的构建主要是对学校的管理与服务、信息化教学环境、教师信息化教学水平和学生信息化学习水平四个方面进行监测。①

1.对学校的管理与服务的监测

对学校的管理与服务方面的监测主要监测和评估县级教育信息化的管理水平、保障水平和服务水平,包括组织与职能、教学管理的技术支持、资金使用和网络信息安全四个子维度。组织与职能部分主要集中在监测评估县级教育信息管理机构的工作机制、政策制定、信息化环境建设、特色资源库建设、教师专业发展指导、学生学习服务等方面。教学管理的技术支持部分侧重于监测评估学校信息化教学管理、网络研究培训平台和资源、教育大数据分析与决策的发展现状。资金使用部分着眼于监测评估县级教育信息化资金投入机制和使用方向的发展现状。网络信息安全部分侧重于监测评估教育网络和信息安全工作的管理体系和系统建设,以及学校网络安全教育的现状。

2.对信息化教学环境的监测

在"互联网+教育"的信息化背景下,对高中信息化教学环境的监测侧重于监测学校信息化环境建设和互联网接入条件的发展现状,包括互联网接入条件、教与学终端两个子维度。互联网接入条件部分侧重于监测评估学校教师和学生利用互联网开展教学活动的便捷性与连通性。教与学终端部分侧重于监测评估学校教与学终端满足教师和学生开展教学活动的便捷性。

3.对教师信息化教学水平的监测

兴国必先强师,教师队伍是高质量课程体系建设的重要保障。对教师信息化教学水平的监测评估是县级教育信息化发展水平监测的核心维度,主要侧重于评测教师对信息技术的具体应用方面。教师信息化教学水平监测包括教师信

---

① 李贺.县级教育信息化发展水平监测评估框架建构研究[J].中国电化教育,2017(7):107-114.

息素养、教师信息化教学能力和教师利用信息技术促进职业发展三个子维度。教师信息素养部分侧重于监测评估教师的信息意识、技术操作、信息技能、信息安全等方面的发展状况。教师信息化教学能力部分侧重于监测评估教师的信息技术应用能力方面。教师利用信息技术促进职业发展部分侧重于监测评估教师利用信息技术促进自身专业学习或引领他人职业发展方面。

4.对学生信息化学习水平的监测

在高中阶段，由于更加注重培养学生处理复杂问题情境的知识运用能力，对学生信息化学习水平的要求也随之提高，这也成为当前监测的一大重点。对学生信息化学习水平的监测是监测评估县级教育信息化发展水平的重要维度，侧重于评测学生将信息技术应用在学习方面的能力。学生信息化学习水平监测包括学生信息素养和学生信息化学习能力两个子维度。学生信息素养部分侧重于监测评估学生的信息意识、技术操作、信息技能、信息安全道德等方面的发展状况。学生信息化学习能力部分侧重于监测评估学生将信息技术和工具有效应用于学习领域的能力。

(二)以数据采集和挖掘作为核心信息化监测任务

数据采集主要解决的是监测评估的原材料问题，在数据管理中处于"第一位"。我国现行县域基础教育均衡发展数据采集，采用的是"县级自评、地市复查、省级评估、国家认定"的四级联动的工作体系。数据采集通过自下而上的层层上报方式，即经由学校自评—县级报告—市级复审—省级评估—上报国务院教育督导委员会的方式，由国务院教育督导委员会采取抽查认定的方式审核认定。[1]通过这种数据采集方式采集的数据具有一定的合理性、可靠性和可操作性，但同时也存在一些不足：数据采集方式渠道单一，缺乏开放性。数据采集是从下往上填报的单向度的，在一个封闭的系统内运行，缺乏与外部主体的流动与互通，而且缺乏有效的监督和审查，虽然文件中也要求必须客观、真实填报，但缺乏相应的可操作性举措，容易导

---

[1] 杨令平,樊莲花,司晓宏.县域义务教育均衡发展监测中的数据问题及矫正[J].当代教师教育,2020(1):14-20.

致原始数据失真或者掺杂"水分",影响数据整体质量。

高质量的数据是县域高中教育均衡发展监测的基础。为了增强县级政府在数据采集中的自主性与专业性,应提升监测队伍的数据素养,使其能够科学精准采集数据,增强数据使用效能,使数据理性主义代替传统的经验感性主义。在这一过程中,重要的是实现数据的可视化,可视化是数据精益分析的结果呈现,是数据使用的基础。利用数据可视化(data visualization)技术,绘制县域、学校、年级不同维度的图谱,制定各项指标"差异系数仪表盘",以直观方式传达数据隐含的信息,增进利益相关者对数据的理解,满足内部监测主体的使用、预警、问责功能以及外部民众的查询需求是数据管理的内在要求。[①]

(三)建立动态教育信息化的质量监测平台及网络

《中共中央 国务院关于开展质量提升行动的指导意见》明确提出了"以提高发展质量和效益为中心,将质量强国战略放在更加突出的位置"的要求。[②]从这个意义上来讲,推进基础教育信息化优质、公平、可持续发展,必须切实把好教育信息化建设工程的质量关。而其中最重要、最基础的一关就是县级监测的关口。县域内建立长效追踪的动态化的教育信息质量监测平台,可用于观察不同时期县域内教育信息化均衡发展状况,动态观测县域内城乡高中教育一体化改革发展路径及其变动趋势,为全面推进基础教育优质均衡发展提供有益的实证依据。研究表明,我国基础教育信息化发展不平衡不充分问题得到明显改善,但中西部地区基础教育信息化发展水平总体偏低,且农村义务教育学校信息化基础设施配置条件有待改善,这体现了基础教育信息化推进的重点和难点在于农村和中西部边远贫困地区。缩小区域、城乡基础教育数字鸿沟,着力解决好教育发展不平衡不充分问题,应以全面推进城乡教育一体化发展为重点,加大对农村和边远

---

① 杨令平,樊莲花,司晓宏.县域义务教育均衡发展监测中的数据问题及矫正[J].当代教师教育,2020(1):14-20.
② 中共中央 国务院关于开展质量提升行动的指导意见[N].人民日报,2017-09-13(001).

贫困地区教育倾斜投入。[①]这一理想化结果的实现需要省级政府加快实现对县级政府地区(尤其是农村、贫困地区)信息化基础设施和人员配置标准化建设,把教育信息化作为缩小区域教育差距的先导力量,切实保证教育信息化投入的增量部分向农村和边远贫困地区倾斜,让更多的优质教育资源能够进入农村学校和边远贫困地区学校。

二、合理有效运用监测结果提升高中教育质量

与传统意义上的测试和评估不同,教育质量监测是对教育质量整体状况所作的一种宏观把控,更侧重于诊断、指导和改进。[②]只有将监测结果与区域教育和学校改进联系起来,与教育的发展观和方法论结合起来,应用于各级教育决策中,才能真正实现监测的初衷。教育质量监测通过收集学生学业成绩、身心健康、品德行为、艺术素养等各方面状况的数据信息,以及课程开设、学科教学、教师配备、学校管理等影响学生发展的环境因素的数据信息,从而掌握县域的整体教育质量状况,为教育管理与决策、教育教学诊断提供科学依据。

(一)深刻认识教育质量监测结果是教育管理和教育决策的重要依据

对于政府管理和决策而言,教育质量监测结果可以提供科学支撑,促进政府管理的科学化、专业化。首先,教育质量监测能帮助县级政府掌握教育发展的总体水平,明确优势与短板。将监测数据结果与国内相关标准或其他地区的数据进行对比,以反映区域的教育质量状况,以及在教育资源、教育投入等方面的问题。县级政府据此明确教育监测的着力点,尤其是对高中教育薄弱领域和环节采取有针对性的改进措施。其次,政府能根据教育质量监测结果分析群体间、区域间差异,加强资源的合理配置。对于教育质量高、结构发展均衡、学生负担适

---

① 陈纯槿,郅庭瑾.我国基础教育信息化均衡发展态势与走向[J].教育研究,2018(8):129-140.
② 檀慧玲,刘艳.国家义务教育质量监测基本价值取向研究[J].河北师范大学学报(教育科学版),2015(6):17-22.

中、规范办学的学校可及时总结经验,加强宣传推广;对于发展处于较低水平的学校可深入分析原因、研究对策,给予政策、经费等方面的扶持。再次,县级政府能通过监测结果检验各项教育政策措施的落实成效。比如,将教育质量监测得到的关于课程开设、学生作业时间、学生补课情况等数据结果与相关政策要求进行比对,能掌握各地落实国家课程方案、减轻学生课业负担等政策的情况。同时,通过持续跟踪监测,还能掌握特定教育工程、项目实施前后教育质量的发展变化,从而对工程、项目的成效进行分析,以检验经费的投入效果。[①]所以,对反馈的反思是非常重要的,监测结果反映了改革手段的有效性,同时也为进一步改进教学质量提供了重要依据和参考,促进了教育质量的提升。

(二)高质量解读监测报告是推动县级教育监测的基础

县域范围的监测报告整体性地反映了高中教育发展状况。对报告的解读反馈是监测结果运用的重要一环,通过解读报告,认清县域在各项指标上的短板和优势,找准影响学生学业质量的关键因素,找到改进学生学业质量的突破口。同时,还应对监测反馈分析的时间节点、方式、内容、反馈对象进行规范化的要求,形成良性运转机制。这就需要按照规范要求组织团队对监测结果报告进行分层分类的深入解读,尤其是要对比国家监测、省级监测的效果,分层、分类进行对比解读。其中,分层解读包括全市解读、区级解读、校级解读;分类解读包括教育行政领导、相关科室负责人、学校管理人员、学科教师分别解读。[②]另外,对监测报告的解读还应做到追踪对比,通过纵向追踪,对比发展趋势。通过两年及以上纵向数据挖掘,探究指标年度变化、趋势及已有主要措施的成效。这也是县域高中教育监测的一大优势。由于县域对所管辖的高中学校的学生情况、学生中高考成绩、师资配置和学校课程设置有着清楚的了解,就有条件和机会对学生的发展状况进行多因素的纵向追踪,从而发现影响高中教育质量的真正原因,以监测结果倒推影响机制,从而能获得更为深刻的结论。

---

① 李勉.基础教育质量监测结果的应用路径[J].教育科学,2018(3):1-6.
② 周红霞."三位一体,六环联动"——质量监测结果的运用模式探索[J].内蒙古教育,2019(19):16-19.

(三)监测"真问题"以反映"真情况"是县级教育监测的理想目标

相较于国家和省级的高中教育质量监测,县域层级的监测最有可能对高中教育发展过程中的真问题进行深入的剖析和探讨,从而对区域内高中教育发展的处境作以合理、正确的判断。县域内的高中教育质量监测应采取数据收集和专项调研相结合的方式。具体而言,第一,结合监测结果的量化数据和专项调研的质性数据,发现县域高中教育发展的"真状况"。量化数据能够描绘现象,而质性数据可以揭示现象所反映的深层次内涵及背后的原因。在分析时,应注意将同一主题的量化数据和质性数据关联起来。通过"质"和"量"两方面数据的互证,能够进一步得出推断性结论。第二,基于量化数据和质性数据互证得出的基本结论,分层、分类形成改进建议,撰写区域调研分析与建议报告。该报告定位于为区域提供更加深入的教育质量诊断信息,提出有针对性的建议;应以问题解决为导向,考虑区域实际和特色,遵循"政策上可调整、行动上可改进、效果上可提升"的原则,根据各级教育管理和实施单位的职能分层次撰写。例如:可以按照区县人民政府、区县教育行政管理与业务指导部门及各中小学校三个层面进行划分。给区县人民政府的建议可侧重理念和方向的高位引领、相关政策措施的制定或改革;给区县教育行政管理与业务指导部门的建议可侧重相关政策措施的落实、管理过程的改进;给中小学校的建议可侧重办学实践中具体行为的调整。第三,由专业力量对报告进行科学解读、分层反馈。专业解读的目的在于防止对数据结果的误读和误解。解读时应明确并着重强调结果运用的基本原则和关键点,例如:避免简单分析数据而忽视对数据背后意义的探索;不仅要关注结果,还应关注学校、家庭、个体等方面的影响过程等。[①]上述方法说明了应通过横纵交融的方式对县域内高中教育的质量发展做全面、立体、真实的把握,进而才能实实在在地思索下一步发展的方向和路线。

[①] 李凌艳,苏怡,陈慧娟.区域运用基础教育质量监测结果的策略与方法[J].中小学管理,2019(8):48-51.

三、城乡一体化视域下县域高中教育均衡发展

当前中国仍然存在着显著的城乡二元结构,其中最重要的表现是城市远比农村经济发达,城乡居民收入差距比较大。[①]城乡义务教育一体化,是在我国进入新时代,在追求社会和谐与推进城乡一体化发展的核心价值取向下,在实施乡村振兴战略、实现现代化强国背景下,打破城乡二元结构,推进城乡教育均衡发展,保持与发挥城乡教育区域性特色与优势,逐步实现城乡教育公平,支持乡村振兴战略和促进城乡协调发展的重要举措。在城乡一体化的视域下,县级政府在实现区域高中教育均衡发展的过程中,要注重对高中教育发展目标的监测、对高中学校办学规模的监测、对区域协调管理的监测。

(一)对高中教育发展目标的监测

《国家中长期教育改革和发展规划纲要(2010—2020年)》提出,将推进教育均衡发展作为各项工作的重中之重,建立城乡一体化义务教育发展机制。国家基础教育的目标是满足适龄学生基本的学习需要,为其升学、就业打下基础。使学生平等获得德智体美劳全面发展的教育,将学生培养为合格的公民,这是城乡基础教育需要共同坚守的目标基础。教育价值取向是教育价值主体的自主选择,受制于教育价值主体对教育本质、功能、需求的认识。[②]城乡高中教育面向的教育价值主体不同,因而二者的教育价值取向亦具备一定的差异性。城市高中教育价值取向呈现出综合性提升的特点。城市高中教育面向的教育价值主体主要是城市学生。一般来说,城市学生占有较为优势的经济、文化、社会资本。面向这一群体,需要让学生具备适应现代城市生活、解决复杂性问题的综合能力。农村高中教育价值取向呈现出向城与向农双向化的特点。农村高中教育面向的教育价值主体主要是农村学生。一方面,农村居民有向城市迁移的需要,因此,

---

① 贺雪峰.城乡二元结构视野下的乡村振兴[J].北京工业大学学报(社会科学版),2018(5):1-7.
② 田夏彪.当前我国农村教育价值取向误区的成因[J].学术探索,2008(5):137-141.

农村高中教育要培养学生适应城市社会生存发展的就业知识与能力、城市文明与礼仪;提升农村学生的整体素质,培养适应现代城市发展的复合型人才,以此保障农村居民的顺利迁移。另一方面,农村居民有服务农村现代化建设的需要,因此,农村高中教育还需要培养学生具备一定的农业技能以及现代科学文化知识、价值理念等,使学生有能力成为有效服务农村现代化建设的新型劳动者。[1]所以,县域政府对城乡教育一体化视域下的高中教育监测不是要让城乡的高中教育使用整齐划一的教育目标,而是在相互融合与交会中突破二元对立结构,走向高质量发展道路。

(二)对高中学校办学规模的监测

有研究表明,县镇普通高中的在校生规模明显大于城市和农村地区,农村地区的规模最小。从这三类地区发展的不同形态来看,县镇的普通高中是当前全国高中发展的中坚力量,这种发展形态也是与我国大力发展中小城镇、城市化发展进程相适应的。[2]对高中学校办学规模的监测就涉及对"多大是合适的"这一问题的探讨,这也是县级政府在监测过程中的重要任务之一。在追求教育高质量发展的今天,即便是规模的扩张,也应是内涵式发展模式扩张,这就要求以示范高中带动普通高中的发展。一方面,规划示范高中的适度办学规模,既要提高办学规模标准,也要控制规模过大;另一方面,分区规划、分类指导,加强对示范高中办学适度规模的宏观监管和评估管理。对示范高中的适度规模研究不应简单划一,应通过成本核算、专家评估等确立不同经济发达地区、不同教育发展基础水平地区的适度规模。借鉴发达地区高中规模经济的有益经验,目前应首先加强对农村示范高中与城市示范高中办学规模的区别研究,同时,还应建立起示范高中规模扩张与学生学业成绩、辍学率、师生关系、学校管理等多维度的评估体系,规模过大的学校应坚决减少,规模不达标的学校应提高招生数。通过以点

---

[1] 颜晓程.城乡基础教育一体化发展的生态位困境及优化策略[J].理论月刊,2020(11):132-139.
[2] 马晓强.关于我国普通高中教育办学规模的几个问题[J].教育与经济,2003(3):29-32.

带面的方式,实现县域高中规模的积极、正向扩张,也有利于县级政府对高中办学规模的监管和调控。

(三)对区域协调管理的监测

县级政府应对县域内影响高中教育的因素进行整体的协调和监测。其中,县级政府和教育管理部门,高中学校,教师、家长、学生、当地居民是"三位一体"的关系。县级政府在该区域高中教育均衡发展中发挥主导作用,在行政管理上依据上级方针政策,制定符合本地的教育发展规划,审批高中阶段学校的设置、撤销和变迁等;在财政管理方面,筹措教育经费,补助公用教育经费,统一发放教师工资并负责分配、管理、监督和使用教育经费;在人事管理方面,负责中小学校长、教师管理,落实教职工编制,中小学校长任免和教师的调配,制定本地区师资培训规划并组织实施,审查教师任职资格等。不难看出,县级政府为高中学校发展提供方向、资金和发展空间等条件保障,承担起校长、教师等参与主体的培养与培训职责,并根据均衡发展状况及时调整自身职能范围和职能类型,协调好其职能发挥与高中学校自主发展的关系,在动态发展中寻找最优职能边界。所以,县级政府和教育管理部门要克服"等、靠、要"的消极发展心理,增强教育治理能力,处理好国家教育方针、政策与本县教育发展及其与学校发展的关系,不渎职不越权,不侵蚀学校自主发展的权利,发挥好统筹规划、监察督导等职能。

第五节 高中监测的学校层次与任务

2014年,教育部颁布《关于加强和改进普通高中学生综合素质评价的意见》(以下简称《意见》),就加强和改进普通高中学生综合素质评价提出了全方位的意见,希望能够借此推进考试评价改革,促进学生全面而有个性地发展。《意见》指出,学生综合素质评价应该从思想品德、学业水平、身心健康、艺术素养以及社会实践等五个方面着手进行考察,这五个方面分别对应的是德、智、体、美和运用知识解决问题的综合能力。自2014年以来,健全并完善高中学生综合素质评价机制的改革行动,以燎原之势迅猛展开。学校作为改革的主要阵地,其一系列举措将直接影响学生的成长和发展,这也就要求学校注重以人为本的综合素质评价。

学校是实现高中教育均衡发展的载体和基本单位,起着承上启下的作用,需要协调和配合政府及教育管理部门工作,同时也是学校内部发展力量的调动、组织和维护者。教育管理者、教师、学生等利益相关者,作为均衡发展的主体,是县级政府、教育管理部门及学校工作的直接参与者,其参与积极性的高低、参与能力的强弱、参与效果的好坏都直接关系学校的发展质量和水平,影响政府及教育管理部门的管理绩效,进而决定着整个区域的义务教育均衡发展状况。学校层面的监测更加具象和聚焦,学校层面的监测任务具体包括三方面内容:对学生综合素质发展的监测、对学校课程管理的监测以及对学校教师队伍建设的监测。

一、对学生综合素质发展的监测

(一)削弱学生评价的功利性取向,建立全程取向的学生评价观

以人为本的综合素质评价的核心是以学生个性发展推动学生的全面发展,一改以往的功利化评价方式。目前,将高中学生综合素质评价结果与高校招生录取挂钩已成为必然趋势,这意味着综合素质评价已然成为一种高利害评价,所以更容易使学校本着"谁熟悉谁评价"的准则,努力使综合素质评价的结果达到家长、学生、教师和学校多方主体间的利益平衡,从而形成功利性较强的评价结果。将这样的评价结果用于高校招生,高校自然会对其客观性、科学性和有效性产生怀疑。长此以往,高中学校与高校就陷入一种"不使用就不好好做"与"做好了才使用"的相互推诿的怪圈。[1]高中学校内部使用的综合素质评价应强调过程

---

[1] 陈朝晖,刘志军.高中综合素质评价中学生主体性的发挥——基于主体性发展理论的视角[J].中国教育学刊,2016(10):33-37.

性,作为实施主体的高中学校,可以通过组织各种活动,为学生提供展现自己优势特长的平台,激发学生的潜能及表现力,增强学生的能力和自信心。在这一过程中,学校还能发现学生的不足,寻找学生的发展空间,调整教学,完善管理;同时,辅以评优奖先,奖励在实践中表现优异的学生和综合素质评价开展得好的教师,激发调动师生积极性,深入推进综合素质评价校本化实施。

(二)以发展学生核心素养为重点,建立科学取向的学生评价观

学生发展核心素养的评价内容分为三个方面、六大素养和十八个基本要点。学生综合素质评价的内容经过调整之后,从六个方面变为五个方面。虽然在数量上两者并不对等,但是在具体的内容规定上两者相似的地方较多。重要的是两者的目的都是为了学生素质的全面发展。学生综合素质评价的目的是通过评价育人的方式,引导学生综合素质的发展。学生发展核心素养是从教育目标上对培养什么样的人做出了具体规定,引导学校的课程教学要为学生素养发展服务。《意见》对学生综合素质评价的目的做出了规定,分为以下三点:一是从学生的角度,促进学生积极主动地发展;二是从学校的角度,转变人才培养模式;三是从高校的角度,为高校招生录取提供参考依据。学校层面转变人才培养模式就要建立以学生核心素养为关键任务的综合素质评价体系,通过课程教学、实践活动和德育建设等方式,综合评价学生的学习成长过程。学校应清醒地认识到科学取向的学生评价观应牢牢围绕着人才培养的目的,这既是融合了诊断、改进、鉴赏和激励等的多元化评价方式,也是对考试评价制度改革趋势的顺应。

(三)以品格塑造为先,建立育人导向的学生评价观

品格是个人应对社会生活的困境和责任的一般方法,对世界的敏感性,对他人的苦难的情感反应,对亲社会技能的掌握,对社会习俗的了解以及对个人价值的建构,对世界观的建构。高中学生综合素质评价的重要目的之一是使学生具备适应社会生活的良好品格。综合素质评价本质上是帮助学生学会选择,在直

面各种挑战中,观察并分析自己的长处,克服自己的不足,发现和培育自己的个性品质,找到真正属于自己的舞台,扬长避短,成为独一无二的个体。[1]以品格塑造为先的综合素质评价,是一种德育评价。在监测与评价的过程中,学校应将校本化德育评价与高考德育评价改革相联系。德育评价改革不能仅停留在文件和政策上,而是要狠抓落实工作,以立德树人为目标导向,积极整合学校、社会、家庭等教育资源,促进家庭教育、社会教育和学校教育在德育评价中形成合力。[2]健全家校社共育机制是落实德育评价目标的重要途径。另外,学校要充分意识到学生品格形成的复杂性,考虑到道德、德育的复杂性,特别是要关照到新时代立德树人背景下德育评价发生的变化,在对立德树人进行充分研究的基础上,按照道德、道德发展、道德教育的本质和规律进行评价,以更科学的评价标准、评价方式来实现育人、选人的功能。

总之,构建全程取向、科学取向和育人导向的学生综合素质评价体系,有助于学校树立科学的教育质量观、学生发展观、全面成才观,从而培养德智体美劳全面发展的合格学生,为学生终身发展奠定坚实基础。

二、对学校课程管理的监测

新高考的目标指向以及《普通高中课程方案(2017年版)》《普通高中课程标准(2017年版)》的内核要义,均以落实学生核心素养、促进学生全面发展为根本旨归。在当前全国性的新高考综合改革的背景下,对学生综合素质及具备适应未来社会的关键能力的呼声日渐高涨,普通高中学校在进行课程开发的过程中,必然不能忽视这一趋势所带来的影响,并应在改革的背景下做出改变。这就要求学校应依据新高考政策对学校课程进行管理和监测,具体包括对课程理念的监测、对课程设置的监测和对课程内容的监测。

---

[1] 柳夕浪.综合素质评价:引导学生成为他自己[J].人民教育,2016(1):64-67.
[2] 刘吉林.健全立德树人系统化落实机制[J].人民教育,2017(19):45-47.

(一)对课程理念的监测

当前的课程改革需要学校对国家课程、地方课程和校本课程三者关系的再认识,这是实现学校课程自主的重要前提,也是提高学校课程质量的重要基础。对于高中而言,三级课程管理体制存在着"国家权力过大、职能定位不准""学校课程管理机制存在缺失、不灵和不完善"等问题。[①]目前要实现的课程开发主体关系的转变并不是要否定"自上而下"的课程管理运行机制。廖哲勋认为:"等级结构是构建我国中小学课程管理系统的最佳结构。在中小学课程管理系统中,等级结构的首要特征是,从中央到地方、再到学校,把课程管理系统划分为一级一级的子系统;在上下两个子系统之间建立从属关系。"[②]这就要求学校作为课程实践的重要阵地将课程开发的要旨和精神落到实处,落到每一个教师和学生身上。所以,学校应注重保持自身在课程开发中的自主性、探索性和创新性。

2015年,《教育部关于深入推进教育管办评分离 促进政府职能转变的若干意见》进一步指出,要"以落实学校办学主体地位、激发学校办学活力为核心任务,加快健全学校自主发展、自我约束的运行机制"。《普通高中课程方案(2017年版)》在国家课程的设计上为学校的自主开发留有余地,在严格遵循国家教材制度的基础上,鼓励高中课程内容"以主题为引领,使课程内容情景化,促进学科核心素养的落实",这对学校的课程开发工作给予了充分的信任,并鼓励学校运用适切的、多元的方式优化学科课程的实施路径。所以,学校应敢于、勇于承担起课程开发的责任,意识到自身在学科素养落实中的积极作用、文化传承中的价值引领以及对学生今后生存和发展的奠基意义,树立并维护正确的课程理念以指导自身课程建设。

(二)对课程设置的监测

在当前及未来很长一段时间的"3+3"新高考模式影响下,普通高中课程需要

[①] 胡定荣.高中课程自主发展的体制机制分析[J].教育研究,2017(5):99-105.
[②] 廖哲勋.课程学[M].武汉:华中师范大学出版社,1991:338.

逐步满足"不同潜质学生的发展需要",其中的一大表现是高中课程设置的灵活性和多样性。[1]相较于普通高中原有的单一、以应试的学科课程为主的课程设置,新高考改革下的普通高中课程需要具备活力与张力。学校的课程张力体现在一所学校能够主动开发并力图实现其所期待的理想课程,在这一设计的过程便能彰显活力与张力。[2]2003年,《普通高中课程方案(实验)》就已提出:"学校充分利用场地、设备等资源,提供丰富多样的课程,为学校有特色的发展创造条件。"《国家中长期教育改革和发展规划纲要(2010—2020年)》也作出要求:"推动普通高中多样化发展……推进培养模式多样化,满足不同潜质学生的发展需要。探索发现和培养创新人才的途径。鼓励普通高中办出特色。"适应新高考与新课程变革的普通高中学校课程不再是国家、地方和校本课程的简单相加,更不是传统意义上的课表课程,而是自身的校本化课程体系,也就是说,普通高中学校作为办学主体,应将国家课程、地方课程和学校自身开发的校本课程通过目标和内容的关联拓展而进行有机整合。这就要求学校在既有课程的基础上进行优化、重组和研发,形成新的校本化学校课程体系,其中包括宏观上的三级课程之间的平衡与优化和微观上的领域、科目、模块课程之间的组织与协调。[3]

(三)对课程内容的监测

《普通高中课程方案(2017年版)》也指出体现中国特色的普通高中课程体系应是反映时代要求的,即应"关注信息化环境下的教学改革,关注学生个性化、多样化的学习和发展需求,促进人才培养模式的转变,着力发展学生的核心素养"。对于心智正逐步成熟的高中生而言,以智慧学习的方式开展学习活动有助于其进一步在系统化、专业化的高等教育以及步入职业生涯后的社会学习中逐渐具备内化于心的智慧和外化于行的能力,这也是今后高考评价的重要内容。对于高中学校而言,要在课程内容的设置与安排上以促进学生能力发展为原则,即以

---

[1] 朱婕,雷浩.课程选择性不断增强的40年[J].中国教育学刊,2018(6):18-24.
[2] 张彤,吕立杰,代青.普通高中课程变革动力与阻力博弈[J].中国教育学刊,2016(5):81-84.
[3] 田建荣,贾锦钰.论高考改革与高中新课程改革的有效衔接[J].教育科学研究,2009(3):5-9.

关注能力与智慧的生成为目标。所以,与之相匹配的课程资源应是指向学生学习本身的"学材",而非以教师为中心的"教材"。具体而言,在新高考改革背景下,普通高中在课程内容选择上,更多要指向学习材料的开发。这里的学习材料不再是传统意义上"教师教—学生学"的教材,而是为各种开放环境、内容和学习实践活动和项目的开展,以及在此过程中能够对学生深度学习的发生提供引导和帮助的导向性材料,具有明显的任务性和指导性。这种学习材料最主要的功能并不是告诉学生应该掌握什么样的知识,它不是考试的参考指南,而是提供不同难度水平的任务活动,使学生能根据自己所长和兴趣爱好,利用既有知识储备,选择适切的解决问题的方式。这就要求学校课程的内容实现系统化与个性化的统一,在给学生提供系统学科知识的基础上,选择有利于学生进行个性化学习的内容,打造有利于学生形成并实践学科能力的平台。

除此之外,基于高中学生在认知风格和能力结构上的多样性,学校在课程建设中要充分重视开发满足高中学生多样化成长需求的校本课程,增加选修课程的种类和门数,提供给学生更多的学习资源和选择机会。

三、对学校教师队伍建设的监测

兴国必先强师。习近平总书记指出:"努力培养造就一大批一流教师,不断提高教师队伍整体素质,是当前和今后一段时间我国教育事业发展的紧迫任务。"[1]中共中央、国务院印发的《关于全面深化新时代教师队伍建设改革的意见》提出:"全面提高中小学教师质量,建设一支高素质专业化的教师队伍。提高教师培养层次,提升教师培养质量……为高中阶段教育学校侧重培养专业突出、底蕴深厚的研究生层次教师。"高质量教师队伍之于高质量课程体系建设而言,如同墙体之于建筑,具有维稳的作用。对于高中学校而言,学校教师队伍建设应从教师共同体的构建、专业素养的提升以及增强教学过程的育人性三方面入手进行有效监测和管理。

---

[1] 习近平.做党和人民满意的好老师——同北京师范大学师生代表座谈时的讲话[J].人民教育,2014(19):6-10.

(一)构建教师研究共同体,有效管理教师团队

构建教师研究共同体是高中教师专业发展的现实诉求。苏联教育家苏霍姆林斯基说过:"如果你想让教师的劳动能够给教师一些乐趣,使天天上课不致变成一种单调乏味的义务,那你就应当引导每一位教师走上从事一些研究的这条幸福的道路上来。"[①]目前,中小学教师开展教育教学研究逐渐成为促进教师专业发展的主要途径。对于高中教育教学而言,教师研究共同体不仅能帮助教师解决复杂的教育教学问题,促进教师专业发展,实现教师与教师之间、学校与学校之间的有效合作与沟通,还能在此基础上促进教育理论与教育实践的融合与创新。教师研究共同体的建立对于学校教育高质量发展有着长足的影响。

学校层面对教师研究共同体的监测和管理应加强学校内外部力量的合作,以联合的力量促进教师研究共同体的构建。科克伦等人认为,教师研究共同体应该吸引教师、研究者、学校领导、行政人员、政策制定者等人的积极参与,因为"他们彼此的位置不同,并具有独特的知识和经验来实现共同的事业"[②]。学校在组织构建教师研究共同体时,其成员不应仅仅局限于本校教师,还应该加强不同学校间的联合与合作,尤其是高校与高中的"联建"。高校教师多是知识丰富、博学多识的理论研究者,中小学教师多是教学经验丰富、实践技能熟练的一线实践者,高校与中小学合作已然成为当前高校与中小学协同开展研究、改进教学的一种重要实践路径。高中学校应意识到这种协同力量带来的长远效益,并能够有效组建及管理这种合作模式。也就是说,高校与中小学合作能够促进中小学教师研究共同体的构建和发展,并有效避免教师研究共同体中研究内容的同质化等问题,帮助共同体作出正确的判断。

---

① B.A.苏霍姆林斯基.给教师的建议(修订版全一册)[M].杜殿坤,译.北京:教育科学出版社,1984:494.
② 魏宏聚,任玥姗.中小学教师研究共同体:价值审视、实践偏差及优化路径[J].教师教育学报,2021(3):55-62.

(二)重视专业素养提升,以教师专业化提升教育质量

教师的专业素养直接关系到教师的教育教学水平,是教师专业化的显著表征。现代社会的教师普遍地在各级各类学校及其他教育机构中开展工作,因此具有了典型的组织化特征,这使教师的职业活动不可避免地受到学校管理的影响。在我国传统的计划经济体制下,公立学校作为政府的附属物,在组织和管理上采用的是与政府行政机关相一致的模式。在教育体制改革的过程中,随着简政放权和政府权力的下放,学校在教育教学、教师管理、福利分配等方面获得了越来越多的原属于政府的管理权力,进一步加剧了校内权力集中的趋势。特别是近些年来,一些学校不加取舍地照搬现代企业的绩效管理模式,进一步强化了学校岗位分工和层级体系,使学校的科层化色彩越来越浓厚。应当承认,学校的科层化管理对于促进教育活动的规范化,确保其达到应有的质量水平具有积极意义。但学校本身是管理主义逻辑与专业主义逻辑交织并行的社会组织,如果在学校内部管理制度的设计中片面强调管理主义的逻辑,甚至以管理主义取代专业主义,那么学校的管理结构就会失衡,教育活动的专业性就会被削弱。[1]

为了保证教师的专业发展,要优化学校组织结构和管理方式,营造有利于教师专业发展的环境。为支持教师的专业化发展,应当积极推动学校组织变革,扭转学校行政化、企业化趋势,使学校成为教师开展专业活动的场所。学校必须改变原来金字塔式的等级结构,积极寻求建构扁平化的组织结构,为教师专业活动的开展提供更多的自由空间;应当将对教师的行政管理转变为对教师的理解信任与沟通交流,为教师开展专业活动提供支持和帮助;应当将教师专业发展目标与学校育人目标有机融合,使教师在实现学校育人目标的同时也能获得自身的专业提升,从而增强教师职业幸福感和吸引力。

---

[1] 蔡海龙.全面深化教师队伍建设应坚持教师立法的专业主义取向[J].中国教育学刊,2020(4):35-40.

(三)关注教学过程的育人性,增强教师的育人能力

课堂教学是育人的主渠道,是实现育人方式改革、全面提高教育质量的重要阵地。教学过程育人性的实现,需要重视教师育人能力的提升,为此,学校应注重对教师育人能力的塑造与监测。教师育人能力指向育人目标的实现,具有价值导向特征。我国学校教育的育人总目标是培养德智体美劳全面发展的社会主义事业建设者与接班人,即个性与社会性皆备、品德与才能协调、身体与心灵康健、情感与审美发展的生命力充盈的"完整的人"。在育人目标的导向下,教师育人能力体现为教师能够以学生为中心,在充盈无限人文伦理关怀的氛围中关注学生的理想信念、思想认识、社会认知、个性品质、心理健康、审美意识及素养能力等各方面的状态,以不断变化的动态过程视角以及关注当下并指向未来的发展视角看待与帮助学生成长,最大限度地促进学生建立积极的自我认知、健全的人格修养、创新的思维品质、自信的爱国情怀、对公平正义的追求等方面的意识和能力,从而更好地实现良性发展、自主发展与终身发展。[1]所以,学校层面应引导教师注重在教学目标的设定、教学过程的设计、教学评价的给定等方面,以学生的成长发展为核心标准,挖掘学科知识背后的历史性、思想性、人文性,从而启迪学生的价值理解与价值认同,发挥教学的育人功能。

总之,对学校层面的监测,应牢牢围绕着高中育人方式的改革这一时代命题展开,以提升学生综合素质为目标,通过课程与教师这两大重要载体与推手,推动学校教育变革的有效开展,保证学校教育的高质量发展。

---

[1] 刘鹂,陈晓端,李佳宁.教师育人能力的理论逻辑与价值澄明[J].教育研究,2020(6):153-159.

参考文献

一、著作

[1] 怀特海.教育的目的[M].徐汝舟,译.北京:生活·读书·新知三联书店,2002.

[2] A.V.菲根堡姆.全面质量管理[M].杨文士,廖永平,等译.北京:机械工业出版社,1991.

[3] 安心.高等教育质量保证体系研究[M].兰州:甘肃教育出版社,1999.

[4] 陈元.法国基础教育[M].广州:广东教育出版社,2004.

[5] 陈瑜,王远玲.人人教育 优质均衡——重庆九龙坡教育综合改革实验模式[M].北京:教育科学出版社,2016.

[6] 道格拉斯·C.诺斯.制度、制度变迁与经济绩效[M].刘守英,译.上海:上海三联书店,1994.

[7] Edward Sallis.全面质量教育[M].何瑞薇,译.上海:华东师范大学出版社,2005.

[8] 埃贡·G.古贝,伊冯娜·S.林肯.第四代评估[M].秦霖,蒋燕玲,等译.北京:中国人民大学出版社,2008.

[9] 何艳.实践科学发展观的制度建构研究[M].昆明:云南人民出版社,2012.

[10] 江泽民.江泽民文选(第一卷)[M].北京:人民出版社,2006.

[11] 教育部课题组.深入学习习近平关于教育的重要论述[M].北京:人民出版社,2019.

[12] 刘广第.质量管理学(第三版)[M].北京:清华大学出版社,2018.

[13] 卢梭.爱弥儿——论教育(下卷)[M].李平沤,译.北京:商务印书馆,1996.

[14] 联合国教科文组织.教育——财富蕴藏其中[M].联合国教科文组织总部中文科,译.北京:教育科学出版社,1996.

[15] 联合国教科文组织国际教育发展委员会.学会生存——教育世界的今天和明天[M].华东师范大学比较教育研究所,译.北京:教育科学出版社,1996.

[16] 廖哲勋.课程学[M].武汉:华中师范大学出版社,1991.

[17] 索尔斯坦·邦德·凡勃伦.有闲阶级论[M].李风华,译.北京:中国人民大学出版社,2017.

[18] 宋官东.教育公共治理导论[M].沈阳:东北大学出版社,2012.

[19] 盛明科.公共服务均等化视角下省级政府教育统筹发展效果评价研究[M].北京:中国社会科学出版社,2016.

[20] B.A.苏霍姆林斯基.给教师的建议(修订版 全一册)[M].杜殿坤,译.北京:教育科学出版社,1984.

[21] 辛鸣.制度论——关于制度哲学的理论建构[M].北京:人民出版社,2005.

[22] 许世红,黄小平,王家美.基础教育质量监测研究[M].广州:广东高等教育出版社,2016.

[23] 许世红.基础教育学生评价研究——历史沿革、现实状况与未来走向[M].广州:广东高等教育出版社,2014.

[24] 辛涛,李勉,任晓琼.基础教育质量监测报告撰写与结果应用[M].北京:北京师范大学出版社,2015.

[25] 汪琪.区域教育质量监测体系研究[M].杭州:浙江大学出版社,2015.

[26] 王晓辉.比较教育政策[M].南京:江苏教育出版社,2009.

[27] 王庆如.民办高校提升办学水平的研究与思考[M].福州:福建教育出版社,2014.

[28] W.爱德华兹·戴明.戴明论质量管理[M].钟汉清,戴久永,译.海口:海南出版社,2003.

[29] 杨明,赵凌,李舜静.北仑机制:区域基础教育质量评价研究[M].杭州:浙江大学出版社,2013.

[30] 袁贵仁.中小学校管理评价[M].北京:人民教育出版社,2014.

[31] 袁振国.当代教育学(第4版)[M].北京:教育科学出版社.2010.

[32] 袁振国.教育政策学[M].南京:江苏教育出版社,2001.

[33] 雅普·希尔伦斯,塞斯·格拉斯,萨利·M.托马斯.教育评价与监测——一种系统的方法[M].边玉芳,曾平飞,王烨晖,译.北京:教育科学出版社,2017.

[34] 康德.逻辑学讲义[M].许景行,译.北京:商务印书馆,1991.

[35] 伊曼努尔·康德.论教育学[M].赵鹏,保兆武,译.上海:上海人民出版社,2005.

[36] 张俊宗.现代大学制度:高等教育改革与发展的时代回应[M].北京:中国社会科学出版社,2004.

[37] 郑石桥,马新智.管理制度设计理论与方法[M].北京:经济科学出版社,2004.

[38] 臧佩红.日本近现代教育史[M].北京:世界知识出版社.2010.

[39] 中共中央文献研究室.邓小平论教育[M].北京:人民教育出版社,1995.

[40] 赵汀阳.论可能的生活[M].北京:生活·读书·新知三联书店,1994.

| 二、期刊 |

[1] 别敦荣,孟凡.民办本科院校办学水平评估的导向及内容[J].教育发展研究,2008(12).

[2] 陈振隆,谌启标.美国教师教育质量认证组织(TEAC)及其影响述评[J].外国中小学教育,2008(9).

[3] 陈国良,张曦琳.教育现代化动态监测:理念、方法与机制[J].教育发展研究,2019(21).

[4] 陈宝生.建设高质量教育体系 加快建成教育强国[J].旗帜,2020(12).

[5] 陈如平.以育人方式改革为重点推动普通高中深度变革[J].中国教育学刊,2020(8).

[6] 陈慧娟,辛涛.我国基础教育质量监测与评价体系的演进与未来走向[J].华东师范大学学报(教育科学版),2021(4).

[7] 陈纯槿,郅庭瑾.我国基础教育信息化均衡发展态势与走向[J].教育研究,2018(8).

[8] 陈朝晖,刘志军.高中综合素质评价中学生主体性的发挥——基于主体性发展理论的视角[J].中国教育学刊,2016(10).

[9] 程素萍.区域普通高中教育发展水平评估监测指标体系的构建[J].教育导刊,2020(8).

[10] 曹洪."不让一个孩子掉队"法案之回顾与启示[J].外国中小学教育,2008(2).

[11] 曹蕾.俄罗斯重视《OECD教学与学习国际调查》结果[J].比较教育研究,2014(9).

[12] 崔允漷.课程实施的新取向:基于课程标准的教学[J].教育研究,2009(1).

[13] 崔自勤.新时代高中学校德育体系构建的实践探索[J].吉首大学学报(社会科学版),2019(S1).

[14] 蔡海龙.全面深化教师队伍建设应坚持教师立法的专业主义取向[J].中国教育学刊,2020(4).

[15] 董奇.构建具有中国特色的基础教育质量监测体系[J].人民教育,2007(Z2).

[16] 丁晓颖.坚持社会主义办学方向的三重逻辑[J].上海党史与党建,2020(6).

[17] 付睿.论中小学教师减负[J].河北师范大学学报(教育科学版),2019(2).

[18] 范涌峰.新高考背景下普通高中教育质量监测:现实困境与制度框架[J].中国教育学刊,2021(5).

[19] 范涌峰,张辉蓉.学校特色发展:新时期城乡义务教育一体化的内生路径与发展策略[J].教育研究与实验,2019(5).

[20] 国务院办公厅关于新时代推进普通高中育人方式改革的指导意见[J].人民教育,2019(Z2).

[21] 国务院关于深化考试招生制度改革的实施意见[J].人民教育,2014(18).

[22] 高丙成,陈如平.我国普通高中教育综合发展水平研究[J].教育研究,2013(9).

[23] 高国希,凌海青.论作为社会主义核心价值观的"友善"[J].中州学刊,2020(8).

[24] 郭丛斌,徐柱柱,张首登.超级中学:提高抑或降低各省普通高中的教育质量[J].教育研究,2021(4).

[25] 胡锦涛.高举中国特色社会主义伟大旗帜 为夺取全面建设小康社会新胜利而奋斗——在中国共产党第十七次全国代表大会上的报告[J].求是,2007(21).

[26] 胡锦涛.牢固树立社会主义荣辱观[J].求是,2006(9).

[27] 胡定荣.高中课程自主发展的体制机制分析[J].教育研究,2017(5).

[28] 侯立华.俄罗斯普通学校鉴定与国家认证制度述评[J].外国教育研究,2006(10).

[29] 韩影.创新教师管理制度 推进高等教育内涵式发展[J].现代教育管理,2018(7).

[30] 韩志明.公共治理行动体系的责任结构分析[J].重庆社会科学,2006(2).

[31] 韩慧,臧秀玲.中国新型政党制度与国家治理的互动逻辑[J].社会主义研究,2020(4).

[32] 黄毅.对我国地方政府社会管理创新的理论考察[J].武汉科技大学学报(社会科学版),2012(6).

[33] 何锡辉.新时代坚持党领导全面深化改革的逻辑理路[J].中国矿业大学学报(社会科学版),2020(6).

[34] 贺雪峰.城乡二元结构视野下的乡村振兴[J].北京工业大学学报(社会科学版),2018(5).

[35] 核心素养研究课题组.中国学生发展核心素养[J].中国教育学刊,2016(10).

[36] 教育部关于推进中小学教育质量综合评价改革的意见[J].基础教育参考,2013(13).

[37] 金双华,杨艺.普通高中教育资源配置效率研究[J].现代教育管理,2021(1).

[38] 金生鈜.教育正义:教育制度建构的奠基性价值[J].陕西师范大学学报(哲学社会科学版),2011(2).

[39] 靳玉乐,张铭凯.学业负担探究的新思路[J].教育研究,2016(8).

[40] 蒋明敏.论马克思主义时代新人学说的四重逻辑[J].学术界,2020(8).

[41] 孔凡哲,李清,史宁中.PISA对我国中小学考试评价与质量监控的启示[J].外国教育研究,2005(5).

[42] 课题组.基础教育服务对象满意度实证研究[J].教育研究,2019(3).

[43] 理查德·斯格特.比较制度分析的若干要素[J].闫凤桥,译.北京大学教育评论,2007(1).

[44] 刘京玉.重建教育公平:法国《重建共和国基础教育规划法》解读[J].世界教育信息,2013(20).

[45] 刘振天.俄罗斯教育改革的地方化取向[J].上海教育科研,1996(12).

[46] 刘书林.坚持社会主义办学方向 办好人民满意的教育——学习习近平总书记在全国教育大会上的重要讲话[J].思想理论教育导刊,2018(11).

[47] 刘铁芳,罗明.人的全面发展之社会性及其培育[J].教育发展研究,2020(8).

[48] 刘思伽.以人为本理念在中小学教师管理制度建设中的践行[J].教学与管理,2019(15).

[49] 刘静.基础教育质量监测:世界的趋势与中国的路径[J].当代教育论坛,2014(5).

[50] 刘永林,姚一洁.培育健康心灵秩序:教育回应人生问题的关键[J].贵州师范大学学报(社会科学版),2019(1).

[51] 刘吉林.健全立德树人系统化落实机制[J].人民教育,2017(19).

[52] 刘鹂,陈晓端,李佳宁.教师育人能力的理论逻辑与价值澄明[J].教育研究,2020(6).

[53] 廖军和,李志勇.从精英到大众:我国普通高中教育定位之思考[J].教育科学研究,2011(2).

[54] 柳夕浪.从"素质"到"核心素养"——关于"培养什么样的人"的进一步追问[J].教育科学研究,2014(3).

[55] 柳夕浪.综合素质评价:引导学生成为他自己[J].人民教育,2016(1).

[56] 李立国.国家治理视野下的中央教育行政机构职能分析[J].清华大学教育研究,2014(6).

[57] 李洋.美国"蓝带学校"评估体系变革研究[J].郑州师范教育,2017(4).

[58] 李凌艳,蔡静,郑巧.美国国家基础教育质量监测制度设计及启示[J].比较教育研究,2016(5).

[59] 李凌艳,陈慧娟.推动我国基础教育质量监测制度建设的基本战略与体系保障[J].中国教育学刊,2020(3).

[60] 李凌艳,任晓琼,江照富.我国区域基础教育质量监测的探索与思考[J].中国教育学刊,2017(12).

[61] 李凌艳,苏怡,陈慧娟.区域运用基础教育质量监测结果的策略与方法[J].中小学管理,2019(8).

[62] 李刚,陈思颖.PISA的政策影响:类型、方式及其启示[J].外国教育研究,2014(7).

[63] 李学良,冉华,王晴.区域教育现代化监测评价指标体系的构建与实施研究——以苏南地区为例[J].教育发展研究,2020(2).

[64] 李明华,梅汉成,于继海.2018年俄罗斯教育发展概况[J].世界教育信息,2019(5).

[65] 李勉.基础教育评估监测:教育督导体系建设的新领域和新挑战[J].中国考试,2021(5).

[66] 李勉.基础教育质量监测结果的应用路径[J].教育科学,2018(3).

[67] 李政涛,文娟."五育融合"与新时代"教育新体系"的构建[J].中国电化教育,2020(3).

[68] 李贺.县级教育信息化发展水平监测评估框架建构研究[J].中国电化教育,2017(7).

[69] 梁浩,王英杰.高校学生管理制度的价值取向、主体缺位与救济之道——基于学生主体的视角[J].现代教育管理,2016(2).

[70] 梁伟国.办学条件标准化成为义务教育均衡发展的关注点[J].人民教育,2005(24).

[71] 刘孙渊,马超.治理理论视野下的教育公共治理[J].外国教育研究,2008(6).

[72] 马德益.转型期俄罗斯教育优先发展战略的构建[J].外国中小学教育,2005(3).

[73] 马晓强.关于我国普通高中教育办学规模的几个问题[J].教育与经济,2003(3).

[74] 戚业国,陈玉琨.论教育质量观与素质教育[J].中国教育学刊,1997(3).

[75] 祁占勇.数量与质量的权衡:普通高中教育战略目标的价值确认与路径抉择[J].现代教育管理,2012(7).

[76] 道格拉斯·诺斯.新制度经济学及其发展[J].路平,何玮,编译.经济社会体制比较,2002(5).

[77] 邵珍红,曹一鸣.数学教学知识测试工具简介及其相关应用[J].数学教育学报,2014(2).

[78] 苏娜,刘梅梅.新高考后普通高中育人能力现状调查及对策研究——基于对31省1256所普通高中的调查[J].中国教育学刊,2021(1).

[79] 束晓霞.学生发展指导:普通高中教育变革的新路径[J].教育研究与实验,2014(3).

[80] 施晓光.西方高等教育全面质量管理体系及对我国的启示[J].比较教育研究,2002(2).

[81] 宋官东,吴访非.我国教育公共治理的路径探析[J].中国教育学刊,2010(12).

[82] 史巍.论以"课程思政"实现协同育人的关键点位及有效落实[J].学术论坛,2018(4).

[83] 盛明科,朱玉梅.义务教育统筹发展的几点思考[J].理论探索,2015(4).

[84] 田守春,郭元婕.OECD"教师教学国际调查项目"(TALIS)评析及启示[J].外国教育研究,2009(11).

[85] 田正平,李江源.教育公平新论[J].清华大学教育研究,2002(1).

[86] 田夏彪.当前我国农村教育价值取向误区的成因[J].学术探索,2008(5).

[87] 谭满红.ISO9000族标准与全面质量管理(TQM)对比研究[J].商品与质量,2012(S1).

[88] 檀慧玲.新时代我国基础教育质量监测的向度转变[J].教育研究,2018(6).

[89] 檀慧玲,刘艳.国家义务教育质量监测基本价值取向研究[J].河北师范大学学报(教育科学版),2015(6).

[90] 田建荣,贾锦钰.论高考改革与高中新课程改革的有效衔接[J].教育科学研究,2009(3).

[91] 唐艳群.中国共产党培育时代新人的理念与实践:历史演进与启示[J].重庆社会科学,2020(9).

[92] 王晞,黄慧娟,许明.PISA:科学素养的界定与测评[J].上海教育科研,2004(4).

[93] 王月芬.我国学业质量标准研制实施的建议[J].基础教育课程,2012(7).

[94] 王小明.普通高中学生综合素质评价机制的现状及启示——基于美、英、日、韩等四国的比较研究[J].教育探索,2017(1).

[95] 王卓,杨建云.教师专业素质内涵新诠释[J].教育科学,2004(5).

[96] 王本陆.教育公正:教育制度伦理的核心原则[J].华南师范大学学报(社会科学版),2005(4).

[97] 王炳林.党对教育事业全面领导的科学内涵和基本路径[J].马克思主义理论学科研究,2020(5).

[98] 吴志华,王红艳,王晓丹.大规模教育评估的兴起、问题与发展——加拿大教育评估的启示[J].外国中小学教育,2011(8).

[99] 吴继霞,黄希庭.诚信结构初探[J].心理学报,2012(3).

[100] 吴晓英,朱德全.区域义务教育均衡发展研究的现状与展望[J].现代教育管理,2015(3).

[101] 文新华.论人的全面发展与个性发展——兼论创新人才的培养[J].华东师范大学学报(教育科学版),2004(1).

[102] 魏宏聚,任玥姗.中小学教师研究共同体:价值审视、实践偏差及优化路径[J].教师教育学报,2021(3).

[103] 许明.英国教师教育专业新标准述评[J].比较教育研究,2007(9).

[104] 许杰.教育分权:公共教育体制范式的转变[J].教育研究,2004(2).

[105] 解洪涛,李洁,陈利伟.参与式治理、社会文化与学校的教育绩效——基于PISA数据的东亚国家学校治理差异研究[J].清华大学教育研究,2015(2).

[106] 辛涛,李峰,李凌艳.基础教育质量监测的国际比较[J].北京师范大学学报(社会科学版),2007(6).

[107] 辛涛,赵茜.基础教育质量监测评价体系的取向、结构与保障[J].国家教育行政学院学报,2020(9).

[108] 辛涛,姜宇.基于核心素养的基础教育评价改革[J].中国教育学刊,2017(4).

[109] 习近平.坚定文化自信,建设社会主义文化强国[J].实践(思想理论版),2019(7).

[110] 习近平.做党和人民满意的好老师——同北京师范大学师生代表座谈时的讲话[J].人民教育,2014(19).

[111] 徐志勇,高敏,赵志红.让学校诗意地栖居:办学理念的需求场景与凝练策略[J].中小学管理,2020(4).

[112] 薛海平,孟繁华.中小学校际合作伙伴关系模式研究[J].教育研究,2011(6).

[113] 向帮华.刍议省级基础教育质量监测体系[J].教育理论与实践,2013(32).

[114] 肖霄.浅谈城乡一体化的义务教育资源均衡配置问题与措施[J].吉林省教育学院学报,2015(5).

[115] 严明.区域教育质量监测的实践研究[J].上海教育科研,2014(10).

[116] 杨德广.高校必须树立正确的定位观与质量观[J].高等教育研究,2005(2).

[117] 杨令平,樊莲花,司晓宏.县域义务教育均衡发展监测中的数据问题及矫正[J].当代教师教育,2020(1).

[118] 殷坤.浅析美国教育行政体制及对我国的启示[J].山西青年,2019(1).

[119] 于瑶娆,李雅君.断裂:俄罗斯教育改革特点的文化解析[J].继续教育研究,2015(1).

[120] 易国栋.探索核心素养落地的校本之路[J].中国德育,2017(4).

[121] 袁建林,刘红云.核心素养测量:理论依据与实践指向[J].教育研究,2017(7).

[122] 颜晓程.城乡基础教育一体化发展的生态位困境及优化策略[J].理论月刊,2020(11).

[123] 赵黎.教育公平与民主化新论——以瑞士直接民主与多元语言为例[J].外国教育研究,2007(6).

[124] 朱恬恬.芬兰基础教育评估实践及其对我国的启示[J].外国教育研究,2009(11).

[125] 朱婕,雷浩.课程选择性不断增强的40年[J].中国教育学刊,2018(6).

[126] 张祥明.重建教育质量评价观[J].天津市教科院学报,2003(2).

[127] 张民选,陆璟,占胜利,等.专业视野中的PISA[J].教育研究,2011(6).

[128] 张姝,黄培森.英国中小学督导制度的新进展及启示[J].首都师范大学学报(社会科学版),2015(5).

[129] 张宝歌,韩嵩,焦岚.后普及时代普通高中多样化制约机制及对策思考[J].教育研究,2021(1).

[130] 张铭凯,靳玉乐.论立德树人的实践逻辑与推进机制[J].中国电化教育,2020(8).

[131] 张家勇.新高考改革的进展、挑战与政策建议[J].中国教育学刊,2018(8).

[132] 张华.论我国普通高中教育的性质与价值定位[J].教育研究,2013(9).

[133] 钟秉林.改革开放40年 教育迈向新时代[J].中国教育学刊,2018(12).

[134] 周海涛,朱玉成.教育领域供给侧改革的几个关系[J].教育研究,2016(12).

[135] 周青梅.应用型本科高校办学水平和教育质量评价机制比较研究[J].教育评论,2017(8).

[136] 张惠娟.关于我国中小学管理体制改革的方向性思考[J].教学与管理,2011(4).

[137] 赵德成.以学生发展为本的学校办学质量评估体系构建[J].教育研究,2012(6).

[138] 赵伶俐.以目标与课程为支点的美育质量测评——为了有效实施《国务院办公厅关于全面加强和改进学校美育工作的意见》[J].华东师范大学学报(教育科学版),2017(5).

[139] 朱慧.机制设计理论——2007年诺贝尔经济学奖得主理论评介[J].浙江社会科学,2007(6).

[140] 仲建维.我国高中教育改革:国际视野与本土行动[J].全球教育展望,2014(3).

[141] 周远清.文化素质教育要在"素质"、"思想"上下功夫[J].中国大学教学,2001(1).

[142] 张静静,安桂清.学校场域中儿童整体人格的建构:第三代活动理论的视角[J].教育研究与实验,2015(6).

[143] 张彤,吕立杰,代青.普通高中课程变革动力与阻力博弈[J].中国教育学刊,2016(5).

[144] 翟博.教育均衡发展:现代教育发展的新境界[J].教育研究,2002(2).

[145] 周红霞."三位一体,六环联动"——质量监测结果的运用模式探索[J].内蒙古教育,2019(19).

三、报纸

[1] 习近平.把思想政治工作贯穿教育教学全过程 开创我国高等教育事业发展新局面[N].人民日报,2016-12-09.

[2] 本报评论员.改革让中国道路越走越宽广——三论协调推进"四个全面"[N].人民日报,2015-02-27.

[3] 胡锦涛.在全国优秀教师代表座谈会上的讲话[N].人民日报,2007-09-01.

[4] 坚持运用辩证唯物主义世界观方法论 提高解决我国改革发展基本问题本领[N].人民日报,2015-01-25.

[5] 教育部出台《纲要》对高校课程思政建设作出整体设计和全面部署——如何将思政之盐融入课程大餐[N].中国教育报,2020-06-10.

[6] 习近平.在中国文联十大、中国作协九大开幕式上的讲话[N].人民日报,2016-12-01.

[7] 习近平主席在联合国"教育第一"全球倡议行动一周年纪念活动上发表视频贺词[N].人民日报,2013-09-27.

[8] 习近平.决胜全面建成小康社会 夺取新时代中国特色社会主义伟大胜利[N].人民日报,2017-10-28.

[9] 习近平.在纪念毛泽东同志诞辰120周年座谈会上的讲话[N].人民日报,2013-12-27.

[10] 习近平.共担时代责任 共促全球发展——在世界经济论坛2017年年会开幕式上的主旨演讲[N].光明日报,2017-01-18.

[11] 习近平在中央政治局第二十四次集体学习时强调:深刻认识推进量子科技发展重大意义 加强量子科技发展战略谋划和系统布局[N].人民日报,2020-10-18.

[12] 习近平主持召开学校思想政治理论课教师座谈会 强调用新时代中国特色社会主义思想铸魂育人 贯彻党的教育方针 落实立德树人根本任务[N].人民日报,2019-03-19.

[13] 习近平在北京大学考察时强调:抓住培养社会主义建设者和接班人根本任务 努力建设中国特色世界一流大学[N].人民日报,2018-05-03.

[14] 中共中央 国务院印发深化新时代教育评价改革总体方案[N].人民日报,2020-10-14.

[15] 张烁.坚持中国特色社会主义教育发展道路 培养德智体美劳全面发展的社会主义建设者和接班人[N].人民日报,2018-09-11.

[16] 张力.建设高质量教育体系——"十四五"时期促进人的全面发展[N].人民日报,2021-04-21.

[17] 中办国办印发《加快推进教育现代化实施方案(2018—2022年)》[N].人民日报,2019-02-24.

[18] 中共中央 国务院关于深化教育教学改革 全面提高义务教育质量的意见[N].人民日报,2019-07-09.

[19] 中共中央 国务院关于开展质量提升行动的指导意见[N].人民日报,2017-09-13.

[20] 中共中央 国务院关于全面深化新时代教师队伍建设改革的意见[N].人民日报,2018-02-01.